本书为国家社科基金重大项目"百年中国新闻史史料整理与研究"（15ZDB140）；国家社科基金项目"抗战时期日本在新闻侵略与殖民传播研究"（16BXW009）；重庆市社科规划项目"重庆抗战新闻传播史研究（1937—1945）"（2015YBCB057）；重庆大学新闻传播与社会发展研究院平台项目（2019CDJSK01PT13）成果，得到中央高校基本科研业务费专项资助(2017CDJSK07PT03)。

中国近代传媒的职业建构与文化嬗变

Professional Construction and
Cultural Evolution of

Modern Media
in China

齐辉 著

中国社会科学出版社

图书在版编目(CIP)数据

中国近代传媒的职业建构与文化嬗变/齐辉著.—北京:中国社会科学出版社,2019.10

ISBN 978 – 7 – 5203 – 5161 – 4

Ⅰ.①中… Ⅱ.①齐… Ⅲ.①新闻事业史—研究—中国—近代 Ⅳ.①G219.295

中国版本图书馆 CIP 数据核字(2019)第 210236 号

出 版 人	赵剑英	
责任编辑	刘　芳	
责任校对	季　静	
责任印制	李寡寡	

出　　版	中国社会科学出版社	
社　　址	北京鼓楼西大街甲 158 号	
邮　　编	100720	
网　　址	http://www.csspw.cn	
发 行 部	010 – 84083685	
门 市 部	010 – 84029450	
经　　销	新华书店及其他书店	

印　　刷	北京明恒达印务有限公司	
装　　订	廊坊市广阳区广增装订厂	
版　　次	2019 年 10 月第 1 版	
印　　次	2019 年 10 月第 1 次印刷	

开　　本	710 × 1000　1/16	
印　　张	15	
插　　页	2	
字　　数	228 千字	
定　　价	70.00 元	

凡购买中国社会科学出版社图书,如有质量问题请与本社营销中心联系调换
电话:010 – 84083683

自　序

　　2007 年我从北师大历史学院中国近代文化史专业博士毕业后，有幸进入新闻传播学领域，开始从事中国新闻传播史的教学和科研工作，至今已逾 12 载。我很喜欢这个专业方向，一方面它能发挥我的专业所长，让我学有所用；另一方面我亦在其中找到"探索"的乐趣。有的时候人们长期在一个专业领域里往往会有一种"当局者迷"的困惑。例如我在博士期间攻读近代文化史时就茫然无措，"文化史"是个太大的范畴，常常让我无所适从，找不到研究的"切入点"。转向新闻传播史后，由于研究的方向更为明确和具体，忽然之间似有"顿悟"，每每看到一则史料，一段记述，相关"问题"就会迸发而出，随即带着"疑问"去找答案，有时虽然辛苦，但确也乐此不疲。

　　这十二年来，我研究的兴趣主要集中在日本侵华新闻史、抗战时期新闻传播史、中国近代新闻史料整理、近代中国新闻教育史以及近代中国新闻业的职业形象与职业道德等几个方向。这本书即集中收录其中部分修订和增补的成果。中国新闻传播学是一个十分包容的学科，具有跨学科背景的学者往往能在其中找到施展空间，这一方面使得学科本身充满了活力，异彩纷呈；另一方面也让这个学科难以形成统一的学术标准、规范和共识。尤其是新闻传播学期刊的编辑，他们往往要具备多学科的知识背景，才能在众多的稿件中拣择出精品。我是幸运的，近些年来我的一些成果陆续发表在《新闻与传播研究》《国际新闻界》《现代传播》《新闻大学》《新闻记者》《新闻春秋》等新闻传播权威期刊上，感谢这些期刊编辑认可与劳动，才能使我的研究得以见诸于世。

2019 年年初，习近平总书记在中国历史研究院成立的贺信中着重强调："历史研究是一切社会科学的基础。"在中国哲学社会科学领域里，如文学史、哲学史、法学史等学科"专业史"都具有相当重要的地位。但在新闻传播学领域，近些年来新闻传播史的地位却有所下降，主要表现为一些刊物不接受新闻史类论文投稿，一些院校砍掉了新闻史课程，不设置新闻史专职授课教师。还有一些学校难以招到理想的研究人才。表明在当下"实用"为先与数字化的时代，新闻传播学对于本专业历史地位及其意义的认知有所弱化，这与学科建设的需要和国家对人文社会科学的要求是不匹配的。

中国新闻传播史在中国新闻传播学中占有基础性地位，其研究范畴属于历史研究与新闻传播学研究的交叉领域。新闻传播史的这种学科属性与地位，早在百年前即以确立。民国初年，戈公振先生在撰述《中国报学史》时，在其开篇"报学史之定名"中即提出："所谓报学史者，乃用历史的眼光，研究关于报纸自身发达之经过，及其对于社会文化之影响之学问也。"[1] 老一代新闻史学家朱传誉也指出："我们当前要做的新闻事业研究，可以分两种，一种实务研究，一种是理论研究，这两种研究又必须以历史研究为基础。"[2] 当代新闻史学大家方汉奇先生则多次强调"新闻史是历史的科学"[3]，"是一门研究新闻事业发生发展历史及其衍变规律的科学"，它"属于文化史的部分"。由此可见，新闻史研究与历史研究有着天然的联系，它是新闻传播学与历史学研究的交叉地带。

尽管有"史无定法"的倾向，但新闻史亦有其遵循的"行规"与"铁律"。其一是以翔实可靠的一手史料为基础，以实证的方法，从中抽丝剥茧，去伪存真，揭示历史真相，探寻历史真意。还原史实，陈述事实，是新闻史的基本功能，即所谓的"秉笔直书"，尤忌"无根之谈"，强调在史料的基础上，审慎地发表议论，"有一分

---

[1] 戈公振：《中国报学史》，生活·读书·新知三联书店 2011 年版，第 1 页。
[2] 朱传誉：《中国新闻事业研究论集》，台湾商务印书馆 1988 年版，第 2 页。
[3] 方汉奇：《新闻史是历史的科学》，《新闻纵横》1985 年第 3 期。

证据说一分话"。实事求是，是新闻史研究最重要的优良传统。也正因为史料在历史研究中的重要地位，故古今中外的历史研究者都极为重视对史料的搜集、整理与考证，推崇"上穷碧落下黄泉，动手动脚找东西"的功夫，甚至有学者认为"历史学即是史料学"①。从事历史研究还需要陈寅恪先生所说的"了解之同情"。所谓"了解之同情"，其实就是指研究者应该设身处地，回到历史场景之中去研究历史，先入乎其内，再出乎其外。②尤忌先入为主，以论带史。这些历史研究的基本认知也得到中国新闻传播史研究者的认可与继承。

自中国新闻传播史诞生以来，中国新闻史研究者都重视对新闻史料的搜集、整理与利用，这业已成为一种传统。戈公振先生在撰写《中国报学史》时旁征博引。为搜集史料他还曾在《时报》上刊登广告，征集旧书。③为丰富报刊史研究，他远赴欧美，搜集资料。其收集的实物资料足以组建一家报刊博物馆。朱传誉在撰写《中国新闻史》时即也强调，如果没有史料的积累，研究即"无从下笔"。他还呼吁报人自身应重视留存活动记录，为后来人提供"详尽而翔实的史料"④。他在新闻史研究中极为重视"原件"和"原文"，将其称为"原始资料""直接资料""第一手资料"，指出："我们引用的资料自然以直接资料为最可贵，因为间接资料已经过处理，有了处理人的主观或成见，处理人看法不一定正确，或者他断章取义，故意歪曲原件的内容，如果我们缺乏判断的能力，很可能会受骗或误入歧途。"⑤方汉奇先生则指出："对于马克思主义的新闻史研究工作者来说，事实是第一性的……对新闻史上的事实和他所研究的对象进行详细调查研究，充分占有第一手材料，并对它进行由表及里，由此及彼，去伪

① 傅斯年：《历史语言研究所工作之旨趣》，《国立中央研究院历史语言研究所集刊》1928年第1期。
② 参见李里峰《党史和革命史研究的新与旧》，《中共党史研究》2018年第11期。
③ 朱传誉：《戈公振及其〈中国报学史〉评述》，《中国新闻事业研究论集》，台湾商务印书馆1988年版，第107—130页。
④ 朱传誉：《我们亟需中国新闻史》，《中国新闻事业研究论集》，台湾商务印书馆1988年版，第80页。
⑤ 同上书，第83页。

存真，去芜取菁的分析，从而得出正确的符合实际的结论。"①

遗憾的是，对于中国新闻史研究这种尊重事实的实证性研究，往往被人误解为着重于"描述"，缺乏"理论"视野，甚至有人认为这种实证研究已经过时，新闻史研究要有"想象力"。不少新闻史研究者在强调研究方法的时候也都有意无意地回避历史科学的研究方法。殊不知，正是新闻史学者对史料的执著挖掘，才为新闻传播学的传播实践和理论创新提供了源源不断的"历史素材"。事实上，有时陈述史实远比阐发意义更为艰难与重要。由于各种原因，"事实"的呈现有时是极为困难的，尤其是由于时代久远，文献不存，"事件"及"人物"往往容易被人"曲解"和"误解"，这让后来者往往难以辨别，"重蹈覆辙"。正如有人调侃的那样："历史给人的唯一教训，就是人们从未在历史中吸取过任何教训。"正因此，强调史料，注重实证，用"证据"说话，这正是新闻史研究的魅力所在，也是其最值得推崇和骄傲的学术传统。

常听一些学者说，中国新闻传播史发展至今已尽"饱和"，研究的空间有限，似乎新闻史研究已无深入的必要，这是一种误解。诚然，由于新闻史学前辈的深厚积累，中国新闻传播史在"通史"方面已有众多成果。但在"通史"框架之下，在研究的"细微"之处，新闻史有着广阔的空间可以深入与拓展。当然，这仍需以中国新闻传播新史料的发现和挖掘为前提。在中国新闻传播史的发展过程中，其遗留的史料可谓汗牛充栋。这些史料包括，书籍、报刊文章、档案文件、图片、书信、日记等。有相当数量的史料仍处于沉睡的状态，正等待着有心人的挖掘和利用。

尤其是档案史料在新闻史研究运用中仍十分不足，那些散布于地方县市的文献史料和实物史料，那些流失在海外的中国新闻史料的发掘和整理，都应是未来新闻史料建构的方向。当下网络发达，应充分利用网络和搜索引擎搜集史料，当前国家图书馆正在建设的《中国历史文献总库》《瀚堂近代报刊数据库》对于新闻史学者的研究提供了

---

① 方汉奇主编：《中国新闻事业通史》第 1 卷，中国人民大学出版社 1992 年版，第 3 页。

极大的便利。

在继续加强史料的搜集和整理工作的同时，还应重视对既有史料和新发现史料的利用。正如王润泽教授所说："目前已经整理的文字史料是新闻传播史料学建构的基础，而专业意识导向是其进一步发展的方向。"① 当前中国新闻史研究在史料拓展的基础上，不断加强问题意识，在运用新史料、新观点和新方法上取得了一系列成绩。中国人民大学王润泽教授对中国百年新闻史料进行了整理，尝试建构中国新闻史学科体系，华南理工蒋建国教授对中国近代报刊阅读史进行了研究，为新闻史研究领域的拓展做了新的尝试。当前，中国地方新闻史研究、中国近代新闻媒介技术研究、中国抗战时期新闻传播史、马克思主义新闻观的形成等仍是众多亟待深入挖掘和解决的重大问题，值得后来者持续深入研究。

其二，应注意以"问题"意识为导向，反对单纯"堆砌史料"的倾向。新闻史研究固然要以史料为前提和基础，但在运用史料的过程中，应将解决问题视为目的。能够证明问题的可靠史料无疑应采用不相关的内容，应当摒弃，这需要研究者有对史料辨别和取舍的能力。绝不能因为为了"史料丰富"，而将"有关"和"无关"材料一并毫无逻辑地罗列，眉毛胡子一把抓，忽视对史料的择选与合理阐释，这种情况在新闻史研究的初学者中经常发生。

其三，应注意"以论代史"的倾向。复旦大学张涛甫教授在谈及中国新闻传播学科话语史曾指出，"新闻传播学的核心概念、命题、方法以及范式来自其他学科"，"作为社会科学的后来者，其话语权几乎没什么优势可言"②。热衷于引进和使用西方社会科学理论与研究方法是中国新闻传播学研究的学科特点，这对中国新闻传播史研究产生了影响。诚然，"史无定法"，新闻史研究者当有开放胸怀，西方社会科学的理论与研究方法对于中国新闻传播史拓展研究内容、丰

---

① 王润泽：《构建数据时代中国新闻传播史史料学体系》，《新闻大学》2018 年第 1 期。

② 张涛甫：《新闻传播学——话语生产与话语权力》，《全球传媒学刊》2015 年第 3 期。

富视角，无疑起到了积极作用。但不加辨别地照搬西方社会科学的理论和论断，忽视甚至抛却史料的研究方法，显然已经超越了历史研究所能理解的范畴。笔者曾见到一些研究论文，通篇大量引用西方学术话语，附之二手"史料"加以印证。让人不禁思考，这些被人加工过的二手史料是事实吗？如果"事实"都站不住脚，那么后续赋予的这些"意义"究竟又有多少"合理性"可言呢？这些赋予的意义大多出自西方语境之下，不去分析这些"语言"或"理论"出现的具体时代和文化背景，拿来就套用在中国的"历史情境"中，难道不会"水土不服"吗？记得杜维运曾说过："无叙事即无史学。曾经波澜壮阔的往事，翔实而生动地叙述了，史家责任便已经尽到大半。所谓综合、诠释是叙事以后的事。有叙事而无诠释、综合，仍不失其为史；有综合、诠释而无叙事，则将流于玄学家之言，难以跻身于历史之林。"

美国历史学家杜赞奇曾经写过《为什么历史是反理论》的论文。他认为：历史没有理论是因为没有令人满意的能将时间、波动与变化，这些历史知识的客体进行理论化的模式，对于历史研究者而言，重要的是熟知历史真实，因为正是在这种历史真实有特色的展开过程中，理论才能获得存在的理由。理论不断处在更新之中，其革新的理由正是因其无法应对现实解释，更何况是业已过去的历史问题。黄宗智也曾告诫研究者，理论可以引发我们创造性的思路，拓展我们的视野，但它也会让我们"堕落"。让我们满足于唾手可得的答案，让人把问题简单化或者给我们加上一些站不住脚的结论，总之理论充满了陷阱与危险。① 简言之，我们可以借鉴理论深化新闻史研究，但应拒绝理论先行，以论代史的陷阱。当前社会科学理论不断更新，革新的原因正是其无法完全解释现实的问题，历史是已经发生过的事情，使用理论更应抱有审慎的态度。总之，理论和方法是工具，如果能够准确揭示历史，有助于新闻史研究的深入，可以借鉴与使用。它们能用就好，没有新旧高下之分，能解决问题最重要。在具体问题的研究

---

① ［美］黄宗智、强世功：《学术理论与中国近现代史研究》，《学术界》2010年第3期。

上，新方法未必比老方法更管用，如果不顾历史的实际情况，一味求"新"，则难免舍本逐末了。

2019 年年初，习近平总书记在致中国历史研究院成立的贺信中指出："历史是一面镜子，鉴古知今，学史明智，重视历史，研究历史，借鉴历史是中华民族五千多年文明史的一个优良传统。"希望广大史学工作者"总结历史经验，揭示历史规律，把握历史趋势，加快构建中国特色历史学学科体系，学术体系，话语体系"，"充分发挥知古鉴今，资政育人作用"①。这些论断对于当前中国新闻传播史研究也具有重要的指导意义。中国新闻史研究应克服自身局限，以问题为导向，以史料为路径，以多学科知识为背景，博采众长，不断将新闻史研究向更深、更广维度推进，努力推陈出新，贡献符合时代要求的高水平成果，为中国新闻传播学科的建设做出贡献。

---

① 习近平：《习近平致中国社会科学院中国历史研究院成立的贺信》，《历史研究》2019 年第 1 期。

目　　录

第一章

戈公振与近代中国报人对世界
报业的思考与认知

    戈公振先生是中国近代新闻学研究的开创者之一。1927—1928年戈公振自费出国，为充实学养他走出国门对西方新闻事业开展历时近两年的实地考察。这次考察活动行程数万公里，途经欧、亚、北美三大洲，堪称近代中国报人考察世界报业的一次壮举。作为近代著名的新闻学学者和报人，戈公振通过此次考察活动，搜集大量新闻史资料，实地感受了世界新闻发展的潮流并对中外报业进行了深入思考。此次考察活动时间之长，行程之远，思考之深，在中国近代新闻学术史上具有重要意义。回国后，戈氏曾将考察期间收集的各类资料进行系统整理纂成《世界报业考察记》一书，拟在商务印书馆发行，但上海"一·二八"抗战期间，该书书稿及印版全部毁于战火，这段中国新闻史上重要学术活动遂成为尘封往事。考察期间，戈公振如何认识世界新闻事业发展的潮流？在比较中外新闻事业之后，他又为中国新闻业的将来提出了哪些建议？对此问题尚缺乏深入的研究，① 笔者以其考察期间发表的各类文章、演讲为基础，力图重新勾勒戈公振对世界新闻业的认识与思考，在解答上述问题的同时，以期抛砖引玉，充实对戈公振新闻思想的研究。

---

① 目前对戈公振第一次世界报业考察活动的研究散见于中国新闻通史教材和后人回忆，其中以戈宝权先生的《回忆我叔父戈公振》记载较为详细，但对于戈公振考察世界报业活动的意义及其思想，学界尚缺乏深入探讨。

一 戈公振考察世界新闻业的背景与动因

　　20世纪20年代是戈公振先生事业和学术活动的巅峰时期，他在此时选择出国考察世界新闻事业，是中外新闻业发展与个人志向共同作用的结果。就新闻业环境而言，20年代是中国新闻事业获得迅猛发展的黄金时期。① 梁启超曾评价国内新闻业的繁荣现象时指出，"我国报纸，受世界大战之影响，近年来在精神上及物质上，已有显著之进步。欧美新闻家之来游吾国者，亦谓我国新闻事业之有希望，可以日本新闻事业推之，在最近二十年内，将有可惊之发展"②。戈公振先生也认为，"我国新闻业近年来实大有进步，虽外国人调查我国事情者，亦皆知我国新闻事业之极有希望"③。如上所言，中国新闻事业的进步，引起西方新闻界同行的关注，民国初期，世界新闻界人士频繁访华开展学术交流与考察活动。其中如英国现代报业开创者北岩爵士、美国密苏里大学新闻学院院长威廉博士、美国新闻出版界协会格拉士等皆为西方知名报人。④ 他们的到来给中国新闻界带来了西方先进的新闻思想，所到之处深得国人的欢迎。复旦大学新闻学系主任谢六逸即指出现在"我国报业顺应时代的要求，却有进步的趋势"，但同时，"世界各国报业，也有高速的发展"，中国报业如要赶超欧美，就不能"闭门造车"，而需"眼光向外"，而外国新闻学者访华正是我国学习和了解西方新闻业的绝好机会，西方报业的成熟经验可以"供我国经营报业者参考"⑤。然而中外新闻界交流活动虽多，却以外国新闻学者来华为主，鲜有国内学者出国交流，此种巨大反差，无疑激发了戈公振出国考察世界报业的热情。

---

　　① 关于民国初年中国新闻事业的进步与发展状况，可参阅王润泽《北洋政府时期的新闻业及其现代化》一书（中国人民大学出版社2010年版）。

　　② 戈公振：《序》，《新闻学撮要》，商务印书馆1929年版，第2页。

　　③ 戈公振：《中国新闻事业之将来》，《东方杂志》1923年第20卷第15号。

　　④ 黄瑚主编：《中国新闻事业发展史》，复旦大学出版社2004年版，第136页。

　　⑤ 谢六逸：《报展纪念刊发刊辞》，复旦大学新闻学系，1935年印，第1—9页。

就戈氏个人言，出国考察世界报业，是其个人性格驱动与新闻学研究和教学活动的多重需要使然。戈公振个性开朗，交游甚广。据《申报》的记载，早在 20 年代初，戈公振已成为一名江南地区知名的社会活动家，广泛参与"道路会""武术会""运动会""赈灾""记者公会""教育会"等社会公益活动，足迹踏遍江浙，与欧美新闻记者亦多有唱和。20 年代同时是戈公振新闻学术研究的巅峰时期。除《时报》工作外，戈氏笔耕不辍，撰写完成了《中国报学史》及《新闻学撮要》两本著作。他在从事新闻学研究之初即追求"中西互通"的研究视野，对国外有关中国新闻学研究的文章极为关注，并大力引介。1923 年 11 月《东方杂志》刊登了戈公振《中国新闻事业之将来》一文，即引译美国密苏里大学新闻学院《中国之新闻事业》一书的内容佐证其观点。他在上海担任《时报》总编辑的同时还兼任数所大学新闻系教授，"多次举办新闻讲习班"①。据《申报》的记载，戈公振授课颇受青年欢迎。当时上海南方大学"应社会之需要今春特添设报学系"，邀"报界戈公振君为教授"，"自开课以来学生专攻报学者颇踊跃，戈教授见青年对于新闻事业之有兴味"。繁重的教学研究活动，使他深感中国新闻教育的落后，以及自身学养的不足，遂萌生考察世界报业之意。他曾撰文指出，"予执役《时报》，匆匆十五年，而学识谫陋，至应用之际而益显，固知学校教育只能给人以做事之基本，而不副各人职业上至所需，予意学问经验二者，非相背而实相成。世界即已进化，则一息尚存，岂容稍懈。予蓄出外游学之志久矣"②。事实上，早在 1925 年年底，戈公振就已有出国考察西方新闻事业之志。据邹韬奋回忆当年两人一次在船上畅谈时，戈氏的中心话题即是"壮游世界"③。由此可见，戈公振出国考察是经过长期思考和准备而做出的决定，是其新闻学研究和新闻实践活动的必然选择。

---

① 胡愈之：《在戈公振先生纪念会上的讲话》，载政协台东区文史资料委员会《台东文史资料》第 3 辑，第 3 页。

② 戈公振：《华法途中》，《时报》1927 年 1 月 28 日。

③ 上海复旦大学新闻研究室编：《邹韬奋年谱》，复旦大学出版社 1982 年版，第 24 页。

二 戈公振考察世界报业的行程及活动

1927 年 1 月 29 日，戈公振乘坐法国邮轮达尔塔良号从上海出发，开始了"破浪乘风，重瀛万里"的远游。出国前戈氏在《时报》上刊登启事，告知众人此次远游为服务《时报》十五年之休假，并请读者留意《中国报学史》和《新闻学撮要》，"不日即可以出版"①。值得注意的是，尽管是以私人身份远游，但戈公振的出行得到各国政要的较高礼遇，显然已超出了私人出游的性质，带有了民间外交的属性。1927 年 3 月，戈氏抵达瑞士日内瓦，这里是国际联盟所在地，各国政要云集。戈公振出于新闻记者的职业敏感，先后采访了英国外相张伯伦、法国外长白理安和德国外长特莱斯曼，其内容发表于《时报》和《生活》周刊。在会晤英国外相张伯伦时，张向其保证如果北伐军进驻上海，驻沪英军将"保持中立"，并希望与南方国民党政府进行直接谈判。戈公振则警告英国政府不要干涉中国内政，"英国如恃武力，于商业并无裨益"将有损其在华利益。② 在采访白理安时，戈氏针对国民革命后，法国出兵上海和拒不交还天津租界等问题，频频发问。尖锐的问题令以善辩著称的白理安难以应对。在通讯末尾戈公振指出，国际联盟"完全是英法两国操纵"，而"其余四十余国都站在跑龙套的位置"③，告诫国人认清国际联盟虚伪本质，放弃对它的幻想。戈氏在日内瓦游览了萨雷布山景，在《申报·自由谈》上发表其在欧洲的第一篇游记《炎夏赏雪记》，记载了阿尔卑斯山的美丽景色。他还曾参观英国牛津大学和德国莫愁宫，会见了李昭实和陈学昭两位女学者，所到之处拍摄的相片，被国内的《图画时报》《国闻周报》《良友画报》《中国摄影学会画报》等争相转载，一时为报刊关注。

旅欧期间，戈公振以记者身份列席了诸多重要国际会议，如日内

---

① 洪惟杰编著：《戈公振年谱》，江苏人民出版社 1990 年版，第 29—30 页。
② 《英外相接见戈公振 谈英国对华态度》，《申报》1927 年 3 月 17 日。
③ 戈公振：《旅行通讯》，《时报》1927 年 4 月 10 日。

瓦世界经济大会、国际劳工会议、海军裁军会议等。尤其是 1927 年 8 月下旬，他受国际联盟之邀，代表中国新闻界出席了国际报界专家大会。该会是国际联盟倡办，旨在"解决各种报业问题，以消弭民族间之误会"的国际新闻专业会议。① 此次会议共有 36 个国家的 118 名代表出席，他们均为"各国电报通讯社及日报之经理与深有经验之著名主笔"②，与会者"济济一堂，堪称盛事"。在 8 月 24 日下午大会讨论期间，戈公振代表中国报界发言，他首先就西方媒体对中国的种种歪曲报道提出质疑，他指出，观察欧洲各国报纸对中国"国民运动"的报道，多属"无稽之谈"，而造成这一问题的直接原因是中国缺乏对外国在华新闻搜集与发布的监管能力。如今"中国在此世界上，可谓最不了解之国家之一"，"予游历欧洲，观察各国对于中国国民运动，殊多误会一端"。对此他呼吁西方的媒体应该努力"增进中国与西方的了解"，"予希望西方报纸，在其国内，皆具有伟大之势力，为远东和平计"，国际新闻界同行应不带偏见地报道中国问题，"以平等正直之精神，力谋祛除中外间之误解"③，对中国人民的正义要求给以公正评论。④ 戈氏的发言得到了与会专家的热烈响应，大会会长伦敦《每日电讯》报主人彭汉子爵起立赞扬戈公振的演说"能言善辩，深为敬佩"。在国际新闻专家会议上，戈氏作为中国代表与世界新闻业同行，共同发表了保障新闻记者自由采访权利的联合声明。⑤

作为大会的唯一中国代表，戈氏在会议中积极为中国新闻界争取权益，反映中国报业的声音。会议中戈公振提交了《新闻电费率与新闻检查法》的提案，该提案针对国际间电报费用收费不公现象指出，新闻电费率和新闻检查法与"中国有特别关系"，中国与欧美之间的新闻电报费是欧美两大洲之间电报费率的两倍半，而距离相近。为此

---

① 戈公振：《国际报界专家大会之先声》，《东方杂志》1927 年第 24 卷第 14 号。
② 戈公振：《国际报界专家会议纪略》，《东方杂志》1927 年第 24 卷第 16 号。
③ 《国际新闻业大会开幕　中国代表戈公振之演说》，《申报》1927 年 8 月 26 日。
④ 戈公振：《国际报界专家会议纪略》，《东方杂志》1927 年第 24 卷第 16 号。
⑤ 《新闻记者自由保障问题　戈公振在新闻专家会议之声明》，《申报》1927 年 8 月 31 日。

他希望国际通讯社降低其供给中国报纸的新闻的费用，以促进中国新闻业的发展。在他看来，中国报业尚属幼稚阶段，与西方报纸动辄百万的销量相比可谓天壤之别，今日中国之报纸"尚未能胜此项费用"①。此次大会戈氏被选为国际海电委员会委员，成为在此机构的唯一中国人。

在欧洲考察期间，戈氏多次往返于法国、英国和德国，为其学术研究搜集各类资料。据陈学昭回忆，1927年秋他在巴黎与戈氏相遇，在其住处的桌子上总是放着大量"书和报纸"。戈公振对"法国社会的一切情况进行深入的调查研究"，他"珍视资料，对各种各样的资料，都收藏着"，甚至包括考察期间的"公共汽车票、剧院的戏票……"为了便于查阅资料和学习，戈公振还挤出时间自学外语，"日常需用的法语已经说得熟练了，英语更熟练"②。1927年年底，戈氏来到英国大不列颠东方图书馆，为《中国报学史》补充资料。据戈氏笔记记载，仅1927年11月28日一天，他即查阅了《东西洋考每月统记传》《中外新报》《六合丛谈》《遐迩贯珍》，12月1日又查阅了《广东探报》《旧金山唐人新闻纸》《日报特选》《察世俗每月统记传》《特选撮要每月记传》《中英商工机器时报》《各国消息》③等。对这些稀有史料，戈氏做了简要的笔记，查明了报纸出版的年代和大英博物馆所藏的期数，记述了开本及印刷的情况，还抄录了各刊有关的序文等，该笔记后被编辑为《英京读书记》，并在《国闻周报》上发表。④搜集新闻学研究资料可谓戈氏出国考察最重要的目的之一，而此行确实令戈氏获益颇多。戈氏曾指出，"予纂《中国报学史》时，有若干种只存其名而未见其书，心中憾之。我国现代报纸之产生，原发端于英人，比来伦敦，于英国博物院藏书目录中，果获曩日遍访而未得之定期出版物多种，爰

---

① 戈公振：《序》，《新闻学撮要》，商务印书馆1929年版，第2页。
② 陈学昭：《纪念戈公振先生》，《江苏文史资料》第44辑，南京文史资料研究会，1990年印，第44页。
③ 洪惟杰编著：《戈公振年谱》，江苏人民出版社1990年版，第32页。
④ 戈公振：《英京读书记》，《国闻周报》1928年第5卷第10期。

撮大要，以足吾书"①。在伦敦戈氏还参观了英国泰晤士报社和路透通讯社，甚至还旁听过伦敦政治经济学院的课程。②

1928 年 5 月，戈公振来到德国科隆参观了第一次世界报纸博览会，③ 他认为"博览会性质以报纸为主体者，吾未前闻。有之，自科恩始"。此次报展共有 48 个国家参加，其中包括仓促参展的中国。在观摩中国展馆后，他失望地指出，整个中国展馆的布置，"无准备，故无系统，遂无精彩"，他感叹中国虽为造纸及有报纸最先之国，本可借此宣传，但国人尤其是"有关系之报界漠视至于如此也"④。为中国新闻界未能利用世界报展之机，宣传本国新闻业而深深遗憾。

1928 年 6 月戈氏乘船离开欧洲赴美。在美国，他访问了纽约、华盛顿、芝加哥、旧金山等城市，并参观了《纽约时报》《芝加哥论坛报》等报馆。即使在游轮上，戈氏仍不忘搜集新闻学资料，他写到游船"每日印行报纸 1 小张，名北太平洋报"。上面甚至记载了两条有关中国南京惨案和日本干涉中国国民革命的消息。⑤ 7 月戈氏赴加拿大温哥华取道日本回国。1928 年 8 月，戈氏到达日本横滨，利用在此停留的机会，戈公振对日本的新闻业及社会进行了细致考察。为了解日本文化，他努力学习日文，并到东京、京都、大阪、神户等城市实地考察。他参观过日本的《每日新闻》《日日新闻》等报馆，为国内写了《旅日新感》和《旅日杂感》等通讯。驻日期间，戈公振对日本媒体的侵华宣传留下了深刻印象。他满怀忧患地指出，"满洲是中国东北的门户，这个问题一天不解决，我们一天就不能高枕而卧"，他希望国民政府"除了宣传以外，应当下一番研究工夫，寻出哪一条

---

① 戈公振：《英京读书记》，《新闻研究资料》第 5 辑，中国社会科学院新闻研究所，1980 年印，第 66 页。

② 戈宝权：《回忆我的叔父戈公振》，《江苏文史资料》第 44 辑，南京文史资料研究会，1990 年印，第 151 页。

③ 齐辉：《民国报业展览会与中国现代新闻业的成长》，《国际新闻界》2010 年第 10 期。

④ 戈公振：《序》，《新闻学撮要》，商务印书馆 1929 年版，第 48 页。

⑤ 《时报》1928 年 10 月 29 日。

路是于我们有利的"①，告诫国人对日本保持高度的警惕。1928 年年底，他离开日本回到上海，结束了近两年的世界新闻考察之旅。

三　戈公振对中外报界的认识与思考

戈氏回国后曾系统整理其对世界报业的考察与思考，并整理成《世界报业考察记》一书，但该书手稿及书版已毁于炮火，荡然无存。这次世界报业考察，戈氏究竟有哪些收获？其意义何在？为此笔者在搜集了其考察回国后一年内公开发表的论文及演讲，力图重新建构戈公振对中外新闻事业的认识与思考。

（一）"中国急需一个代表通信社"

1929 年刚刚回国后的戈公振即在《国闻周报》发表《中国急需一个代表通信社》一文，这是他在考察世界新闻事业发展后，对中国新闻业建设的将来指明了一个具体方向。他指出，目前世界新闻业的竞争不仅仅是报业的竞争，更应重视国际新闻通讯社的重要作用。"报纸拥有大多数的读者，而成为一个无形的团体，而通信社却将此多数无形的团体用电线联络起来"，"没有国际通信社，报纸取材的范围不能遍及到全世界"②。戈氏在详细列举了世界著名通讯社名录之后指出，通讯社对于国家争取国际舆论和自身利益具有重大意义。通讯社因为"民族文字和环境的关系，其事业随本国的政治经济势力而膨胀，无形地把全世界划分成几个区域"，"国际舆论就操纵在他们手里"。他们一旦"遇着和本国有利害的问题都难免会为本国进行宣传"，从而影响到国际政治斗争的格局。他进一步指出，中国在国际外交斗争中处处被动，很大原因是国际宣传的失败。他举例指出，诸如巴黎和会、华盛顿会议和济南事件等，由于中国没有通讯社，以至于"自己的意见要在人家口中说出来"，这难免会引起国际舆论的误解和猜疑。西方通讯社有自己的股东、背景和政策，因此，他们的

---

① 《时报》1928 年 11 月 28 日。
② 戈公振：《中国急需一个代表通信社》，《国闻周报》1929 年第 6 卷第 18 期。

宣传对中国而言是"不负任何义务和任何责任"的，所以中国应迅速建立起属于自己的通讯社，这样才能为国家争取权益，并在国际宣传斗争中赢得主动。

作为一个有强烈爱国主义情感的报人，戈公振出国考察的重要目的就是为中国新闻业寻求救国之道。面对内忧外患的时局，新闻业应该发挥怎样的作用？建立代表中国利益和民族声音的通讯社成为戈氏看来最为可行的方案。他曾指出，"外人的新闻侵略"主要体现在对新闻信息的垄断，我们的消息大部分源于"外国人所经营的通讯社"，帝国主义对于中国的消息"完全被他们垄断了"，因此"我们要把中国的国际地位跻于真正的平等"，就"非要组织一个大规模的通讯社"①。而中国建立代表国家的通讯社"是不为也非不能也"。中国报界每年拿出大量资金从国际通讯社那里购买新闻，不如将其用于筹建国家通讯社，通过开展国际合作与外国新闻社交换新闻。他甚至提出，通讯社的总部应设在上海，然后在武汉、广州、天津和奉天设立分部，并派通讯员到全国各大商埠，进而将触角伸向边疆和南洋等地区，最后在世界范围设立分支机构的五步走方案。② 值得注意的是，出国考察期间戈公振深感"弱国无外交"，中国新闻业虽有进步，但尚缺乏具有国际影响力的媒体，从而在外交宣传斗争中处处被动。而20年代适逢国际通讯社激烈竞争的时代，英国路透社、法国哈瓦斯社、德国沃尔夫社在全球范围内展开舆论争夺，这给戈公振留下了深刻印象和巨大触动，并成为触发戈公振提出建立中国通讯社的主要动因。

（二）"世界报纸的三大趋势"

戈公振结束出国考察回国后曾多次受邀演讲，畅谈考察观感与思考。1929 年他回国后即在上海记者公会演讲《世界报纸的三大趋势》，认为"平民化""专门化"和"合作化"是未来世界报业发展潮流。

---

① 戈公振：《中国新闻事业之进化》，《国立劳动大学月刊》1930 年第 1 卷第 2 期。
② 戈公振：《中国急需一个代表通信社》，《国闻周报》1929 年第 6 卷第 18 期。

　　"平民化"就是报纸更加为"受过普遍教育的人着想"。戈公振认为，外国报纸"总是朝着通俗化方向走。有全用口语的，有绝对不用古字的，有减少引用外国成语的"。千方百计使自己刊登的内容能够"家喻而户晓"。如"销量百万的英国《每日邮报》、法国的《小巴黎人报》、美国的《美利坚人报》、日本的《朝日新闻》和《每日新闻》都是因这而成功的"①。在戈公振看来，世界报业的平民化对中国尤为具有意义。中国报业落后的原因之一就是文字和语言不为广大民众所接受。戈公振指出，中国文字"极端复杂"导致民众不易掌握，影响到阅报的普及。为此，他提出采用注音字母来替代汉字，这样"只要熟读了几十个字母遇到不认识的字，就能读出字的音，懂得字的意"。对于语言，戈公振也认为中国报纸应彻底普及"白话"。报纸不是所谓"不朽名作"，它应该给"人以生活必需的知识"，因此报纸不必过于"咬文嚼字"，使"小学毕业或者与之相当的程度即可以阅读"②。戈氏断言中国未来的报纸，谁能够做到平民化，"它将来一定在群众方面最占势力"。

　　考察世界报业期间，戈公振对西方报业的高度专业化也给予了巨大关注。他指出，各国报纸内部，分工越来越细，"每个部分大都是专门家主持"。他举例说，世界著名报馆不但有外交主笔，而且还有专管中国问题的人，所以中国发生的大事很快就能在报纸上有"论说发表"。西方报纸提倡报道的专业化，报道航空一定会请飞行家去写；气象的事，会请天文学家去写；而公共卫生的事，则会请个医学家去写……在戈氏看来，优秀的报纸"专门家"，"不但要有对于某一方面的特殊研究"，还应有文笔好、交友广、社会阅历丰富等特质。报业专门化趋势，对记者和编辑提出了更高的要求，"他们不但注意国内，而且注意国外；不但注意现在，而且注意将来"，身为记者"知识固然愈丰富愈好，还应要有一种专长"。作为舆论的指导者，"记者的知识至少要比常人加一等，不然对于某个问题自己尚不清楚，如

---

① 戈公振：《序》，《新闻学撮要》，商务印书馆1929年版，第3页。
② 同上书，第27页。

何可以指导人呢?"① 他引用德国新闻学教授邰格的话说,"我们不希望造就一个凡事皆能的记者,而情愿得一个专门家",大胆断言在未来新闻业的发展中,"没有一种专长的报馆或记者在竞争剧烈的社会"将"没有他们的地位"②。

戈公振考察期间对西方媒体间的合作化趋势也留下了深刻印象。他指出,在西方"报馆和报馆,记者和记者,彼此竞争当然很激烈",但是一旦有危及新闻事业整体利益的事情发生,他们又会团结在一起应对,展现出团结"合作"的姿态。③ 这些合作的组织就是西方的报馆工会、报馆主人协会、记者俱乐部等。他举例说,"欧洲有若干国家没有造纸厂,非向国外购买纸张不可"。于是这些报纸合作组成了一个"买纸机关","大宗地向国外厂家购买"纸张,然后分给各家报馆,这样做使纸张价格比"平常便宜四分之一"。他又以日本为例说,"日本报纸三年前是各自购买外国消息,后来觉得损失太大就合租一个通信社,不但可以省钱,还可以阻止外人的宣传"④。他进而呼吁国内新闻界应团结一致才能增强舆论的力量,他指出"大家要把眼光放远些,把个人利益放后些,赶快地联合起来",唯有形成规模与合力才能增强报业抵御干扰的能力,切实提高与外国同行的竞争力。

四　结语

戈公振的世界报业考察之旅,是民国时期中外新闻界交流的大事。他丰富的出访活动加深了世界对中国新闻业的了解。在出席国际报界专家大会时,戈公振指出:"予以中国记者资格为言……予希望西方报纸在其国内,皆具伟大之势力,为远东和平计宜继续努力,以增进中国和西方之了解。"⑤ 在国内,戈氏出访期间的通讯、

---

① 戈公振:《序》,《新闻学撮要》,商务印书馆 1929 年版,第 6 页。
② 同上书,第 29 页。
③ 同上书,第 7 页。
④ 同上书,第 6 页。
⑤ 戈公振:《中国专家之演说》,《东方杂志》1927 年第 24 号第 19 卷,第 18 页。

照片和书信频频见诸于《东方杂志》《国闻周报》《良友》《时报》等知名媒体，引发了国内新闻界同人的关注。考察活动结束，戈公振刚回国即收到国内大学、新闻专业协会的邀请，进行了多场演讲。如1929年他在南京发表题为"各国新闻报纸之趋势及我国报界应取之方向"的演讲；1930年夏他在杭州发表题为"报纸之过去、现在与将来"的演讲，其内容绝大多数是他考察期间的见闻和思考。戈氏一向主张，"新闻事业不只是报纸里的人才应该研究，民众们对报纸的起源、沿革及报馆的起源，都应当有相当的认识"①。更有商家利用戈氏的出访影响力做起了牙痛药广告，称其药品治疗牙痛为"戈公振先生周游世界之经验"，由此可见其活动在学界和民间的影响力。

为了更广泛地向公众介绍考察成果，戈公振甚至于1931年8月8日在西湖罗苑举办了"中外报纸展览会"，其中既有《泰晤士报》《纽约时报》《朝日新闻》等外文报纸，亦有《申报》《时报》创刊号等国内报纸珍品，而这些展品大都为戈氏访欧期间收集的藏品。无疑，戈公振考察期间收集了大量第一手的新闻史料，为其开展新闻学术研究与教学打下了坚实的基础。戈氏对新闻事业的考察极为细心，如"在瑞士浏览和德国的街头售报亭，德国新发明的自动卖报机，美国的自己付钱卖报的名誉制度，日本街头的新闻图片展览橱窗"等都引发他巨大的兴趣。参观之外，戈氏亦购买了大量原版西方新闻学研究著作。据戈宝权回忆，戈公振的住所四壁书籍中绝大部分是日文和英文的原版新闻书籍，而收藏的世界各国报纸，更是洋洋大观。②另据《新闻报》报道，戈公振在去世前将其在海外收集的"新闻事业书籍一千余种之多"赠予该报，故该报建议"在戈氏服务最久之上海，设'新闻学图书馆'"以泽被后世研究者。毋庸置疑，正是拥有这些珍贵的海外资料，进一步确立了戈公振在中国新闻史研究中的地位。

---

① 戈公振：《新闻纸的商业化》，《电信交通部电信学校校刊》1931年第2卷第2期。

② 贝子：《追怀戈公振》，《中华日报》1941年7月16日。

作为一个具有强烈民族主义精神的爱国报人，戈公振深刻体会到不同文化环境下，报纸所体现的民族特征。他认为报刊作为大众传播媒介，总是受到所在地历史文化的影响与渲染。他指出，"一国报纸可以代表一国的国民性，如英之庄重，美之博大，德之端正，法之经验，意之豪爽，日本之短小精悍，各有各的特色"。即使同一地方的报纸也有各自的特殊性，"有的报纸以政治见长，有的以经济见长，有的以社会或文艺见长，有的以评论公正胜人，有的以消息翔实胜人，有的以图书新颖而明晰胜人，各有爱读之人，不能说谁是优，谁是劣"。在戈氏看来这种民族文化特性甚至导致各国新闻教育的不同，"美国式，注重应用"，"德国式，注重理论"，而"英国式，想把理论和应用都顾到"①，这些思考也促使他更加关注内忧外患的中国。戈公振强调经世致用的学风，考察期间，他对西方报业考察的每一个细节都渗透着对中国新闻业强烈的现实关注，进而上升到救亡图存的政治高度。在海外他不仅单纯对新闻事业进行考察，同时还深入到对中国国家命运的反思。在美国，他看到中国船员的薪酬尚不及南美一些小国之人，深感国人在海外遭遇的不公正待遇；在日本，他更在《旅日新感》写道"为什么日本的博览会都少不了满蒙馆"，告诫国人警惕日本对中国东北的侵略野心。这次出访，也使戈公振成为中国国内为数不多的对中外时局有切身体验和深入思考的媒体人。他的国际时局分析得到国民政府高层的认可，"九·一八"事变后国民党中央宣传委员会任命其陪同国联东北调查团赴日内瓦，代表中国参加国联特别大会。这次活动戈公振"沿途精心探索，备历险阻"，辅助调查团明确日本占领中国东北的真相。"由是世界公论，咸知直在我，曲在彼。"② 此后，他又受国内各报之托赴西班牙参加国际新闻专业会议，并对苏联进行了为期三年的考察活动。

戈公振曾被民国新闻界称为"一代报学大师"，是中国"富有毅力的垦荒殖者"。戈公振对世界报业的考察活动，是近代国人考察世

---

① 戈公振：《序》，《新闻学撮要》，商务印书馆1929年版，第3页。
② 《戈公振先生诔》，《现代生产》1935年10月。

界报业的一次壮举。他准确把握了世界新闻发展的潮流，为中国的新闻学发展提供了异域借鉴。这次考察用胡愈之的话说是，"花了最少的钱，走最多的地方，看了最多的东西"，真正践行了他"读万卷书，行万里路"的人生理想。① 作为一代报人，戈公振的实践主义与爱国精神，证明了他不愧为中国近代新闻学研究的大师。

---

① 陈学昭：《追念戈公振先生》，载丁茂远主编《陈学昭研究专集》，浙江文艺出版社1983年版，第64页。

第二章

报纸展览会与中国近代新闻业的成长
——以复旦大学世界报纸展览会为中心讨论

　　世界近代新闻产业形成后，报业展览会成为国际新闻界交流的重要形式。自20世纪20年代后，国人日益重视报业展览会的教育与交流功能，参与并举办了多次报展，其中尤以1935年上海举办的世界报纸展览会规模最大，影响最为深远，这是中国第一次举办世界报展。[1] 此次展会通过展品的展陈观摩、研究比较等活动，沟通了中外新闻界的联系，促进了国人对新闻业的了解，展示了抗战爆发前中国报业的进步趋向，被誉为"中国新闻史上光荣的一页"[2]。目前学界对于中国近代报业展览会的认识尚缺乏深入研究。[3] 笔者试以史料为基础，以上海世界报纸展览会为重点，探讨民国时期，国人如何克服重重困难成功举办世界报纸博览会，探讨报业展览会在国际新闻界交流中的影响及对现代中国新闻业成长的意义。

---

　　① 学界普遍认为1935年上海世界报展为中国第一次举办世界报展。方汉奇先生在《中国新闻学之最》一书第335页中指出，上海世界报展是中国首次举办的世界报展；此外如孙文铄的《中国新闻界之最》，姚建红主编《中国新闻史事溯源》等书均认为，上海世界报纸博览会是我国举办的第一次世界报展 。

　　② 《中国新闻史上光荣的一页——世界报展获得成功》，《复旦大学校刊》1935年10月21日。

　　③ 关于上海世界报纸展览会的研究多见于知识性介绍，其中马光仁先生《上海新闻史》、方汉奇先生主编《中国新闻事业编年史（中）》，对于报展情况略有介绍。

一 中国报界与世界报纸展览会的历史渊源

所谓报纸展览会"乃集合各地古今报纸及于新闻事业有关者之一切杂件，陈列一堂，以供众览之谓也"①。真正近代意义的世界报纸博览会起源于1928年在德国科隆举办的万国报纸博览会。戈公振访欧期间曾参观科隆报展，他感叹，"博览会性质以报纸为主体者，吾未前闻。有之，自科恩始"。此次展览邀请48国参加，主办方对于中国展品"存着极厚的希望"，并拟为中国单独开办"一个单位"。当时我国旅德报人闻讯后多次致函国内督促"国人注意搜集材料，参加报展"，但不幸"时值国事扰攘，政府及报界自顾不暇"，加之国人对于"新闻学术研究的趣味不高"，以至于国内报界对此报展竟无人响应。展期将近，主办方只得委托中国通讯社驻柏林分社主任廖焕星向新闻学者黄天鹏求助，希望其代为在北京收集"中国各日报杂志以及传单等物愈多愈妙"。1928年5月12日报展开幕，尽管中国展馆占地面积颇大，却只陈列了黄天鹏收集的中国各类报纸300余种。②戈公振在参观中国馆后不无失望地指出，展品"无准备，故无系统，遂无精彩"，为中国新闻界未能利用世界报展之机宣传本国新闻业而遗憾。科隆报展之后，报纸展览会这一新闻业交流形式渐为国际新闻界所重视，各类报展相继举办，其中1928年瑞典斯德哥尔摩"万国报展"，1930年意大利威尼斯"世界学生报展"，1931年美国纽约举办报纸版式展览会等，均有较大影响。③

中国最早举办报纸展览会是1926年由上海新闻协会主办的南洋各报展览会。此报展展出南洋地区的华文侨报、《苏门答腊报》经理刘士木和上海《时报》总编辑戈公振所藏书报共百余种。④戈公振先生访欧期间有感于科隆万国报展成功，指出"我国为造纸及有报纸最

---

① 戈公振：《记世界报纸博览会》，《新闻学撮要》，商务印书馆1929年版，第48页。
② 胡道静：《在展览会里的中国报纸》，《报坛逸话》，世界书局1946年版，第74—75页。
③ 钟华组：《报展的历史》，《报学杂志》1948年第1卷第8期。
④ 孙文铄：《中国新闻界之最》，社会科学文献出版社1993年版，第184页。

先之国，大可藉此（指举办报展）宣传"①，呼吁国人应重视报纸展
览会在新闻宣传和报业交流中的作用。为此戈氏于 1931 年 8 月 8 日
在西湖罗苑举办了"中外报纸展览会"，陈列他访欧期间收集的欧美
报业照片和报纸样本。其中既有《泰晤士报》《纽约时报》《朝日新
闻》等外文报纸，亦有《申报》《时报》创刊号等国内报纸珍品。这
次报展规模虽小，却有很强的学术色彩，报展中展出了戈公振、徐宝
璜、蒋国珍、任白涛、邵飘萍、谢六逸等新闻学名家的著作，显示了
中国新闻学研究的蓬勃活力，而报展的学术交流作用已经初露端倪。
西湖报展后，戈公振还想在上海举行一次规模更大的展出，但因各种
原因未能如愿。此后，1935 年杭州新闻记者公会亦曾举办全国报纸
展览会，此次展览得到了各地新闻记者公会、新闻学会、大学新闻系
等的广泛帮助，共征集全国各类报刊 1455 种。报展在江浙两省引起
轰动，参观人数累计超过三万人次。② 受此鼓舞，南京新闻界人士也
有"筹备举行全国报纸展览会"的意愿。这些报展规模虽不大，且
收集的均为国内报纸，却显示出 30 年代国人对举办新闻专业展览会
的高涨热忱，并为 1935 年上海世界报纸展览会的成功举办打下基础。

二　成功举办上海世界报纸展览会

（一）报展缘起

　　1935 年上海世界报纸展览会主办者是复旦大学新闻学学会。
1935 年 3 月复旦新闻学系召开大会，决定举办一次报纸展览会，以
庆祝复旦建校 30 周年，同时新闻学人亦想通过此次报展"引起社会
人士对报纸的兴趣，促成报业改良"，"藉此充实新闻学系的内容"③。
　　20 世纪 30 年代尽管中国新闻业已有长足发展，但若举办世界报
纸展览会，不仅在中国乃至整个东亚都尚属首次，何况由新闻教育机

---

① 戈公振：《记世界报纸博览会》，《新闻学撮要》，商务印书馆 1929 年版，第 48 页。
② 钟韵玉：《记杭州两次报纸展览会》，《杭州文史丛编》，杭州出版社 2002 年版，第
253 页。
③ 《我们的工作》，《报展纪念刊》，复旦大学新闻系，1935 年印，第 10—13 页。

关来发起展览，更是前所未有的创举。为此，复旦新闻学会进行了充分的前期准备，成立了世界报展筹备委员会，由复旦新闻系主任谢六逸任会长，盛维榮、舒宗侨、施鼎、盛澄世、熊岳兰、谢家初、王允谋、汪远涵、夏仁麟九人为筹备委员，分别负责总务部、国内报纸征集部、国外报纸征集部、统计图表部、交际部等九个部门的具体工作，协调展览事宜。为扩大报展影响，提高权威性，筹委会还聘请专家学者十余人担任顾问。筹委会制订了周密的工作计划，将征集展品范围划分为：本国报纸、各国报纸、新闻照片和图表、报馆介绍及成绩、电讯机器、印刷设备等十二个门类。① 严密的组织与分工成为世界报展筹备工作高效率的保证。

（二）展品征集

筹备世界报纸展览会工作繁杂，其中尤以展品收集最为艰巨。为此，筹备委员会于 3 月 29 日在上海青年会举行新闻记者招待会，公开向上海新闻界寻求帮助。② 鉴于平津是中国报业的又一中心，筹委会特派舒宗侨远赴"平津接治"，"与平津报界领袖会晤"，取得了"甚为圆满"的结果。北方报业同人的支持令筹委会信心大增，随后又派代表赴南京，与国民政府中央宣传委员会负责人会商，谋求政府"官方"的协助。"宣委会"对于民间举办世界报展亦持支持态度，不但提供了全国《报社通信社一览》，还承诺赠送罕见的海外华侨报纸参展。国民政府的支持使得展品的征集工作大为提速。按照"宣委会"提供的《报社通讯社一览》，报展筹委会"按图索骥"，向全国一千五百余家新闻机构发去了参展邀请信和《国内报纸征集调查表》，后者详列了各报纸的名称、地址、筹办时间、创办人、销量等数据，以备展出之用。

作为世界报展，国外报纸展品的征集无疑难度最大。筹委会认

---

① 《我们的工作》，《报展纪念刊》，复旦大学新闻系，1935 年印，第 10—13 页。

② 据马光仁先生《上海新闻史》记载报展筹备委员会成立于 1935 年 2 月，并在 2 月 29 日召开新闻会对外征集展品（复旦大学出版社 1996 年版，第 806—807 页），此说经笔者考察有误，据《报展纪念刊》记载新闻会召开时间应为 1935 年 3 月 29 日（《报展纪念刊》，第 11 页）。

为，收集国外报纸"既要大量的金钱，又要相当的参考"。无奈之下，主办者又向国民政府外交部求助，将1200余份邀请函和报纸调查表通过外交部转发给各国驻华使馆，再由使馆转送所在国报馆。由于国民政府外交部的介入，使得此次报展无形中具备"官方"背景，各国新闻机构收到邀请函均十分重视，积极回信响应。邀请信发出后仅一个月左右就陆续收到外国参展报纸回复，"先是日本、朝鲜、印度、缅甸"，到后来"德国、意大利、美国等都跟着寄来了"[①]。

报展筹备工作顺利开展，除官方帮助之外，更得益于新闻研究学者和报界同人的鼎力相助。戈公振、王一之慷慨将其珍贵私藏报纸无偿借给展会使用。适时，南京新闻界曾筹备全国报纸展览会，展会负责人仇培之亦将南京报展收集的部分展品提供给筹委会。而杭州新闻记者公会经过接洽也将其全部材料借用，其中不乏《申报》创刊号、《点石斋画报》等珍品，极大地提高了中国报纸展品的质量。

尤其值得注意的是，30年代上海作为中国重要的工商业城市和报业中心，备受中外印刷制造厂商的重视。世界报纸展览会在上海举行也成为他们展示产品，争取国内市场的契机，英国麦纳印铸机器制造厂、德国泰来洋行、美国中国电器公司、华商明精机器厂等，均带来新式印刷机器参展。其中麦纳印铸机厂之大平板机、新式铸字机、麦纳打字机，礼和洋行套色印刷机，泰和洋行之色板印刷机、自动铸字机，各式铅版、纸版、油墨等均为首次在中国展出。出于对报展商业价值的考虑，这些机器运输、组装和现场演示等费用，全部由厂商自行负责。[②] 经过各方努力，截至展会开幕前一个月，报展总共收集各类展品总计逾3000件，可谓"洋洋大观"。

（三）盛大揭幕

1935年10月7日，上海世界报纸展览会如期开幕，全部展览共六个展厅，占用复旦校舍十余间。第一展厅主要陈列珍贵历史报纸、通讯稿、杂志、报馆应用文件和新闻教育成果，展品中有历史价值报

纸 50 种，图表 32 幅，各类照片 130 多张，彩色画报 12 幅，中外通讯稿件 200 余种。第二至第四展览室主要陈列国内报纸与报业先贤遗照事迹。其中国内报纸 1500 种，纸合订本 300 余种，展品遍及三十多个省市地区，云南、贵州、广西等偏远省份亦有报纸送展。国内展区中，展出最多的是上海报纸，共 150 余种，约占当时上海全部报刊总数近 50%。[①] 第五展厅为世界报纸展厅，共展出世界报纸 500 余种，遍及五大洲 38 个国家和地区。其中有各类报纸创刊号、专刊、纪念刊、年鉴共 50 余种，其中包括纽约《太阳报》创刊号等珍品。最大的第六展厅是机器设备展区。陈列有各类印刷机器 20 余台，此外还有多种电讯设备，如美国中国电器公司自动电话机、交换机、打字发报机，各种电表、真空管等，上海电报局的国际电台设备均为首次在国内公开展出。

世界报展堪称上海的文化盛事，国民政府立法院院长孙科、驻德大使程天启、国民政府前外交部部长王正廷等民国政界名流均前来参观。作为民国时期新闻业的一次专业展会，此次报展亦引起了民国新闻教育者和众多报人的关注。中央政治学校新闻系主任马星野带领学生 10 人从南京赶到上海参观学习，燕京大学新闻系主任黄绍宪，上海交通大学校长黎照寰，文学家林语堂等也都与会参观。民国报界翘楚如《新闻报》总经理汪伯奇、《申报》经理马荫良、《北平世界日报》社长成舍我、镇江《苏报》社长成康和也均到会助阵。

展会期间，筹委会组织十分周到。七天展期中，首日即有四千多参观者涌入。为方便游览，了解报纸的历史，筹委会特别印制了中英文两种版本的《参观指南》《申报概况》《新闻报概况》《厂商说明》免费赠给游客阅读。展览每天进行 8 个小时，尤其是 10 月 10 日，由于适逢双十节放假和第六届全国运动展览期间在上海开幕，使参展人数骤增，各国驻沪记者、各大院校学生，英、法、德、日等国来宾纷至沓来，形成参观高峰。参观者对古旧报纸、外国报纸和日本盲人报纸等产生了浓厚兴趣，而各种印刷机器的现场展示，更使展览达到高

---

① 储玉坤：《国报馆刊社调查统计表》，《现代新闻学概论》，世界书局 1939 年版，第 49 页。

潮，至 10 月 13 日下午报纸展览闭幕，游人仍"源源不绝"。主办方不得已，应上海各界强烈要求，拟在上海公共租界内延期数日继续展出，但由于抗战局势动荡，遂未实现。

上海报纸对此次报展给予高度评价："因事前已略有宣传，故外界极为注意，展览会之初数日，本外埠报纸均有批评，一致认为报展为中国新闻史开一新纪元，其在集材布置各方，均已成功。"① 《申报》不但发表数篇有关报展的新闻，还在 10 月 8 日以《世界报纸展览会开幕》为名，发表时评文章，认为报纸"日销百万份在国外为常，在我国则绝无，他若通讯之布置，一切物质之供给与享用亦远不如人，此次大报展，使吾人自知所短，力求改正之道，其意义实大焉"②。上海《新闻报》则用"琳琅满目，美不胜收"③ 八字概括此次报展的展品丰富。而《新人周刊》则撰文指出："世界报纸展览之创举，这实在是一件很有意义的事，尤其是在新闻事业落后的中国，这一番举动不能不说是相当的需要……从这里也可窥见近代报纸进化的迹象。"④ 《晨报》也称此次报展"观者络绎于途，无不同声称誉"⑤。此外，上海《字林西报》《时事新报》《大晚报》《立报》等也对此次报展给予正面报道和评价，显示出报展巨大的社会影响力。

三　上海世界报展对民国新闻业的社会影响及其意义

1935 年上海世界报纸展览会是抗战前中国新闻界难得的盛事，对于中国报业影响深远。储玉坤在《现代新闻学概论》中指出："民国二十四年（上海）举行报展，唤起一般人士对于报纸的兴趣，其意义甚为重大。"⑥

首先，此次报展促进了中外新闻界的交流，推动了中国新闻业的

---

① 《复旦大学校刊》1935 年 10 月 21 日。
② 《时评》，《申报》1935 年 10 月 8 日。
③ 《新闻报》1935 年 10 月 8 日。
④ 《新人周刊》1935 年第 2 卷第 12 期。
⑤ 《晨报》1935 年 10 月 9 日。
⑥ 转引自马光仁《上海新闻史》，复旦大学出版社 1996 年版，第 808 页。

"世界化"进程。上海世界报纸展览会汇集了 30 年代世界优秀报纸，通过展品的陈列和对比，以直观方式激发中国报人总结域外报业经验，直面差距，取长补短，参与世界报业竞争。谢六逸指出，举办和参与世界报展是中国报业走向国际化的必然趋势。"这几年来，我国报业顺应时代的要求，却有进步的趋势。"但同时，"世界各国报业，也有高速的发展"，中国报业如要赶超欧美，就不能"闭门造车"，而需"眼光向外"，中外报纸的优劣对比，正可供"我国经营报业者参考"，达到"取人之长，补我之短"的目的。① 作为报业经营者，《新闻报》经理汪伯奇则对报展功能认识更为务实。他认为：第一次世界大战后世界各国新闻业均有不同程度的进步，国人报业欲"迎头赶上欧美报纸，殆非易事"。在汪看来，"欧战以后，各国政治制度大有变更，影响于新闻事业不浅"，环视世界新闻业"环境虽异，其发达程度完全相同"。他在对比英国《每日电讯报》、法国《小巴黎人报》和苏联《真理报》后指出，上述报纸动辄有发行"二百万份之新纪录"，而反观中国新闻业"虽不无进步"，但"技术之幼稚，专门人才之难求"，中外新闻产业规模的差距明显。对此南京新新通讯社社长仇培之极为认同。他承认中国近代新闻业虽"已有蓬勃之气象"，"然比之欧美日本则望尘莫及"，中国"最大之报纸为《申》《新》两报，每日不过十五万份，而欧美重要报纸日销一百七八十万份，相差奚啻霄壤"，而"编排采访人才之缺乏，机器物质方面较之先进国家也瞠乎其后"，举办世界报纸展览会正可使中国新闻业学习国际新闻强国的成功经验，进而"共谋我新闻事业前途发展"②。

其次，报展展示了近百年新闻业的进步成果，引发国人对新闻业的高度关注。20 世纪 30 年代在世界性经济危机和国难背景之下，中国新闻业发展逆势而上，迎来了一个"空前蓬勃的时代"③。报人渴望通过报展将近代新闻业的进步成果展示于国人，在回顾总结百年报

① 谢六逸：《发刊辞》，《报展纪念刊》，复旦大学新闻学系，1935 年印，第 1—9 页。
② 汪伯奇：《世界报纸展览感言》，《报展纪念刊》，复旦大学新闻学系，1935 年印，第 12—13 页。
③ 增虚白：《中国新闻史（上）》，学生书局 1966 年版，第 351 页。

业历程中,激励同侪既往开新。有报人指出,仅 20—30 年代十年间中国报业"无论在编制上或印刷上,立刻可以发现极显然的不同"。"从近代报纸到现在,在这六七十年的过程中,中国报纸究竟进步到了什么程度?哪些地方还没有进步?"举办报展正是为了"检讨过去","推进将来"①。谢六逸则指出,"我国报纸,创始甚早,初期报业虽然简陋,但富有历史的价值,其中还有报业前辈的言论风采,也是我们朝夕敬仰的",通过报展,"将各种报纸的幼年、少年和壮年时代陈列起来,可以进一步激励我们的事业,唤起我们研究的精神"。尤其是近年来"海外华侨报纸为数虽多,但国人阅读接触较少,还有边疆各省市地方报纸,正可以通过展览会进行比较、观摩"。而各种先进印刷机器的现场演示,使国人了解其"形式和效用",则可推动国人对报业了解。在报人看来:"中国新闻事业不能有很大的发展",很大程度上是"由于国民对新闻事业隔膜太深。他们不仅不明白新闻纸神圣的任务和贡献,甚至看轻新闻事业而施以摧残"。报展的举办,让"民众更进一步地认识新闻事业,也使从事报业者便于参考",可谓一举两得。从民众踊跃参观的热情和媒体的报道力度来看,此次报展确实引发了国人对新闻业的关注。

再次,此次报展能够顺利举行,得益于全国新闻界的鼎力支持,体现出抗战前中国新闻界爱国团结的进步趋向。戈公振曾批评中国新闻界有各自为政、党同伐异的积习,"各报之间,既无公会,且少联络,当时并有一种风气,各报善于笔战,夸己之长,蹈人之短,所争者乃极细而无意义之事"②。这种局面在抗日战争前为之一变,报展筹办之初,筹委会就面临展品收集的困难,幸有平津及沪宁杭地区报人相互合作提携,方使报展顺利举行。对报界这种团结协作的精神风貌,燕京大学新闻系主任梁士纯在《报展纪念刊》中撰文指出:抗日战争前中国报界几个好现象之一,就是"报界自身的团结",尽管这种"团结力",还没有赶上欧美各国和日本报界的团结力,但与清末民初相比已有明显进步。现在报馆之间的竞争尽管"如前之认

① 谢六逸:《发刊辞》,《报展纪念刊》,复旦大学新闻学系,1935 年印,第 1—9 页。
② 戈公振:《中国报学史》,生活·读书·新知三联书店 1955 年版,第 103 页。

真，如前之热烈"，但大体能保持"一致"。报展成功举办无疑是中国报人谋求合作，彰显团结精神的一次尝试。

最后，上海报展充分发挥了普及科学知识，培养爱国精神的教育功能，并推动了30年代新闻教学科研活动的开展。此次世界报展不仅是新闻界的业内交流，其成功举行已成当时上海的文化盛事。近代中国教育文化事业和新闻传媒都十分落后，国人对新闻业的各种科技成果更是知之甚少。此次报展，大量展示了"印刷机器的进化与应用"，"报纸制作的经过"，通过现场制作演示，使参观者身临其境地得到一次科普教育。尤为难得的是在国难背景下，此次报展还将1932年"一·二八"淞沪抗战中上海出版的各大报纸号外及临时报道共43种收集展出，以昭示国人勿忘国耻，弘扬爱国主义精神。胡道静在参观后称此举，"却为一大时代中新闻事业的精神的表现"①。

除了教育功能之外，报展还宣传了民国新闻教育成就，加强了新闻教育机关与媒体的合作。谢六逸认为，"我国报纸年来虽有进步，但一般人对新闻教育尚不知注重"。通过举办报展，"新闻教育机关"展示了"服务报业的诚心"，而"报业经营者"也开始关注"研究新闻学的机关"并"尽量补助"，复旦新闻教育的知名度由此打开。报展的成功举办显然扩大了新闻教育的影响，展示了新闻教育服务社会的诚意，推动新闻教育与报业之间的合作。复旦大学新闻学系师生利用报展收集的材料，绘制了1935年4月30日《上海各报软硬性新闻比较表》，内容翔实准确，"深得观众的称赞"。报展结束后，筹委会又出版《报展纪念刊》，收录了谢六逸、梁士纯、成舍我、马星野等学者的学术论文20余篇，内容涉及外国新闻史、新闻摄影、报刊编辑、新闻伦理等领域。报展已成为南北新闻学者切磋学术的平台。②

四　结语

在近代中国新闻史上，以上海世界报纸展览会为代表的各类报展

---

① 胡道静：《上海世界报纸展览会》，《上海研究资料》，上海通社1937年版，第428页。

② 蒋金戈：《五十年前的一次世界报展》，《新闻记者》1988年第3期。

对中国新闻业发展的推动作用是综合性的。报人仇培之曾指出，"报展谓之为读报运动宣传周可，谓之为报学研究会可，谓之为报纸竞赛会亦无不可"①。30年代的世界报纸展览会意义绝非仅限于新闻界内部交流，其俨然已具备了推介报纸产品，提升国人文化素质和科学素养的综合功能。上海世界报展的成功举办进一步掀起了国人举办报纸展览会的热情。据统计，仅1936年国内即有汉口"全国新闻纸杂志及儿童读物展览会""无锡全国报纸及杂志展览会""开封基督教青年会全国报章杂志展览会"，因此这一年又被称为中国近代新闻史上的"报展年"②。可惜这种良好的发展态势，却因为抗日战争的全面爆发而戛然而止。抗日战争爆发后，国人更注重报展的政治教育功能而忽略了其在专业建设与交流方面的作用，加之抗日战争的条件限制，报展的规模与影响已远不及战前。综上所述，抗日战争前后中国报业博览会的勃兴，是中国报业发展到一定历史阶段的产物，体现了中国报业经济的崛起与报人观念的进步，昭示了这一时期中国报业现代化水平的提升。

---

① 仇培之：《举办报展之意义及今后之愿望》，《报展纪念刊》，复旦大学新闻学系，1935年印，第9页。

② 胡道静：《在展览会里的中国报纸》，《报坛逸话》，世界书局1946年版，第74—75页。

第三章

抗战时期中国新闻界对日本
新闻业的考察与认知

　　近代日本是亚洲新闻事业最为发达的国家，作为一衣带水的邻邦，中国始终抱着学习心态看待日本新闻事业的崛起。清末民初，中日新闻界的业内交往与学术活动十分频繁，至 20 年代后方显沉寂。① 而此时正值日本现代新闻事业逐步沦为日本军国主义宣传工具的关键时期。在抗日救亡运动中，中国新闻界对日本新闻事业的变化高度关注。他们一方面以新闻专业的视角，对近代日本新闻事业的种种进步给予赞赏与推介；另一方面又站在民族立场上，用理性与科学的分析，揭露批判日本新闻业日益严重的军国主义倾向。抗日战争前，中国新闻界对日本新闻事业进行了客观分析和准确预判，从中彰显了中国现代新闻学研究的理性特征。"九·一八"事变后，随着中国抗日救亡运动的开展，日本新闻业重新成为中国新闻界考察与研究的热点。在以往的民国新闻史研究中，学者尚极少探讨近代中国新闻学在外国新闻事业研究方面所取得的成果与状况。笔者以史料为基础，以中国新闻界对日本新闻事业的考察为中心，探讨抗日战争时期救亡运动对中国新闻学研究的影响，并从中

---

　　① 清末民初，中日新闻界交流频繁，硕果颇丰。1902 年上海商务印书馆出版日本松本君平的《新闻学》中译本，成为中国第一部新闻学专著。1913 年，报人包天笑赴日考察新闻业，并撰有《考察日本新闻纪略》，成为近代国人系统研究和介绍日本新闻业的第一部专著。此后，一批中国新闻学人如邵飘萍、任白涛、戈公振等学者亦曾赴日学习或考察新闻事业，显示出日本在民国新闻研究中的突出地位。

窥见这时期中国对日本新闻业认识。

一　抗战前中国对日本新闻事业的关注与考察

"九·一八"事变后，中国各界对日本新闻业的研究给予了高度关注，究其原因主要有两点。首先，民国初期中国新闻业快速发展，急需吸收外国新闻业先进经验，而日本新闻业在明治维新后的崛起，恰为中国树立了成功的典范。相对于遥远的欧美新闻业而言，中日一衣带水。文化相近，自然成为国人学习考察的首选。《报人世界》在1936年发表文章指出，"日本报业年来突飞猛进，已进为纯粹之资本化企业，其成绩皆足供我国从事新闻事业者之参考"[①]。同时有报人亦指出，虽然日本新闻事业对中国影响极大，但"能了解日文的人毕竟是少数"，日本新闻业状况在国人看来"多少有些神秘性"，"站在超民族的立场"来研究"日本的学术"，已成为"目前急需的任务"[②]。其次，"九·一八"事变后，中日关系前途叵测，民族存亡的紧迫性，也促使国人将研究日本新闻业视为"学术救国"的方式之一。王岐尧指出，30年代"日本报界刊布种种中伤我国之离间新闻，不论其动机若何，对于两国邦交，对于世界视听均有不利之影响"，因此"我们除了要站在报业道德的立场上对日本报界深表惋惜，更应对日本报界做一番认识与研究的工夫"[③]，这不仅关系到"日本报业的前途"，对"我国也有很重要"的意义。此时，中国各大期刊和学术论集时常刊登探讨日本新闻事业的文章。仅笔者搜集的相关资料即有26篇[④]之多。其具体情况见下表：

---

① 无名氏：《日本报业的竞争》，《报人世界》1936年第4期。
② 顾洒湘：《日本新闻事业》，《新闻学期刊》1934年第39页。
③ 王岐尧：《日本报业之发展及其趋势》，《中外月刊》1936年第1卷第8期。
④ 受研究篇幅所限，笔者仅对民国时期刊载于部分期刊和新闻研究论集中有关日本新闻事业的文章进行了搜集和整理。如若考察同时期报刊和著作有关此类题目的文章，其实际研究文章的数量，当远在此数之上。

表 3-1　20 世纪 30 年代中国期刊、学术论集刊登探讨日本新闻事业的文章统计

序号	题目	作者	刊名	时间、刊号
1	《日本对华的新闻政策》	文甫	《东方杂志》	1927 年第 24 卷第 21 号
2	《日本新闻事业之现势》	若宾	《北新》	1929 年第 3 卷第 13 期
3	《日本新闻事业在教育上的价值》	孟寿椿	《现代学生》	1930 年第 1 卷第 2 期
4	《日本之新闻事业》	鲍振青	《新闻学论文集》	1930 年 1 月
5	《日本新闻事业之分野》	黄天鹏	《新闻学名论集》	1930 年
6	《日本大正六年昭和元年新闻杂志统计表》	未署名	《教育杂志》	1931 年第 23 卷第 7 期
7	《日本的学生新闻》	谢六逸	《青年界》	1931 年第 1 卷第 2 期
8	《日本新闻事业视察谈》	黄天鹏	《新闻学演讲集》	1931 年
9	《日本新闻事业概观》	张友渔	《新闻学研究》	1932 年
10	《日本的新闻事业》	无名	《大上海教育》	1933 年第 2 卷第 4—5 期
11	《日本新闻事业》	顾遁湘	《新闻学期刊》	1934 年
12	《日本的新闻事业》	徐南雁	《日本评论》	1935 年第 1 期
13	《日本新闻纸的横剖面》	朋武	《人言周刊》	1935 年第 2 卷第 35 期
14	《日本报业的竞争》	未署名	《报人世界》	1936 年第 4 期

续表

序号	题目	作者	刊名	时间、刊号
15	《日本报业之发展及其趋势》	王岐尧	《中外月刊》	1936 年第 1 卷第 8 期
16	《日本之新闻检查制度》	未署名	《报人世界》	1936 年第 5 期
17	《日本新闻产业的介绍》	李立	《内外杂志》	1936 年第 1 期
18	《从最近的政变谈到日本的新闻检查》	未署名	《新生命》半月刊	1936 年第 1—17 期
19	《最近日本新闻事业的鸟瞰》	陆思杰	《东方杂志》	1936 年第 33 卷第 18 号
20	《日本的新闻事业》	老楚	《绸缪月刊》	1936 年第 3 期
21	《日本新闻统制之飞跃》	未署名	《留东学报》	1936 年第 2 卷第 6 期
22	《日本新闻事业的调查》	驻长崎领事馆	《外交部公报》	1936 年第 9 卷第 3 期
23	《日本的新闻事业与社会》	罗保吾	《实报》	1936 年第 23 期
24	《日本新闻事业的雄姿》	江肇基	《实报》	1936 年第 23 期
25	《日本的新闻统制与检查》	未署名	《半月文摘》	1939 年第 3 卷第 6 期
26	《在政党财阀支配下的日本新闻业》	李仲生	《中山月刊》	1940 年第 3 卷第 3 期

分析此表，我们发现这一时期中国对日本新闻事业的研究并不仅限于新闻专业领域。诸如《东方杂志》这类的综合性刊物也会刊登有关日本新闻业的文章。从研究视角上看，国人在研究日本新闻事业的同时，更力图解释新闻事业与日本政治、教育、法律等方面的复杂关系。尤其值得注意的是，从文章时间来看，1936 年中国期刊刊登日本新闻事业的文章最多，有 12 篇。而其他年份仅 1—3 篇，这表明中国对日新闻研究很大程度上受到中日关系现实因素的影响。1936年日本全面侵华的野心已昭然若揭，国人有感于国难日深的沉痛现实，在学术研究中力求经世致用，以图对抗战救国有所参考，因此有大量文章发表。从文章作者的组成来看，既有如黄天鹏、任白涛这些新闻学名宿，也有名不见经传的普通作者，可见抗日战争前国人对日本新闻事业的研究，具有普遍的参与性，绝非个别学者的学术专利。

二 学习近代日本新闻业发展的成功经验

尽管日本是侵略中国的强敌，但这并未影响国人对日本近代新闻业发展崛起的认同。明治维新后，日本一跃成为亚洲强国，至"九·一八"事变前后，日本新闻业经过近七十年的不断发展，取得了举世瞩目的成绩。中国新闻界对此有目共睹，并由衷赞叹其进步神速。学者陆思杰用"一日千里"[①] 来概括日本新闻业的"跃进"式发展。王岐尧则认为："日本是一个新兴国家，日本的报业更纯粹是一种新兴的事业。当《泰晤士报》已成为报纸权威的时候，日本根本还没有像样的报纸。"仅"六七十年间的事"却已有"突飞猛进"的发展。[②] 李立进一步从日本新闻史的角度解释说，"吾人试读日本之新闻史，即明白现代日本之新闻，乃随其资本主义发展阶段而逐渐发达"。明治以前，日本新闻业尚停留在"木刻产品时代"，其内容"多为翻译外报"，"极为幼稚"。明治后"日本现代新闻始渐次发生，旋即逐渐

---

① 陆思杰：《最近日本事业鸟瞰》，《东方杂志》1936 年第 31 卷第 18 号。
② 王岐尧：《日本报业之发展及其趋势》，《中外月刊》1936 年第 1 卷第 8 期。

完成，到日本宪政运动时期已成为政党运用之工具"①。他不由惊叹，30 年代日本新闻业之发达足能"与欧美资本主义相抗衡"，呈现"并驾齐驱之伟观"②。

抗日战争前，国人普遍认为近代日本新闻业的发展，具体表现为实现了报业的"资本化"和"商业化"。这种趋势促进了日本报刊销量增长，设备更新，社会影响力不断增强。学者许兴初在日考察期间，曾特别留意日本报纸销量的惊人增长。他指出，"日本近六十年新闻纸发行数量的增加真是可惊……明治八年（1875）日本新闻纸不过 53 种，到明治三十四年（1901）已增至 1181 种，而到昭和八年（1933）更多至 11880 种"，"几乎每个家庭都是新闻纸的长期订户"，"大多数的人民每天都有和报纸接触的机会"③。还有学者引用日本官方权威资料《报业年鉴》指出，1934 年日本报纸杂志总量已逾 11000 种，而发行总量 700 多万份，而此时日本全国人口仅 7000 万人，因而"每日每十个人可以阅报一份"。大量引用日文资料，使得这一时期对日新闻学研究具有很高的科学性与准确性。值得注意的是，除了民间研究之外，中国官方对日本新闻业的动态也十分关注。1936 年，中国驻日本长崎领事馆推出对日本新闻业的考察报告。该报告指出，日本仅《朝日新闻》《每日新闻》两份报纸的销量就在两百万份之上，而中国销量最好的《申报》和《新闻报》与之相比，竟差"十数倍之甚"④，以此说明中日报界之间巨大的差距。而民间学者陆思杰则独辟蹊径，专门以大阪《每日新闻》为研究重点。在比较了该报"营业额和支出额"后，他断言 30 年代的《每日新闻》仅用半年就能获得 100 多万元的纯利，日本新闻社已全然成为"一种大商品企业"⑤，新闻纸就是资本主义生产中"营利之商品"。以上这些论断从表象入手，准确地概括了日本新闻业发展的基本特征。

---

① 李立：《日本新闻产业的介绍》，《内外杂志》1936 年第 1 期。
② 同上。
③ 许兴初：《日本的新闻事业》，《大上海教育》第 2 卷 4、5 合刊，第 252 页。
④ 驻日领事馆：《日本新闻事业的调查》，《外交部公报》1936 年第 3 期。
⑤ 陆思杰：《最近日本事业鸟瞰》，《东方杂志》1936 年第 31 卷第 18 号。

　　在许多研究文章中，中国新闻界对日本新闻业的先进技术羡慕不已，不厌其烦地介绍日本新闻投递设备之迅捷，报纸印刷技艺之精湛。在东京朝日新闻社时，许兴初感叹该社有"电光转轮印刷机十八台，活字铸造机十三台"，甚至"拥有飞机23架"。他们的"新闻照相都是电送"，"日销报纸150万份左右"。无论从"规模组织"还是"技术设备"，日本的新闻社绝"不输于欧美"。在同中国新闻设备进行对比后，他进一步补充道，"日本新闻纸的印刷折叠都是用机器自动的，包装后也是机器运输"，这些机器即使在上海这个中国新闻事业最发达的地方也"没有看见过"。江肇基则认为，近代日本报社"业务上不断努力"，"相互间不息地作猛烈竞争"推动了技术创新。近年来日本新闻业因为"机械的力量而获得了惊人的速度"，除了"日常报纸的朝刊和夕刊"外，遇突发事件临时加印"号外"也不再是"一件难事"①。顾洒湘则分析说，用技术设备优势抢占新闻先机是日本新闻社的最大优势。日本新闻业总喜欢"迅速"二字。他们的"采访设备上比中国完备多了"，"日本大报馆有私有的电话网和电报网，有短波无线电及电送写真机。甚至动用了飞机和信鸽传递新闻和投送报纸"。技术上的差距是导致中日新闻界差距的一个重要原因。

　　30年代日本新闻业在其国民和社会中的影响力不断增强。国人普遍意识到，日本报业的"成功"，"是日本整个经济政治社会的繁荣之一环"，是与社会不断互动影响的结果。王岐尧指出，"社会经济不发达，报业为上层文化事业之一，亦绝难凭空达到繁荣。同时我们亦需认清报业本身也是促进社会经济发达的一个力量，这种相互助长，相互进推"，最终实现了两者共赢。②罗保吾则提出，日本新闻业对其社会的影响力是"全面的""紧密的"。他解释道，为了扩大自身知名度，日本的报业使出浑身解数，吸引社会各阶层、群体阅读报纸。为了让文盲能通读报纸，日本"在新闻纸上所有繁难的汉字旁都加上片假名的符号"。此外甚至"又发行点子新闻"，方便盲人阅

---

①　许兴初：《日本的新闻事业》，《大上海教育》第2卷4、5合刊，第252页。
②　王岐尧：《日本报业之发展及其趋势》，《中外月刊》1936年第1卷第8期。

读报纸。这些措施极大地拓宽了日本报业的受众群体。

很多学者在日本考察期间，都注意到新闻业对日本教育和社会公益的赞助与推动。有学者指出，日本新闻业的崛起，"最显著的事实则为教育的发达"，"日本新闻事业的发达实大有裨补于教育的发达"，尤其是对于社会教育固不待言。日本出版之多，位列世界第三，其原因是"各种教科书内容多来自报纸"①。这一观察准确地把握了日本新闻与教育的内在联系。还有的学者注意到，日本媒体积极参与公共事务，善于发动社会运动，借以提高人气与销量。罗保吾指出，日本新闻纸经常开展"学术调查""教育奖励""运动体育奖励""救灾抚恤"等社会公益事业，借以塑造良好的社会形象。例如大阪《每日新闻》在每年四月都要举办"盛大的日本博览会"，以"显示皇国的光荣"。他感慨地说："日本新闻事业不仅是一天用几十张新闻纸，一个月用十几种刊物来深入社会，更用各种方式的社团活动求与现实社会做全面的、紧密的联系，更有力的开拓读者，增厚了宣传魅力，也自然在社会的里层中营造教化的功用。"② 对此观点，许兴初也极为赞同，"日本报纸除了传递信息之外，还有学术和智识的作用"，报社举办各种社会事业，"每天都有很多人去报馆参观"。他还用自己的亲身经历告诫国人，在日期间，他参观一家日本报纸主办的"帝国国防大展览"，面对各式先进的武器，他马上意识到其背后"显露着灌输国防鼓吹对外战争"的宣传野心。

三　警惕日本新闻业的法西斯主义倾向

30 年代日本新闻业处于历史转型的关键时期。原来受政党、财阀控制的日本媒体正逐步被新建立的日本军人法西斯政权所控制，慢慢沦为日本侵略扩张的舆论工具。对此转变，中国新闻界从历史、现实两个方面剖析日本新闻业沦落的原因，揭露其宣传侵略扩张的罪恶行径，并努力规劝日本同行，重新回到正确的发展之路。

---

① 孟寿椿：《日本新闻事业在教育上的价值》，《现代学生》1930 年第 2 期。
② 罗保吾：《日本新闻事业与社会》，《实报》1936 年第 23 期。

尽管近代的日本媒体实现了资本化和商业化的转型，其规模和水平可与西方强国比肩。但中国新闻人普遍清醒地认为，日本新闻业在成长之初，就与各种政治势力和财阀盘根错节，缺乏新闻业的独立传统与自由精神。李立指出，"明治初年日本现代新闻始渐次发生……到日本宪政运动时期已成为政党运用之工具"①。他进一步分析说，在立宪运动中，日本步入政党报刊时代，先后出现了"板垣退助领导的自由党，大隈重信的改进党和福地源一郎领导的帝政党"，"三大政党均各拥有若干大小新闻为其宣传机关，互相从事政战，遂形成空前之政论时代"。对于政论报刊的性质，李立引用政论家铃木茂三郎的话说："新闻社之社论为根据政府、资本家及地主等之意见而表示特殊之理论，在不违反和伤及资本主义之精神外……可使人民立于晴朗之高处而加思考"。所以日本的政党报刊是"日本新闻之意识形态"的根本，即使如东京和大阪的报纸，标榜所谓"独立"和"自由"，其背后仍不免"或多或少受到日本政党影响，各染有民政或政友之色彩"②。针对日本报刊与政治盘根错节的关系，李立直言不讳地说："日本之诸大新闻沦为政争之工具，遂丧失社会上之同情，呈逐渐衰落之象。"除了受到政党影响之外，国人还认为日本报刊受财阀的控制同样十分严密。李立以东京的《中外商业新报》为例指出，该报实为"三井物产"的资本，当日本发生沉船事故，因为涉及三井财阀利益，导致该报很多消息"皆不敢刊登"③。可见，在日本媒体商业化的背后，中国研究者能客观看待日本新闻业存在的种种问题，并未盲目推崇。

"九·一八"事变后，中国报人敏锐地认识到日本新闻业正越来越多地受到日本法西斯势力的控制和干预，并试图揭露日本新闻业在侵华战争中扮演的罪恶角色。有学者指出，"自五一五和二二六兵变之后，新闻之军部色彩亦日趋浓厚，此为政治形态之必然的反映，而

①　李立：《日本新闻产业的介绍》，《内外杂志》1936年第1期。
②　同上。
③　同上。

为吾人认识日本新闻中之未可忽视者"①。还有人指出，自广田弘毅内阁上台后，"新闻统制就严密了起来"，"对于舆论的弹压特别厉害"。为了从源头掌握新闻发布，日本政府专门成立了"同盟通讯社"，垄断新闻信息的发布。在高压控制下，新闻业毫无真实可言，对"中国和满洲的报道……尽其造谣之能事"，而对于西班牙内战报道，日本媒体的报道立场也"始终是站在对反政府军有利的方面说话"。日本情报委员还经常借提供"新闻材料"之由，"督促"日本媒体为宣传"国策"服务。研究者敏锐地指出，此种做法不过是从"取缔主义"到"宣传主义"的过渡，日本政府这种对舆论的引导与控制，"留心读日本新闻的人大都能感到的"②。

　　通过研究，国人普遍感到30年代的日本新闻业在军人强权政治控制下渐渐失去公正，已然成为蒙蔽日本国民，鼓吹侵略战争的工具。有报人指出，"细查日本各报的内容与本质……我们不能十分赞同"，"现在日本各大报如大阪、东京、朝日和大阪每日、东京日日等均被军部或政府所支配。所揭登的时评、记事多系军部和政府的意旨，目的是使军部和政府的政策得以较易施行，国际政治消息多不足靠"。此报人进一步举例说："日本'九·一八'和'一·二八'及最近华北事变，他们都以极巧妙的宣传方法，使日本国内的人民都信任军部的军事行动。而外国消息来源控制除了日本的电通和同盟两个通讯社，对于外电如路透、美联、哈瓦斯的电文采用极少"。正是在媒体蒙蔽之下，各种报道与记载"均富有极浓厚的色彩"，"不能传达国内外的真相于人民之前"。中国新闻学者不无忧虑地指出，"近来日本国民思想愈形过激，其反动的军部万能主义的观念，已深入一般国民脑海，使一般知识阶级深所忧虑"③，纷纷谴责日本同行不负责任的报道和宣传。

　　值得注意的是，在日本全面侵华之前，国人对日本反华报刊和侵华言论极为关注。有学者将日本法西斯报刊的言论特征概括为，"公

---

①　李立：《日本新闻产业的介绍》，《内外杂志》1936年第1期。

②　《日本新闻统制的"飞跃"》，《留学东报》1936年第2卷第2期。

③　驻日领事馆：《日本新闻事业的调查》，《外交部公报》1936年第3期。

然仇视苏维埃联邦，而捏造各种事实排外，与国内的赤色恐怖斗争及提倡大亚细亚主义与忠君爱国精神的涵养"①。在此认识之上，陆思杰向国人介绍了日本五大新闻社之一的《国民》，认为该社报纸是一个言论充满"军国主义色彩"的报纸。该刊的"国内外军事消息特别灵通，登载的也特别多"。每周二还有"军事副刊"发行，其中大量记载"中国的军事状况和分析的长篇文章"。《国民》的"灵魂"是素有日本军国主义理论创始人之称的苏峰德富。此人一向鼓吹对华战争。陆思杰介绍说，苏氏是日本"激进侵略主义者"，在日本新闻界中"此人从年龄和资历论"当属"第一"，因此其侵华言论颇具代表性和蛊惑性。李仲生则认为，除了《国民》因为有苏峰德富和军部的关系，所以一向带有军国主义的色彩之外，东京新闻界中的《日本》和《大和》也是占有"特殊地位"的法西斯主义报刊。它们受到法西斯主义团体的资助，刊登"带着法西斯倾向的极反动的新闻，日本的极端爱国主义者及法西斯蒂诸要素集结于此"。

"九·一八"事变后，国人愈加关注日本在华新闻事业及其新闻政策。他们普遍认为，日本利用在华事业收买无良报人，进行混淆视听的宣传，压制中国报业发展。化名文宙的作者在《东方杂志》上发表题为《日本对华的新闻政策》一文，告诫国人警惕日本对华的"新闻战"。他指出，早在华盛顿会议以前，日本就在中国扶持亲日报刊，开展"大规模的新闻宣传政策"工作，逐步实现对媒体的操纵。在将日本对华新闻侵略方式进行归类分析后，该文指出："直接资助"就是对亲日报馆按时给予一定"数量的补助"，"对亲善日本政府之著作家、发行家予以供给"。"间接资助"则是允许亲日报馆、报人，享有"在日本人的商业组织中兜售报纸和广告"的特权。作者提醒国人说："众所周知，日本很多商业机构都是半官方性质的，日本邮船会社、大阪商船会社、南满铁路公司，都是有政府的资助"，因此这些报馆实质上被日本政府控制和影响。作为回报，这些报纸"要在必要的时候，以文字资助日本"。文宙认为，"日本对华新闻政

---

① 李仲生：《在政党财阀支配下的日本新闻事业》，《中山月刊》1940年第2卷第3期。

策一方面是对其谀我者以资助，另一方面就是对直言不阿者以压迫"，是配合日本侵华的"笔部队"，很多"独立不阿的报纸都被日本封闭或干涉"①。而日本政府对在华新闻事业的遥控，是通过其"在华领馆与领事"实现的，"有问题发生时随时随地由负责人召集当地为日本所资助大新闻记者面授要点"。作者最终的结论则是，"日本的对华新闻政策，也像他的国际密探制度一样已是深密到无微不入的程度了"②。

四　寄望日本报业重回正途

30 年代国人不仅对日本新闻业的现状进行了全面考察与分析，还在已经掌握的资料和事实基础上，对日本新闻业的发展趋势做出了大胆与准确的预测。国人普遍认为，尽管日本近代新闻业取得巨大进步，但由于缺乏独立的精神传统，且深受日本军国主义势力的控制，其未来前景十分黯淡，甚至会出现倒退。陆思杰指出，日本新闻业看似繁荣的表象下，实质是一种"畸形式"的发展，虽然"从量的方面确是发达进步"，"但在质的方面却不敢恭维"③。一方面"统治阶级所主持出版的新闻畸形发展"，而另一方面"社会大众劳动群新闻反日趋消沉"。过度的商品化使日本"各新闻社竞争往往不择手段"。而滥用煽情主义和过度的"趣味性"，其结果使"真实的消息反受其累"，新闻的"魅力不免为之减低"④。王岐尧则更直言，"日本的报纸是在资本家的铜臭味和战争的火药中成长的"，虽然日本财阀控制着日本的新闻业，"但财阀也要在军部面前低头"。"而财阀和军部在对外意见上并不根本冲突，在几次对外战争中日本财阀得到了不少实惠。对于日本军阀推行的大陆政策，他们采取的是一致的步调。"因此日本的新闻业是"希望在将来，再制造一次战争的空气"，"希望

---

① 文宙：《日本对华的新闻政策》，《东方杂志》1927 年第 24 卷第 21 号。
② 同上。
③ 陆思杰：《最近日本事业鸟瞰》，《东方杂志》1936 年第 31 卷第 18 号。
④ 同上。

再靠战争来取得他们更进一步的繁荣"①。

　　站在民族立场上,国人仍寄希望于日本的新闻业能改邪归正,为营造中日和平氛围,制止侵略战争贡献力量。王岐尧指出,"日本报纸素以独立见称",但是"现在这种精神是不见了"。"所谓独立并不是不做少数政党工具便是独立,还应该不做任何少数人的代言人,永远站在大多数人民的前面为他们的利益说话。代表国内清醒的有远见的分子出来指导舆论,用舆论的力量来完成日本民族对世界和平所付的使命。"他进一步规劝日本报业如果能坚持客观、公正的报道态度,是可以将日本引入正轨的。"我们东临的报业同仁能够注意,侵略的战争绝非繁荣的永久基础,一意孤行的结果终遭颠覆。""世界言论界不应该制造怨恨,不应增长侵略的凶焰,不应将多数人民的利益做战争的冒险",日本新闻界已经有"良好的设备"与"忠实努力的从业者","如果能不屈于日本军阀之淫威在正常的轨道上努力发展,前途无可限量。如果专愿狭隘的国家主义和过去的好战心理,为侵略者宣传、野心家张目,则非但非全人类之福亦非日本人民之福,我们将不仅为之不寒而栗"②。提醒日本新闻业助纣为虐,只能自食其果。还有研究者在研究日本新闻业同时,坚决表达了中国新闻界抵抗日本侵略,捍卫民族独立决心。作者素之则指出:"日本汉文报是日本侵略扰乱中国之最恶辣的一种手段……我们应当一致拒绝阅读,封锁这种最恶毒的东西。"而中国新闻界应成为"民众的喉舌和舆论指导,应当一致进攻……揭穿它的作用"③。王岐尧代表中国新闻界发出了"为了生存,被侵略的民族会不惜一切牺牲与侵略者周旋"的呼声,展示了国人不畏强权,坚持抗战的不屈意志。

五　结语

　　国难时期,中国新闻界对日本新闻业的研究取得了不俗成绩。就

---

①　王岐尧:《日本报业之发展及其趋势》,《中外月刊》1936年第1卷第8期。

②　同上。

③　素之:《日本主办的中文报》,《新生周刊》1934年第1卷第47期。

内容言，这些文章以客观真实的视角，全面地考察日本新闻事业的各个层面，有助于国人对于日本新闻事业的本质有透彻的了解。就研究成果言，国人并未因为日本侵略中国，就全盘否定日本近代新闻事业的进步与发展，同时又能站在民族主义的立场上，准确把握了日本新闻业逐步被法西斯势力操控的历史特征，进而得出了公正与准确的结论。审视前人的论断与成果，笔者发现其中很多内容与历史实际走向有着惊人的一致，这显示了民国时期中国新闻学研究中的理性与成熟，亦对今人重新审视日本当代新闻业提供了历史启示。

第四章

民国时期中国新闻界对苏联新闻事业的考察与态度

考察近百年中国新闻思想的发展历程，深受自由主义、文人论政与社会主义三大思潮的激荡与影响。1939 年《大公报》指出，中国报人本来以英美式的自由主义为理想，是自由职业者的一门，其信仰是言论自由与职业独立，（大公报社，1939）① 视自由主义为中国报人的精神圭臬。李金铨先生则认为，中国近代报刊在"救亡图存"的主题下，承担着"启蒙、革命与追求国家现代化"的多重角色，在"结合中国士大夫传统及现代知识分子精神"之后形成了鲜明的"文人论政"传统，视其是民国新闻人重要的思想遗产。② 以往研究对中国新闻自由主义与文人论政已经形成了较为清晰的共识与认知。反观对中国社会主义新闻观念传播史的研究却相对沉寂和薄弱，已有成果其视角多集中于马、恩等无产阶级领袖人物及中国共产党的新闻理念与实践。事实上，民国时期苏俄新闻事业对于中国新闻观念的形成有着重要的影响，在中国共产党的努力与实践之外，民国新闻界与国统区民众对社会主义新闻观念的接触、认知与传播同样值得重视与研究。民国时期国统区新闻界如何接触和认知社会主义新闻观念？民国新闻界对社会主义新闻理念报以何种态度？是否内化于实践？对于这些问题，国内新闻史研究尚付阙如。需要强调的是在既有研究中，

---

① 《抗战与报人》，《大公报（香港）》1939 年 5 月 5 日。
② 李金铨：《文人论政：民国知识分子与报刊》，广西师范大学出版社 2008 年版，第 3 页。

人们多关注自由主义、文人论政与社会主义在新闻观念上的冲突与对立。诚然它们三种新闻理念包含不同的价值取向与内在诉求，但若回归中国新闻史的具体语境，三种理念"不仅不是截然对立甚至可以有相互会通之处"①。在特定时空之下，它们不仅表现为对立、疏离与冲突，亦可有对话、互动与融通，这或许才符合历史多元且复杂的相貌。

1917 年十月革命后，列宁、斯大林、布哈林等领导人，将马克思、恩格斯新闻思想与俄国的历史国情相结合，创造性地建立起苏维埃社会主义新闻体制。1932 年伴随着苏联"一五"计划提前完成，苏联社会主义新闻体制日臻完善，为国家建设发挥了巨大的作用。中苏互为邻邦，苏联新闻事业的极速推进，为急于探索救国与行业出路的中国新闻界带来了新的希望。20 世纪 30—40 年代，素与言论独立为期许的民国新闻界，持续不断地对苏联新闻事业给予关注、考察与推介，以此为契机，掀起了一股研究苏俄的热潮。"苏联的报纸如何发展？""如何吸收了广大读者？""在社会主义建设中，他们用什么方法在人民中间造成一个独特武器？"② 带着这诸多疑问，中国新闻界以苏联为窗口了解社会主义新闻事业的体制特征与运行模式。

20 世纪 30 年代，在西方新闻业日渐衰退与苏联社会主义新闻业全面崛起的背景下，中国新闻界对苏联社会主义新闻事业给予了异乎寻常的关注。此间中国新闻业界对苏联新闻事业的优势和成绩进行了大量研究与积极推介。国人盛赞和欣羡苏联新闻业所取得的成就，形成了一股"以俄为师"，同情和认可社会主义新闻制度的思潮。借助苏联新闻业的窗口，国人了解了苏联社会主义国有制的新闻理念与运作模式。苏联新闻事业的模式契合了近代中国报界文人论政的精神传统与报人救国的现实需求。中国新闻界对社会主义新闻业的认同与向往，成为其日后左右中国新闻事业道路选择的社会心理基础。更有部分民国报人成为社会主义新闻事业的拥趸，他们对苏联新闻事业的体制优势由衷地赞赏和认同，甚至提出中国应仿效苏联，实现新闻体制的"国有化"。笔者试以

① 朱正高：《自由主义与社会主义的对立与互动》，《中国社会科学》1999 年第 6 期。
② 陈寄近：《今日苏联的新闻事业》，《清华周刊》1936 年第 44 卷第 11/12 期。

民国时期中国新闻界对苏联新闻事业的考察为切入点，在史料文献的微观梳理中管窥中国新闻界对社会主义新闻事业的引介与态度，揭示社会主义新闻观念在近代中国传播的内在张力。

一　从"西方"到"东方"——"苏俄热"与中国新闻界

　　1921 年报人潘公展指出，"一年以来，社会主义底思潮在中国可以算得风起云涌了。报章杂志底上面，东也是研究马克思主义，西也是讨论鲍尔希维主义……社会主义在今日的中国，仿佛有雄鸡一鸣天下晓的情景"①。俄国十月革命和"一战"后欧洲社会主义运动的高涨，促成了"五四"时期马克思主义在中国的传播。至 30 年代，随着世界经济危机给资本主义世界以重创，国人再度对西方世界出现了严重的信仰危机。经济危机中，西方新闻出版业发展乏力，号称头等出版强国的德国，1933 年出版的书目总数只相当于 1913 年的 61%。而美国 1933 年出版 3000 种读物，仅相当于 1913 年的四分之一。法国从 1920 年到 1939 年近 20 年间，日报销量仅增长了 200 万份。② 与西方世界新闻业萧条萎缩形成反差的是，苏联新闻事业却借助"一五"计划的提振，取得了辉煌成绩。正如国内新闻界所言，"五年计划开始实行以来，功效大著……苏俄境内所有建设已焕然一新，凡是到苏联去旅行的人看见了所有的一切，都显露着一种新的色彩，由此便不由自主地赞美而惊叹不止"③。西方新闻业的"支离破碎"与苏联新闻事业的"突飞猛进"，给中国新闻界以巨大震动，④ 他们在反思西方新闻业的同时，迅速将关注和学习的目光从"西方"转向"东方"。

　　1932 年中苏两国恢复邦交，双边关系的改善进一步助推中国各界对苏联研究的浓厚兴趣，此间各大报刊随处可见对苏联各项事业的研

---

① 潘公展：《近代社会主义及其批评》，《东方杂志》第 18 卷第 4 号。
② ［法］阿尔贝：《世界新闻简史》，许崇山等译，中国新闻出版社 1985 年版。
③ 影呆：《苏俄的报纸》，《礼拜六》1933 年第 496 期。
④ 戈宝权：《苏联新闻事业的概况》，《新闻记者（汉口）》1938 年第 1 卷第 2 期。

究。受此影响,中国新闻界研究的"苏俄热"也顺势兴起,国人热衷于苏联新闻事业的进步与成绩,力图学习其成功经验。30 年代后,中国新闻人纷纷走出国门,远赴苏联考察新闻业。戈公振、胡愈之、邹韬奋等知名报人向国内发回了大量旅苏游记和通信,其中不乏对苏联新闻事业的描述。此外,袁殊、冯有真、戈宝权、胡仲持、曹谷冰等报人则对苏联新闻事业进行了更为全面和细致的考察和研究。他们回国后借助文章、演讲等方式介绍苏联新闻事业的状况,成为中国新闻界中对苏联新闻业有切身考察与专门研究的报人。具体见表 4-1:

表 4-1　　　　　　　　旅苏报人考察苏联新闻业情况

作者/笔名	身份或旅苏经历	文章/著作	刊物/刊载时间
戈宝权	1935 年赴苏联任天津《大公报》驻苏记者	《苏联的新闻事业》	《宇宙风》1937 年第 34 期
		《苏联新闻事业的概况》	《新闻记者(汉口)》1938 年第 1 卷第 2 期
		《苏联的新闻事业》	《中苏文化》1938 年十月革命纪念特刊
		《苏联新闻事业》	《旋风》1939 年第 1 卷第 1 期
袁殊/碧泉	上海《文艺新闻》主编	《苏联新闻概观》	《绸缪月刊》1936 年第 3 卷第 1 期
		《苏联新闻概观(续)》	
胡仲持/宜闲	胡愈之弟,《申报》电讯编辑	《苏联的新闻事业》	《申报月刊》1933 年第 2 卷第 11 期
曹树铭	重庆《中央日报》驻苏特派员	《苏联新闻事业之组织》	《中苏文化》1937 年第 2 卷
冯有真	中央通讯社记者,1936 年赴苏考察	《国营的苏联新闻事业》	《新闻杂志》1936 年第 1 卷第 6 期
曹谷冰	《大公报》记者,1931 年 3—6 月赴苏联考察	《苏联视察记——苏俄的新闻事业》	天津大公报馆,1931 年印

从 1925 年黄天鹏在《新闻学刊》发表《苏俄的新闻事业》一文

起，至30—40年代中国新闻界对苏联新闻事业考察已渐成气候，相关著作和文章借助大众传媒得以广泛传播。在民国图书中，甘家馨著《欧美新闻事业鸟瞰》、谢六逸著《国外新闻事业》、容又铭编著《世界报业现状》、程其恒著《各国新闻事业概述》，均将苏联新闻业视为世界新闻事业的重要组成部分与英、美、日等新闻业强国并列而立详细介绍。在著作之外，民国报刊是推介苏联新闻业的主力，仅笔者搜集1925—1948年有关苏联新闻业各类相关论文史料已有90余篇，涉及杂志近70种。其具体发表情况见表4－2：

表4－2　　　　　　　　苏联新闻业相关文章发表情况

刊物名称	篇数统计	刊物名称	篇数统计	刊物名称	篇数统计
《东方杂志》	1	《月报》	1	《世界知识》	1
《军事杂志》	1	《人间觉》	1	《时代》	1
《文艺新闻》	1	《读书青年》	1	《上海文化》	1
《礼拜六》	1	《中苏文化杂志》	3	《中央周刊》	1
《申报月刊》	1	《经世》	1	《新生》	1
《国际每日文选》	1	《现代青年》	1	《创进》	1
《红色中华》	3	《新闻记者》	3	《自由与进步》	1
《军国民杂志》	1	《战时记者》	1	《学习生活》	1
《独立评论》	1	《旋风》	1	《开明少年》	1
《中国与苏俄》	2	《新闻类编》	8	《中学生》	1
《华年》	2	《新闻学报》	1	《自由丛刊》	1
《旅行周报》	2	《新命》	1	《再生》	1
《新闻通讯》	1	《新闻杂志》	2	《陕西教育月刊》	1
《苏俄评论》	4	《国闻周报》	1	《宇宙风》	1
《新中华》	3	《申报馆内通讯》	1	《前途》	1
《时事类编》	1	《精忠导报》	1	《时代周刊》	1
《中央时事周报》	1	《大观楼旬刊》	1	《文化》	1
《新闻学刊》	2	《新闻战线》	1	《中国妇女》	1
《杂文月刊》	1	《出版通讯》	1	《艺术与生活》	1
《世界知识》	1	《文汇周报》	1	《新新新闻》	1

续表

刊物名称	篇数统计	刊物名称	篇数统计	刊物名称	篇数统计
《绸缪月刊》	2	《中国建设》	1	《东北文化半月刊》	1
《清华周刊》	1	《一四七画报》	1	总计：期刊67种，篇数91篇	
《报人世界》	1	《新时代月刊》	1		

　　从杂志类别而言，这些文章大致发表于四类刊物上：第一类是《东方杂志》《申报月刊》《国闻周报》《清华学报》等综合学术文化类期刊；第二类是《新闻学刊》《报人世界》《新闻记者》《战时记者》等新闻专业期刊；第三类是《苏俄评论》《中苏文化杂志》等涉苏期刊；第四类则是《绸缪月刊》《世界知识》《文艺与生活》等文娱、旅游、知识类杂志。就报纸而言，《大公报》《中央日报》《益世报》《申报》也有关于苏联新闻业的相关报道。就文章体裁而言，既有纪实通讯、特稿，也有消息和译文。这些文章内容庞杂，涉及苏联新闻体制、新闻政策、新闻法制、新闻自由、编辑发行、广告、报人生活等诸多方面，从不同视角，全面细致地考察了苏联新闻事业的各个层面。需要注意的是，从文章的年份分布看，1925—1949年发表的相关文章，以1933年、1937年和1948年三个年份发表的成果最多，年均近十篇（见图4-1）。

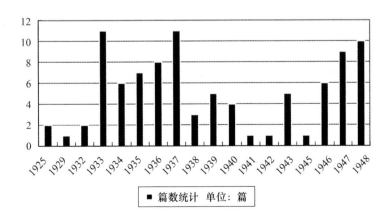

■ 篇数统计　单位：篇

图4-1　1925—1948年民国期刊发文年代统计图

具体而言，1933 年中苏复交带动了中国对苏联的关注和相关研究。1937 年苏联援助中国抗战，中苏关系进入"蜜月期"，助推了国人对苏联新闻业的考察。而抗战胜利后，苏联进驻中国东北，1946 年国共内战爆发后，新闻界密切关注苏联新闻业的宣传动向与运作模式。由此可见中国新闻界对苏联新闻业的考察热度与中苏政治关系的走向有着密切的联系。

二 "以俄为师"——中国新闻界对苏联 新闻事业的赞许

苏联"一五"计划的完成，促进其新闻事业的迅速繁荣，尤其相比沙俄时代更是取得了长足进步，种种成绩令中国报人赞叹不已。"苏联报纸在不经意间已经萌生了一种激进趋势"，"苏联的报刊大有一日千里之势，各工厂、矿山与学校，出版之报纸如雨后春笋无可胜数，在过去十八个月中间，报纸在农村中所销售之程度可谓空前未有"①。带着疑问，国人以欣赏、崇拜和困惑的复杂心境考察苏联，寻求答案。

（一）"苏联新闻事业之突飞猛进已是一件不可否认的事实"

戈宝权在考察苏联新闻事业后曾说："苏联新闻事业之突飞猛进已是一件不可否认的事实，而其中最值得注意的几点就是报纸的数量和销量的激增，报纸发行地域和读者的广泛。"② 民国时期，中国报人为苏联报纸巨大的发行量和广阔的发行地域所惊叹。他们不厌其烦地引用大量数据，证明苏联新闻业已与沙皇俄国时期不可同日而语。胡仲持写道，帝俄时代，俄罗斯约有报纸 859 种，发行总量 270 万份。而"现在苏联报纸已到五千四百种，销行总数将近三千八百万份了"③。戈宝权指出，仅 1932 年苏联报纸发行数目与 1913 年报纸总数

---

① 旅行周报社：《苏俄报纸热》，《旅行周报》1934 年第 1 卷第 4 期。
② 戈宝权：《苏联新闻事业的概况》，《新闻记者（汉口）》1938 年第 1 卷第 2 期。
③ 宜闲：《苏联新闻事业》，《申报月刊》1933 年第 2 卷第 11 期。

相比就增加了 7 倍，销量增加 13 倍，他乐观预言到 1937 年，苏联的报纸可以增加到 10000 种，销量增加到 3900 万份到 4000 万份之间，由衷感叹"这是怎样一个惊人的数目"①。《军国民杂志》也称赞道："苏联报纸较之前 1928 年增加了 11 倍，其中有 41 种销量在 10 万到 350 万之间，估计全国每日出版报纸总量达到 3600 万份。"② 伴随着发行量增加，苏联报业发行的地域也迅速扩张。1913 年沙俄报刊发行地域原来仅限于莫斯科及圣彼得堡两地及其他几个重要的工商业中心，③ 然短短数十年，报纸发行的地域已遍跨欧亚两洲，"无论是在中央亚细亚、远东、西伯利亚甚至远在北极圈以内，也有印刷的报纸了"④。

　　除了报纸发行量激增和发行地域的扩大，中国新闻人还关注到新闻事业发展对于苏联文化教育事业的巨大影响。戈宝权指出，苏联的文化方面最显著的特色要算是民众阅报习惯的普及（沙俄时代，报纸读者"仅限于一般王公贵族和知识分子"，"当时全俄罗斯的人口有三分之二是文盲，不能读书写字，农村人口总数是一万一千五百万人，这许多人甚至终生都没有读过一份报纸"⑤。而仅过了几年，新闻业的落后局面已经荡然无存。苏联时代，"莫斯科周边每四个人即有一份报纸，甚至城市中一个人阅读几份报纸则更是一件极平常的事"⑥）。赴苏考察期间，戈宝权亲见苏联国民对于阅读报纸的喜爱，"莫斯科市上每逢一批报纸送到就引集了一长列的人们，仿佛他们来争买额外的面包似的"⑦。胡仲持则指出，报纸发行量大不但养成了苏联读者的读报习惯，更促进了识字率的普及，而苏联官方所称识字率达 90%，正是"标准化的报纸"完成了"推

---

　　① 戈宝权：《苏联的新闻事业》，《宇宙风》1937 年第 34 期。

　　② 《苏俄报纸六千七百种，销数多者达三百五十万》，《军国民杂志》1934 年第 1 卷第 4 期。

　　③ 戈宝权：《苏联的新闻事业》，《中苏文化杂志》1938 年（十月革命二十一周年纪念特刊）。

　　④ 戈宝权：《苏联的新闻事业》，《宇宙风》1937 年第 34 期。

　　⑤ 宜闲：《苏联新闻事业》，《申报月刊》1933 年第 2 卷第 11 期。

　　⑥ 戈宝权：《苏联的新闻事业》，《宇宙风》1937 年第 34 期。

　　⑦ 宜闲：《苏联新闻事业》，《申报月刊》1933 年第 2 卷第 11 期。

动国民识字运动的使命"。

作为民族众多的国家，苏联报刊对于民族团结和民族文化的作用，也被中国新闻界所关注，尤其是民族文字众多，成为苏联新闻的一大特色。民族政策与新闻业相结合，共同推动了苏联民族新闻事业的复兴。苏联报纸三分之一使用民族语言，少数民族报纸占发行总量的近"三分之一"，而之前仅占"十分之一"。苏联民族新闻业的发展得益于其民族政策，有人列举说，苏联有四十多个民族，于十月革命以后，始有文字，所以很长一段时间，"苏联设有专门的机构负责帮助各小民族出版报纸"，如今"在苏联一百四十种语言之中，不下八十余种都有自己的报纸"①。甚至一些人口稀少的民族也有了本族语言的出版物，其中"阿巴金文、阿德益文、别鲁志文、卫普文、喀拉立文、库尔得文、图文文、涅涅次文、楚阔特文、爱斯基莫文"等均已有书籍出版，实属创举。②

（二）苏联报纸上"找不出一切颓废无聊的调子"

中国新闻界特别注意苏联新闻业在经历国有化改造之后所发挥的体制优势，尤其是苏联对新闻内容的净化，得到了中国报人的普遍认可。西方进入自由报业竞争阶段后，新闻业不惜牺牲报纸的格调和报人的操守，报纸以刺激和煽情的"黄色新闻"来吸引读者，攫取利润，而苏联的新闻国有体制恰能有效避免西方自由主义报业恶性竞争和报业垄断所引发的弊端。胡仲持指出，苏联新闻业所遵循的规律与西方新闻业大量销售的方针恰巧相反，在苏维埃统治之下，一切报纸都受到政府的管理，因此"北岩和赫斯特之流要想用新闻上崭新的新花样崭露头角在苏联是不可能的"③。赵康指出，苏联报业善于用积极和正面的信息引导民众，在苏联的新闻里面"找不出一切诲淫奸盗的黄色新闻，找不出一切颓废无聊的调子，处处注意到群众精神粮食的纯粹，并保证这种粮食能够为群众所消化"。《绸缪月刊》则认为

---

① 石家驹：《苏联新闻事业的剖析》，《国闻周报》1937 年第 14 卷第 46 期。
② ［俄］费多谢耶夫：《苏联之出版事业》，《新闻类编》1948 年第 1654 期。
③ 宜闲：《苏联新闻事业》，《申报月刊》1933 年第 2 卷第 11 期。

苏联新闻"并不依循读者的低级趣味而暴露个人的丑事。凡是与公共生活有关的一切缺陷都有无情的指摘，而且有教训意味的矫正的批评"①。胡仲持则称"那些在别的国家为了'人间的趣味'可以容纳的资料，在苏联的报纸上却严格地消除了"。这样做的原因"一则是限于篇幅，再则是由于道德的考量"②。戈宝权则大赞苏联报纸的内容称，"苏联的报纸中除去关于政治、经济、文化、教育及社会活动这一类的新闻外，就很少看到招摇撞骗或奸淫这一类所谓的桃色新闻"。

有鉴于商业广告对于新闻业的侵蚀和控制，中国报人大多将苏联新闻业拒绝商业广告和盈利，视为其一大优势。"苏联新闻有一个极大的形式特色，就是广告栏的缺少"，其原因恰恰是"由于苏联新闻不是以营利为目的"③。这让苏联新闻业不必仰赖广告商的鼻息而独立发声，所以在苏联"绝无屈服或依赖于广告主顾之事实发现"④。中国报人也指出，在拒绝商业广告的同时，苏联报纸的广告实际是以公告的形式存在。"尽管这些年苏联报纸中有逐渐增加广告的趋势，可是广告的作用仅限于公告。"⑤ 公告替代商业广告占据了报纸的主流，"广告与教育打成一片"，例如科技类的广告就被视为"民众教育的重要方式之一，广大的人民大众因此和科学的进展有着密切的接触"⑥。由于对新闻事业的统一管制与分配，"报纸的出版与发行比较有计划而合理"⑦。报纸的售价也极为便宜，"每份报纸的售价只十个戈比……任何人都有购买一份报纸的能力"。计划体制保证了报纸即使在完全没有商业广告的经营下，"不仅不亏本，每年反而有极大的

---

①　碧泉：《苏联新闻概观》，《绸缪月刊》1936 年第 3 卷第 1 期。

②　宜闲：《苏联新闻事业》，《申报月刊》1933 年第 2 卷第 11 期。

③　赵康：《苏联的新闻事业》，《新闻杂志（南京）》1937 年第 1 卷第 1 期。

④　［美］Albin E. Johnson，Vernon Mckenzie：《苏联新闻事业鸟瞰》，《报人世界》1936 年第 3 期。

⑤　戈宝权：《苏联的新闻事业》，《宇宙风》1937 年第 34 期。

⑥　［俄］Leonid：《苏联报纸登些什么广告》，端纳译，《自由丛刊》1947 年第 3 期。

⑦　冯有真：《现代史料》，转引自《国营的苏联新闻事业》，《新闻杂志》1936 年第 1 卷第 6 期。

盈余"①，从而保证了报人的收入与生活水准。

（三）"打破了一切旧的报界传统"

在中国新闻界看来，苏联新闻事业所取得的所有进步和发展优势，都归功于其独一无二的新闻体制——新闻事业社会主义国有制，认为这是支撑苏联新闻业走向强大的制度基础。塔斯社中国分社社长罗果夫对此解释说，"苏联的新闻事业，它是与别的国家不同的，因为苏联新闻事业是以工农大众为基础，而建筑在社会主义经济基础之上的，与其他资本主义国家，以营业为目的者不同"。袁殊对苏联报刊"国有"体制的理解是，"在这个国度里，政治是严格地支配了所谓 journalism，言论或报道亦已成为'国有'"②。在西方资本主义国家的报纸，"完全以金融家作背景，苏联则不然，他们的报纸是国营的"③。在国有体制下，中国报人还持续关注苏联报业运行的微观生态。"苏联报纸的出版是进行统一计划，除了全国大报如《真理报》《新闻报》是大众刊物，其余报刊则是出于一定的目的与使命而出版的。""报刊不通过报贩贩售，由独立于报社外的一个系统负责"，并且"负责发行和推销的机关，将出版的各种报纸，根据报纸的性质、数量和各地的需要，予以适当的支配"④。在报人看来苏联报刊国有体制根本性质是为人民办报。"由于国家的基础是真正建筑在广大群众的共同的政治责任之上……这国有的特质也可说即是大众有。"⑤

中国报人特别重视对苏联报人地位的考察，认为在国有制下苏联新闻从业者社会地位高，生活安定有保障。冯有真指出苏联的报纸是社会的组织者及先导者，所以"报人地位很高而又绝对负责"。他以苏联《真理报》主笔拉狄克为例说，他是"在国际间闻名的政论家。

---

① 朱敬炘：《苏联的新闻界》，《申报馆内通讯》1947 年第 1 卷第 8 期。
② ［日］黑田乙吉：《苏联新闻概观》，袁殊译，《文艺新闻》1932 年第 46 期。
③ ［俄］罗果夫：《苏联新闻事业概况》，《战时记者》1939 年第 6 期。
④ 朱敬炘：《苏联的新闻界》，《申报馆内通讯》1947 年第 1 卷第 8 期。
⑤ 碧泉：《苏联新闻概观》，《绸缪月刊》1936 年第 3 卷第 1 期。

而《新闻报》主笔布哈宁，则是大哲学家"①。国人还特别关注了苏联报人的社会角色、薪酬等问题。《文化》月刊指出，在苏联"实行新闻记者的官吏化，及其养成工作"，"以法律规定记者之勤务时间及报酬"②。他们认可苏联新闻工作者作为苏共组织成员的身份，认为这样保证了苏联报人有良好生活待遇与政治地位。有文章甚至介绍苏联高级报人，"薪金竟与政府部长相埒"，苏联报人"薪金不必按照党员固定之标准，而往往反较为优越"③，其政治地位"尚在'特权阶级'之列也"④。

中国报人惊异于苏联报纸对国家与社会拥有巨大的舆论影响力，是苏共与民众密切联系的纽带与喉舌。袁殊指出，苏联所有的报纸每月都能收到大量的读者来信，这些投书一部分送到各地的新闻中去，一部分送达有关的官厅和团体，苏联报纸甚至专门组织社员处理此事，"有的读者来信都必定经过新闻社社员过目"。此外在全苏各地分布着无数劳动通讯员。他们是业余记者，不断将工厂、农村和军营的消息传送给报纸，从而密切了报纸和民众的联系。冯有真指出，"苏联的报纸不但是社会的先导者、机关的代言人，同时还是良好的组织者、实际的工作者"。他以《农民新闻》和《工业化》为例，说两刊在国家农场和工厂中"做了许多实际的组织与教育工作"⑤。朱敬炘则评价"新闻业在苏联，已经和政治经济打成一片"，"在苏维埃社会主义政权下，报纸发挥了莫大的威力，完成了许多不可磨灭的劳绩"⑥。戈宝权高度评价苏联新闻对社会的影响力，称赞苏联报纸达到了"系统化和合理化的程度了"，"报纸是灌输学术文化的工

---

①　冯有真：《现代史料》，转引自《国营的苏联新闻事业》，《新闻杂志》1936 年第 1 卷第 6 期。

②　［日］小野秀雄：《苏联现代新闻》，甄梦译，《文化（上海）》1936 年第 3 期。

③　［美］Albin E. Johnson，Vernon Mckenzie：《苏联新闻事业鸟瞰》，《报人世界》1936 年第 3 期。

④　［日］小野秀雄：《苏联现代新闻》，甄梦译，《文化（上海）》1936 年第 3 期。

⑤　冯有真：《现代史料》，转引自《国营的苏联新闻事业》，《新闻杂志》1936 年第 1 卷第 6 期。

⑥　朱敬炘：《苏联的新闻界》，《申报馆内通讯》1947 年第 1 卷第 8 期。

具"，更成为"民众舆论的喉舌"①，他在文章中乐观展望，"若将来纸张供给丰富，则苏联的新闻事业还会更加发达，这是现在大可预料到的"②。正是在报纸"国有"体制上，新闻业才得以对苏联社会产生广泛而空前的影响，这一点得到了中国新闻界普遍认可，并由此希求移植苏联新闻体制，在中国尝试新闻事业的国家化或公有制。

三　民国新闻界对苏联新闻业的批评与反思

30 年代末期苏联报刊体制日渐成熟后，随之而来的问题与弊病也多有显现。对此，身处局外的中国报人也有所警觉，对苏联新闻业所形成的斯大林体制也有含蓄且中肯的批评。首先，中国新闻界认为苏联"有着极端否定个性的倾向"，从而导致报道形式的呆板与新闻内容的单调。胡仲持认为"欧美新闻业当作好材料的东西既然摒弃了"，那么苏联的新闻记者填满四页新闻的内容仅剩下外国新闻、社论和政府文告。报纸除了对募集公债和征发粮食等社会运动鼓吹不遗余力外，严格地限定了"人间的趣味"，"可以容纳的资料在苏联的报纸上都严格的消除了"，新闻的取舍仅限于"篇幅"和"道德的考虑"。"平常的犯罪离婚，以及各种的丑闻是报纸绝对禁止登载的。""运动消息不过偶一登载，至于家事、时装、社会所闻、棋谱、交易所市情之类在苏联的报纸上也是看不到的。"③ 在冯有真看来，苏联新闻业缺少与外界的交流，新闻采访限制重重，缺乏报道的自由。他说，因为政治制度不同，苏联新闻界与外界"很少往来"，驻苏联外国记者外发的电报要受到外交人民委员会的严格审查，"看与苏联的政治有无妨碍"。对此他无奈写道，"紧闭大门埋头建设的苏联，尽可能在保守他的神秘性"④。

---

① 戈宝权：《苏联的新闻事业》，《中苏文化杂志》1938 年（十月革命二十一周年纪念特刊）。
② 戈宝权：《苏联的新闻事业》，《宇宙风》1937 年第 34 期。
③ 宜闲：《苏联新闻事业》，《申报月刊》1933 年第 2 卷第 11 期。
④ 冯有真：《现代史料》，转引自《国营的苏联新闻事业》，《新闻杂志》1936 年第 1 卷第 6 期。

在中国新闻界看来，苏联报人尽管有较高的政治地位，却也无形中丧失了新闻的独立精神与客观立场，苏联报人不敢开展批评报道与舆论监督。"所有报纸的编辑及采访人员，全是由党部当局小心挑选派任的……中央性的报纸听命于宣传部，地方性的报纸则以中央性的报纸言论为依归。""千千万万的报纸，全可一律称为'官报'或'党报'。"如此一来，"在各省市的报纸，因为党的裁制及纸张的缺乏，所以都趋于极端的标准化的划一，毫无生气……在苏联独裁政体之下，一星儿一点儿的关于政治经济上的异议也绝对不容于报纸上"，[①]"若任何一报，无的放矢地攻击党政"，这无异于是"政治自杀"[②]。为了避免政治的错误，苏联新闻人只能写毫无生气的官样文章，"两三件实事，半打比较的数字，以及二百行长的文字，就此凑成功一篇同所有机关的标准公文没有两样的大作，千篇一律，异常的公式化，毫无半点文学意味"[③]。

也有报人指出苏联新闻体制之下新闻价值被忽视，"苏俄的新闻虽有绝大的权力，但在独裁政治支配之下，没有发挥其本质之权能"[④]。新闻的信息功能与舆论监督形同虚设。比如在苏联"否认犯罪行为是新闻材料"，"国际会议出席人物的争论与冲突，苏联人会否认为新闻"，"火车肇事，火烧房舍，船只沉没，诸如此的意外事件都不是新闻"。但是，"假如这些不幸事件，大规模发生于国外，却有例外"[⑤]。还有报人指出，在苏联"最重要而可靠的新闻来源都对苏联报纸关起大门"，甚至国内的饥荒灾难等事件其伤亡数字、事件细节等，苏联也是"均不公布"。即使有公布的新闻，也以官方消息为准，"不许动一个字"[⑥]。《新时代月刊》归纳的苏联"新闻登载

①　刘学濬：《苏联的报纸》，《独立评论》1933 年第 69 期。

②　张叙勤：《苏俄之新闻政策》，《苏俄评论》1934 年第 6 卷第 3 期。

③　徐世廉：《苏联新闻内幕：编辑生命毫无保障》，《中央周刊》1948 年第 10 卷第 27 期。

④　《苏俄之新闻政策》，《苏俄评论》1934 年第 6 卷第 3 期。

⑤　［美］Eddy Grilmore：《苏联式的新闻自由》，沈涛译，《新时代月刊》1946 年第 1 卷第 7 期。

⑥　徐世廉：《苏联新闻内幕：编辑生命毫无保障》，《中央周刊》1948 年第 10 卷第 27 期。

标准"，即"只要新闻的性质百分之百属于苏联门户内的事情，那便毫无疑问，一概刊登。反之则唯有弃如敝屣，毫不足惜"[①]。需要强调和注意的是，与中国新闻界对苏联新闻事业的称赞相比，这些批评的内容在篇幅和深度上十分有限。出于引介与推广的需要，中国新闻界对苏联新闻事业的评价与报道，以正面评价为基调，批评的深度仅限于对负面现象的描述。卫国战争之后，苏联新闻业深受斯大林体制的桎梏，对此国人尚未能从体制层面对苏联新闻业进行认知与反思。

四　结语

20 世纪 30—40 年代中国新闻界对苏联新闻业的推介，对中国民众认知与理解社会主义新闻事业产生了积极影响。1937 年一个法号"寂庵"的僧人在杂志上不无感慨地写道，"昨天我看到一篇关于苏联新闻事业的文章，说苏联的报纸很好，不但价钱便宜，且还能适应社会需要供给民众充分教育……看完这篇文章我不仅有些惭愧"。寂庵深恶民国小报以僧人为噱头哗众取宠，破坏佛门名誉，对苏联新闻业内容的严肃与真实，充满向往与敬意。事实上，由于受到政治、地理乃至文化的阻隔，国统区广大民众对于社会主义新闻事业这种全新的新闻体制知之甚少。民国时期报刊传媒对于苏联新闻事业的推介和传播，使得广大民众得以初步了解苏联社会主义新闻事业的体制特点与运作模式。在介绍苏联新闻事业同时，很多文章都大量引用马克思、列宁、斯大林对于报纸和新闻业的经典论述，这无疑是对社会主义新闻理念的一次普遍意义上的传播。

事实上，中国新闻界对苏联新闻事业的评价经历了从排斥、接受，再到倡导的态度转变。1926 年黄天鹏在《苏俄新闻事业》一文中虽认可其"自创一新局面"，但却认为"在吾曹以新闻眼光论之，颇非正当之设施，有如葫芦只见一道烦闷耳，所谓舆论所谓自由，更不用言也"。但是仅过数年，30 年代中国新闻界对苏联新闻业的评价

---

① ［美］Eddy Grilmore：《苏联式的新闻自由》，沈涛译，《新时代月刊》1946 年第 1 卷第 7 期。

就已发生了逆转，对于苏联新闻业的赞扬之词跃然纸上。是何因素让中国新闻人对苏联新闻事业的评价产生了如此巨大的逆转？究其原因，还是苏联社会主义新闻体制所取得的巨大成绩，令中国新闻界深信新闻事业国有制拥有巨大的发展潜力，这种积极印象深刻地影响了中国新闻界对新闻业发展的整体思考和道路选择。

中国新闻界对苏联社会主义新闻事业的推崇带有强烈的理想化色彩，并借此表达对新闻事业私有体制的不满。20—30年代，尽管中国新闻事业的发展"突飞猛进"①，但中国私营新闻业却面临来自国民党新闻统制与资本主义垄断的双重压制。一方面，国民党政权利用其掌握的政治优势，建立党营新闻机构，实行新闻检查与信息垄断，挤压私营新闻业的生存空间；另一方面中国私营新闻业在激烈的恶性竞争中，相互倾轧，缺乏团结，尤其是中小报人常感到"自由企业化已违背新闻服务社会的本旨"②，难以承担报人救国的社会责任，进而思考中国未来新闻业除了步西方新闻业之后尘外，是否还有新的出路？苏联新闻事业所展现的国营体制优势，无疑让中国新闻界看到了新的希望。尤其是在苏联新闻事业国有制保障下，新闻事业得以广泛参与政治活动与社会教育，引导民众开展社会改造，推动苏联成为世界强国，这种现实图景与中国新闻界秉承的文人论政、新闻救国的责任使命形成了高度的契合。在这种思想的驱动之下，跳出西方新闻业的格局，在苏联的社会主义国有制中寻找中国未来新闻业的出路，自然成为中国新闻界一种自然且迫切的现实需求。值得注意的是，在理想化色彩之下，中国新闻界对苏联新闻业的认知多聚焦其"表象"，这使得国人对苏联新闻业弊端与问题未能形成系统且全面的清晰认识。

20世纪30年代业已成熟的中国新闻业正在开启新的"范式"。面对西方新闻业发展的种种弊端，在考察苏联新闻事业的进步与成绩后，中国新闻界开始尝试以俄为师的道路。国人深信"资本主义没落的暗影也已横在全世界的新闻事业上"，其最终的没落"在现代潮流

---

① 张竹平：《十年来之中国新闻事业》，《大夏》1934年第1卷第5期。
② 觉群：《中国现代所需要的新闻事业》，《警醒半月刊》1934年第2卷第7期。

中是不可避免的"，进而提出"中国的新闻事业现在还徘徊在资本主义的道途上"，"在将来恐怕不得不使它改弦更张"，"在这世界一致的潮流中，中国自然也不能置身事外"。而未来中国新闻业可供选择的"只有国有和公有两条路可走"，"公有制因有种种困难，恐未能实现，国有则因具备种种可能或有实行的一日"①。民国时期，中国新闻人对西方新闻业的反思及其对苏联新闻事业的推介，表明在文人论政与自由主义两大传统之外，中国新闻界对社会主义新闻事业同样抱有相当的认同与好感。他们对苏联新闻业的称颂与憧憬，实际是新闻业内心欲望的投射。借助传媒新闻人试图建构一个辉煌的"他者"映像，作为重塑自身的外在资源。对民族主义的渴求与强力国家的向往，才是中国新闻界最为看重的苏联经验。

---

① 唐克明：《中国新闻事业发展的前途》，《青年界》1935 年第 7 卷第 2 期。

第五章

燕京大学新闻系与"密苏里"
新闻教育模式的本土化

民国初年，中国新闻学界开始大力兴办新闻教育。在缺乏经验、师资的困难条件下，中国新闻教育界仿效美国新闻教育模式创办专业院校，其中燕京大学新闻学系堪称其中的佼佼者。民初新闻教育从培养目标到课程设置都具有显明的"异国"印记。本文以燕京大学新闻学系为中心，探讨民初中国新闻教育的人才培养特色。燕京大学是中国最早创办新闻教育的高等院校之一。1924 年燕京大学新闻系成立后就因其先进的教学理念和高质量的人才培养，确立了其在民国新闻教育中的地位，被称颂为民初中国大学新闻教育的"最优秀者"①，堪称民国初期中国新闻教育的典范。本文试分析燕大新闻人才培养的成功模式，从而管窥这一时期中国新闻教育的特色与理念。

一 专业教育与通识教育并重

燕京大学新闻教育重视培养学生具有"专精"与"广博"的知识结构。燕大新闻系成立之初就提出："培养报界人才，授予广博之专门技能。其他与报业有切近关系之学识，亦莫不因时施教，俾学生得分途发展，各尽所长。"② 强调专业教育与通识教育并重，力求将两者融汇贯通，协调发展。

---

① 爱德敷：《燕京大学》，珠海出版社 2005 年版，第 238 页。
② 刘豁轩：《报学论丛》，天津《益世报》1946 年版，第 92 页。

所谓"专精"核心是强调通过新闻专业教育，培养学生应该掌握熟练的新闻技能，精通新闻业务。在教学实践中，燕大新闻系极为注重对学生采、写、编、评的新闻业务训练。据系主任刘豁轩①统计，1929—1936 年该系年平均开设专业课程 16 门。课程设置仿照美国密苏里大学新闻学院，分为四大类：一是新闻编辑（采访、写作、编辑、社论）；二是报业经营（发行须知、经营及印刷、报业经营）；三是特殊报学（照片、实用宣传学、报纸翻译）；四是报学概论（比较报学、新闻史、毕业论文）。在这四类课程中，第一类课程在专业课中比重最大。据统计 1929 年该系开设编辑课程占新闻专业课的比重为 38.5%，而到 1939 年上升为 44.4%。与此同时，学生所修学分也从 39.2% 上升为 48.8%。从十年间编辑类课程开设数目和学分比重逐年上升的趋势来看，② 燕大新闻系在专业课程设置具有重视技能训练的倾向。

在专业教育之外，燕大新闻系将通识教育也纳入到课程体系中，实现了专业教育与通识教育并重发展。新闻工作的复杂性要求从业者仅具有专业知识是不够的，还应掌握更多的"杂学"。蔡元培曾指出，"外国新闻……即普通纪事如旅行、探险、营业犯罪、政闻、战报等栏目，无不与地理、历史、经济、法律、政治、社会学有关……根据是等科学应用于新闻界之特别经验，是以有新闻学"③，强调综合学科背景对于新闻工作的重要。为此，燕大新闻系确立了"重视与报学有关系之学科"的人才培养方针。该系规定"主修新闻的学生，不仅专习新闻学科，文学研究、历史沿革及其他一切普通科学学识，均需同时培养矣。新闻学科之主修时间，仅占全大学课程四分之一或五分之一，其余大部分时间则任由学生选修其他与新闻有关学问，务

---

① 据刘豁轩《报学论丛》记述，燕京大学新闻系 1924—1939 年间共有 5 位系主任主持系，分别为：白瑞登（1924—1926）、聂士芬（1926—1931，1933—1934）、黄宪昭（1931—1933）、梁士纯（1934—1937）、刘豁轩（1937—1939）（天津《益世报》1946 年版，第 91 页）。

② 刘豁轩：《报学论丛》，天津《益世报》1946 年版，第 94—96 页。

③ 蔡元培：《在北京大学新闻研究会上的开会词》，《北京大学日刊》1918 年 10 月 16 日。

使学生，预期毕业后知社会环境相适应"①。该系将全部课程分为：第一，主修——新闻专业课程；第二，必修课程——语言文学课程（国文、英文、第二外语）；第三，副修课程——社会科学课程（政治学、经济学、社会学）；第四，选修课程——（历史、生物、哲学等其他学科）。规定学生"在主修课修满最低 32 学分之外，还需选修一个与报业有关系的系，在那里至少要选修 20 学分以上的功课"方可毕业，以鼓励学生广泛选修其他院系课程。

在燕大新闻系学生中，选修课程学分超过主修课程的情况十分普遍。刘豁轩对 67 名毕业生所修学分的统计显示，其新闻专业课程所修学分仅占全部课程学分的 27.2%，而其他专业所修学分则高达 72.8%。其中英语、政治学、社会学、历史学都是学生热衷学习的专业，此外诸如生物、地理、化学甚至宗教、卫生等较为生僻的科目，也有学生选修。事实证明，大量副修、选修课程的开设，拓宽了新闻教育的外延，使学生在注重新闻专业学习的同时，又拥有了经济、政治、历史等领域的知识背景，极大地提高了学生的综合素质。值得注意的是，燕京大学素有重视外语教学的传统，作为一门工具性学科，外语对新闻工作是极为重要的。新闻系将英语和第二外语作为要求学生掌握的必修课程，提升其外语能力，这无疑增加了学生的"国际竞争力"。据毕业生汤德臣回忆，"抗战及战后，中央社海外单位，如伦敦、巴黎、纽约、华盛顿……记者都是燕大出身。代表中央社在 1945 年春联合国在旧金山开筹备会议的三位记者，是清一色燕大新闻系出来的"②，这恐怕与该系重视外语教学不无关系。

二　重视实践训练的职业化培养模式

如果仅注重专业的书本教育，却缺乏实践技能的锻炼机会，新闻

---

① 黄宪昭：《燕京大学新闻学系概况》，《新闻学研究》，燕大新闻系 1932 年版，第 330 页。

② 汤德臣：《燕大新闻系杂忆》，《燕大文史资料》第 7 辑，北京大学出版社 1990 年版，第 107 页。

专业学生仍难以适应新闻工作。燕大新闻教育的突出特点就是将实习作为教学的重要环节，推行理论与实践并重的培养原则。刘豁轩指出，新闻实习可以让学生得到全方位的锻炼：首先是"作报技术的练习"，因为"报业越进步，作报的手工的技术也就越复杂，越需要训练"；其次是"思想训练"，新闻工作所需要的"客观的态度"，"有条理的思考"和"知识的运用"，这不是讲得"天花乱坠所能济事"的，学生必须"自己多做"，"有身临其境体验的机会"，才能培养出"根据理论加以解决"问题的能力。他举例说，如报纸的"经济独立"问题，"讲起来简单，行起来却有许多的困难"，学生只有在实践中才能对报人办报的艰辛，有更真切的体会。

燕大新闻系将实习分为三种，一是课内实习，讲授课程过程中让学生接受采、写、编、评的训练。二是报纸编辑管理的校内实习。20—30年代，该系出版有中英文版日报《燕京新闻》《新闻学研究》（年刊）、《新中国月刊》、中英文《报务之声》以及《中国报界交通录》等出版物，为学生提供了大量校内实习锻炼的机会。其中《燕京新闻》前身为《平西报》，是一个完全由燕大新闻系师生创办的独立报纸。该报四版，三版为中文，主要刊登北平西郊社会新闻和时事新闻。一版为英文，内容以燕大校园生活为主。《燕京新闻》的社论、编辑、采访、发行、广告，"各项工作盖有中美两国学生分任"。报纸编辑室就设在印刷所内，目的也是让学生了解报纸的印刷工序。"七七事变"后，该报更名为《燕京日报》在北平城内发行，一时成为"北平国人自办英文报纸之唯一刊物"，其言论"渐有执北方舆论权威之势"①。作为学生自办报纸，该报在平津报界已具有较大规模和影响。通过这些报刊，学生对"报纸的业务有了具体的了解"②。

燕大新闻系第三种实习是学生在校外报馆实习与考察。该系规定："假期内三年级以上之主修生，须到平津各报馆实习"，否则不

---

① 黄宪昭：《燕京大学新闻学系概况》，《新闻学研究》，燕大新闻系1932年版，第330页。

② 《部分校友座谈燕大新闻学系》，《燕大文史资料》，北京大学出版社1990年版，第129—134页。

能毕业。燕大新闻系创办后与全国各大报馆建立实习合作关系，扩大了学生校外实习的机会。由于燕大新闻系学生素质高，报馆对该系实习生大都比较欢迎。据《报学杂志》报道，1948年燕大新闻系每年实习学生达40多人，地点遍及平津地区，上海、南京、青岛、汉口、重庆、成都、香港等地，涉及报馆20多家。该系实习"人数之众，报社之多，地域之广"在国内同类大学中"尚属空前"。从课程实习到课外实习，从书本到实践，燕大新闻系通过全方位的实习，为学生走向职场做了充分准备。

三 培养领袖人才的精英教育理念

如果仅仅注重技能职业训练，却忽视对新闻人才的道德塑造，那么大学新闻教育就只能停留在"读书只为稻粱谋"的低级层面。正如密苏里大学校长黑尔所说："如果报业只是印刷者的技术或买卖，或者只是在印刷工厂的管理，或是新闻的采集与传布，或是这些都加在一起，我们便不能承认这种教育是大学教育的一部分。"[1] 新闻机构乃社会之公器，从业者的道德水平、思想境界对整个社会有巨大影响力。燕大新闻系成立之初即提出"新闻教育对中国将来的发展有重大关系"，教育目的除了"职业训练外，还要注意人格培养"[2]。1934—1937年，梁士纯担任系主任期间，进一步提出应在培养德才兼备专业人才基础上着重培养新闻行业的"领袖"人才。他说："今日中国报界所缺乏的不只是新闻人才而已，其最重大的缺陷还是领袖人才：有远见、有魄力、有主张、有伟大天才的人才。"他希望新闻系每届毕业生中，"至少有几分之几，能达到领袖的地位。若是新闻教育所培养出来的人才，只能顾其自身的生活，而在改革或倡导上无所贡献，那么中国新闻事业的前途就极其阴黯，那么燕京大学新闻学

---

① 杨妮：《密苏里大学的新闻教育》，《新闻学研究》（台湾）1989年版，第32辑，第213页。

② 张玮瑛：《燕京大学史稿》，人民出版社1999年版，第25页。

系这种新闻机关，也就没有存在或发展的价值了"①。该系教师卢祺新则认为，领袖教育的目的在于"使受过良好教育有理想的人从事新闻工作。以协助中国发展出高尚、富有服务精神及负责任的新闻事业"，成为促进"社会公益和国家友好关系的砥柱"。刘豁轩就强调在日常教育中注意锻炼学生品质，培养学生的"服务、合作、诚实和负责任，以及道德的应用"②。事实上，民初新闻界提倡新闻教育目的之一即净化报界，改变国人对报人的不良印象。民初学者指出，中国新闻界充斥着"舞文弄墨的文人"与"醉心利禄、不得志的官僚"，而依靠他们"发展事业，改良社会"形同"呓语"，而受过新闻教育的报人"思想之纯洁，意志之坚定"，较旧式报人"强胜多多"③，新闻事业发展有赖于此。而燕大新闻系强调培养"领袖"人才，目的正是满足国人对新闻教育改良报界、改造社会的双重需要。

四　开放多元的办学环境

燕京大学的创办是中西文化交流的产物，形成了兼容并包的文化传统。受此影响，新闻系在办学中也鼓励学术自由交流，形成多元文化和谐发展的教学氛围。该系仿照密苏里大学新闻学院每年举行新闻学交流年会和讨论周的做法，定期邀请国内报界名流参加新闻讨论会。仅 1931 年举办的新闻讨论周即有成舍我、张恨水、张季鸾、戈公振、萨空了、罗隆基等十多位报人学者参加，发表演讲稿二十篇，这是民国新闻界少有的学术盛会。《民国日报》对此赞赏称："此次各记者莅临燕大，主讲者均一时新闻界知名之士，各贡其所得，以为学业之切磋，亦即事业上之改进，多谈实理，莫托空言。新闻学得以日进于无疆，新闻事业之得以日臻于强健，新闻界团体得以砥砺而益坚，新闻得以锻炼而益众，则固又非燕大二三学子之幸也矣。"④

---

① 梁士纯：《事在人为》，《燕大文史资料》第 7 辑，第 93—94 页。
② 刘豁轩：《报学论丛》，天津《益世报》1946 年版，第 92 页。
③ 张君良：《新闻报业教育与报业机构合作》，《报学季刊》1934 年第 2 期。
④ 《新闻讨论周》，《民国日报》天津版 1931 年 4 月 1 日。

燕大新闻系开放的教学理念还体现在教师身份的多元构成上。据统计，1932—1933年，该系共有兼职和专职教师11人，其中90%具有外校学缘。其中出身密苏里大学新闻系的教师最多，有6位，[1] 占全部教师的55%。其余分别毕业于日本法政大学、北洋大学、岭南大学等知名学府。这些教师全都有参加报业实践工作的经历。如系主任黄宪昭曾在广州主办中英文报纸，孙瑞芹在路透社担任编辑，管翼贤曾主办北平时间通信社，张象鼎则是北平《大同晚报》主笔。甚至著名记者斯诺也曾在1934年受聘成为该系讲师。多元的师资组成可以促进不同学术思想、学术风格、思维方法的交叉和碰撞，促进学科发展和教师自身成长。而教师具有丰富的媒体从业经历，能将之与所教新闻课程相结合，极大地丰富了课堂教学内容，让学生对新闻工作有更多的感性认识。

燕大新闻系开放办学的理念表现为对美国新闻教育，尤其是"密苏里模式"的仿效与学习。创建于1908年的密苏里大学新闻学院是美国也是世界设立最早的新闻学院，被誉为"美国新闻记者的摇篮""新闻学圣殿"。经过数十年的发展，该院形成重视人文综合培养和专业技能训练的"密苏里"新闻教育模式，其"教学方针和课程莫不为他校所注意"，在"美国报学教育界"中具有"领袖地位[2]"。该院首任院长威廉博士更是热衷于在世界范围推广其经验。他曾先后五次访问中国，推动了中外新闻学界的交流。在他的倡导和支持下，燕京大学新闻系在困难之际几次得到密苏里大学在物资和师资上的帮助。燕大新闻系成立后与密苏里大学新闻学院建立密切的学术联系。1932年两校开始互换教授，密大的马丁教授来燕大新闻系讲学，而燕大聂士芬也去密苏里大学授课。此外，两校还互相交换研究生。1929年助理卢其新赴密大深造，密大则派格鲁普来燕大研究并任课。第二次交换学生在1933年，燕大送汤德臣赴美，而密大则送白雅各来华。正是基于上述情况，最终促成燕大新闻学系从人才培养、办学

---

① 《中国报界交通录》，燕京大学新闻学系编，1933年印，第209页。
② 《新闻学集成》，《民国丛书》第46辑，上海书店1989年版，第200页。

理念、课程设置和学术活动都打上了鲜明的"密大"烙印。①

五　结语

民初正值中国新闻学发展的"萌芽之期"。新闻教育不仅要培养新闻人才，还肩负着改良报业，将新闻学"本土化""科学化"的重任。徐宝璜曾提出"访员"应该"书法需纯熟""国文需有根底"，"应知本国及列强之政治、历史与现状"②。显然这只是对新闻从业者的最低要求。而蔡元培则指出，引进西方学理，验证中国现时新闻事业之经验，才是大学新闻教育所承担的任务。更有甚者提出"吾国报纸之不发达……最大原因则在无专门人才"，"夫一国之中，所赖灌输文化，启牖知识，陶铸人才，其功不在教育之下者，厥惟报业。乃不先养育专才，欲起而与世界报业相抗衡乌乎得？"③ 将新闻教育视为净化报界，"改造整个社会的武器"。从燕大新闻系人才培养模式来看，其强调注重专业训练，同时让学生"养成一种合作、建设、服务人群的精神以服务社会国家"④，不仅丰富和提升了中国新闻教育的内涵，也符合时代潮流的要求。

民国初年中国的新闻教育虽"始具雏形，然大都简陋"⑤。即使"处于优越地位"的燕大新闻系也曾多次因缺乏资金而面临停办的窘境。在困难的环境中，该系能不断壮大办学规模，保证教学质量实属不易。作为民初新闻教育领域发展最好的学校之一，该系为中国培养了大批优秀新闻人才。其中如萧乾、朱启平、曾恩波、蒋荫恩等人堪称代表。仅《大公报》30—40年代即有燕大新闻系毕业生20余人。1945年在密苏里号战舰上报道日本投降消息的三位中国记者也都出

---

① 李建新：《中国新闻教育史论》，新华出版社2003年版，第66页。
② 徐宝璜：《新闻学大意》，《东方杂志》1918年第15卷第9号，第93—94页。
③ 戈公振：《中国报学史》，生活·读书·新知三联书店1956年版，第263页。
④ ［美］司徒雷登：《对燕大新闻学系的希望》，《燕京新闻》1934年12月18日。
⑤ 周天墀：《现代美国新闻教育》，《新闻学研究》，燕京大学新闻系1931年版，第223页。

自该系。① 燕大校长司徒雷登曾自豪地说："新闻系独特的教学与实践使之成为中国而且也是亚洲第一所完全的新闻系。""有一段时间，中国新闻机构派往世界各大首都的代表全是我校的毕业生。"② 系主任刘豁轩也认为，燕大新闻系"为中国报学教育奠定了将来发展的基础，踏出了一条明朗的路程，这是中国近代教育史上一定要大书深刻的一页"③。重实践、宽口径、开放式的"燕大"模式不仅是民初中国新闻教育"本土化"的典范，也对我国当前新闻教育的发展不乏启示。

---

① 燕京研究院：《燕京大学人物志》第 2 辑，北京大学出版社 2002 年版，第 87 页。

② John Leighton Stuart, *Fifty Years in China*, New York：Sanford Press, 1954, p. 70.

③ 刘豁轩：《报学论丛》，天津《益世报》1946 年版，第 115 页。

第六章

中国近代国际宣传人才的选拔与培养
——以战时"重庆新闻学院"为例

　　1937 年全面抗战爆发后，在军事斗争之外，为赢得国际社会的同情与支持，中国借助新闻、广播等对外传播形式，积极促进国际宣传，以求得对日宣传战的主动权。随着海外宣传的开展，中国新闻人才紧缺问题日渐凸显，急需具有国际视野，洞悉内外时局，熟知国际新闻理念与宣传规则的战时传播人才，进而赢得世界反法西斯阵营的支持与援助。抗战时期中国如何培养对外宣传人才？战时中国新闻教育如何承担育才使命？战时"外宣"人才培养与平时又有何不同？对于这些重要问题，学界尚未有系统阐述和研究。抗战时期中国对日宣传严重滞后，急需适应战时要求的国际宣传人才。1943 年中美合办"重庆新闻学院"，它以"培养国际高级宣传人才"为目标，以"应战时之需"的实践教学为原则，在课程设置与教学方法上开展教学改革与创新尝试，为战时中国培养了一批具有专业素养与国际视野的优秀人才。重庆新闻学院的创办是近代中国新闻教育与国家需求的一次成功对接，它是抗战时期以培养高级对外宣传人才为目的国际化新闻教育机构，是战时中国办学条件最为优越的新闻学院。其经验对当代中国国际传播人才的培养仍不乏借鉴意义。本文尝试以该学院"外宣"人才的培养为切入点，通过史料梳理，总结其战时新闻教育的实践与经验，以期为当下中国国际传播人才的培养，提供历史借鉴。

一　"应战时之需要"——重庆新闻学院的创立与战时对外宣传的互动

　　全面抗战爆发后，日本借中国战事失利，在国际上营造谣言，散播中国抗战行将"失败"的舆论，妄图动摇我方抗敌意志。对此，中国民众和海外舆论迫切希望中国能够加强国际宣传活动，扭转国际传播的被动局面。1937年11月，国民政府成立由董显光负责的国际宣传处，下设广播、外事、对敌等科室，通过新闻会议、协助采访等方式，在世界范围内开展对日宣传战。遗憾的是，战时中国国际宣传人才的短缺，极大制约了海外抗战宣传的传播效能。战前中国新闻教育并未有针对性地着眼于战争宣传来培养人才。《大公报》对此曾疾呼："新闻教育在中国，尚没有引起一般人十分注意，然而在今日，由国际宣传的立场上看来，可以知道新闻事业的重要与新闻教育的急需。"① 报人曾虚白则指出，随着国际宣传战的开展，中国"痛感积极训练人才的必要"②。国难期间，中国新闻教育因日本侵华遭遇重大损失，燕京等大学新闻院系被日军接管或破坏。一时间新闻人才的培养捉襟见肘与战时中国对宣传人才的迫切渴求形成了巨大鸿沟。提高中国海外传播能力，培养国际宣传人才是战时中国新闻教育面临的紧迫任务，重庆新闻学院的创办由此提上议程。

　　1943年年初，国际宣传处负责人董显光同宋美龄赴美开展战时宣传时，与美国哥伦布大学新闻学院院长艾克曼达成共识，约定由美方提供师资，中方提供基础设施，联合培养对外宣传人才。如董显光所说，"中国关起门来打日本入侵者而全世界却知之不多、处之漠然，全在于宣传没有跟上去"，必须"设立一所战时新闻学校，以英文来训练青年读新闻学"③，"用强化办法培训一批能用英文写作的新闻记者和报人，来报道中国的艰苦反侵略战争，争取国际上对中国的同情

---

① 《新闻教育特刊发刊词》，《大公报》1936年5月9日。
② 曾虚白：《中政新闻学院之产生及其未来》，《中国新闻学会年刊》1944年第2期。
③ 《董显光回忆录》，《报学杂志》1948年第1卷第3期。

与支持"①。1943 年 11 月，国民政府国际宣传处以"战时中国唯一完善的新闻教育机构"中央政治学校新闻系为基础，组建中央政治学校新闻学院。该学院"是战时成立的新闻教育机构，也可说是应战时之需要而成立的新闻教育机构"，因校址在重庆两路口巴县中学，又被外界通称为"重庆新闻学院"，由此开启了战时国际新闻宣传人才的培养实践。

二 重庆新闻学院国际高级宣传人才的培养目标与教学特色

从 1943 年至 1945 年抗战胜利，重庆新闻学院着眼于抗战人才需要，共招收三届学员，第一期结业 30 人，第二期结业 27 人，第三期未及开学即停办，实际"为民国新闻界培养了 57 名国际新闻高级人才"②。该学院在专业教学管理上实行中美共管。课程设置以美国新闻教育为范式，侧重训练学员掌握国际宣传的实务技能，形成了自身办学的鲜明"个性"。

（一） 立足中西，培养"高级国际宣传人才"的教育定位

新闻教育的手段和资源配置，取决于人才培养的目标定位。战时中国新闻宣传的人才紧缺，迫使该学院在成立之初，即明确提出以培养"高级国际宣传人才"为办学目标。学院创办之初即在师资及学生选拔两个方面，对教学资源优化设置。在师资方面，该学院借助中美合作办学的优势，从美国哥伦比亚大学新闻学院直接引进师资来华执教，教务长克罗斯曾为《纽约先驱论坛报》记者和律师，具有良好的口才和丰富的写作经验，负责新闻史、新闻法、新闻伦理等课程。1944 年 6 月克罗斯离任后，吉尔伯特继任教务长一职。他是中

---

① 全国政协文史资料委员会编：《建国初留学生归国记事》，中国文史出版社 1999 年版，第 98 页。

② 邓绍根：《论哥伦比亚大学新闻学院与民国新闻界的交流合作及其影响》，《新闻与传播研究》2014 年第 12 期。

国问题专家，在华采访 17 年，不仅熟谙汉语并掌握两种方言，具有丰富的国际新闻报道经验,[①] 负责新闻采访、新闻编辑和新闻写作等课程。除两位骨干教师外，助理教授罗吉斯，曾任 WIS 电台节目监制；贝克尔为美国《世界观察》杂志编辑；德劳雷为《晚论坛》执行编辑。这些教师理论和实践经验丰富，不仅增强了该学院的专业教学能力，更使学生能够在短时间内与国际宣传实务接轨。

除美方师资之外，重庆新闻学院中方师资则由战时中国宣传工作主要负责人直接充任。这其中，该院正副院长则由国际宣传处负责人董显光、曾虚白分别担任。《中央日报》社长马星野、国民党"中常委"潘公展、国民政府外交部次长甘乃光分别教授"新闻学概论""三民主义""比较政府"等课程。在课程设置上，学院力求充分发挥美方教师在专业教学上的优势，所有新闻理论及实务类课程全部由美方教师充任。在办学思路上，曾虚白将该学院界定为"一所大学以上程度的教育机构，教学的目标是培养能够担任国际宣传任务的高级新闻人才"，"所以该学院的一切设施，从学院的甄别，课程的编订，都以达成这一使命为目的，并不拘泥于普通学校或研究员的常轨"[②]。对于国际宣传高端人才的界定，他认为应该具备以下五种素养：一是，明悉国策国情；二是，了解国际情势；三是，熟悉驻在国文化风俗；四是，熟练运用驻在国语言文字；五是，具有采访新闻之敏感和处理新闻之技能。[③] 这五点要求高度概括了国际宣传人才的特点，明确了人才技能各项要求，对学院开展新闻教育实践，具有极强的针对性和指导性。

为了实现高端人才培养的目标定位，重庆新闻学院从生源选拔上严格把关，要求报考者须有大学学历，熟练掌握英语会话和写作。录取考试科目，包括英文基础及口语、中外历史地理、时事政治等，考生应是"于国内外大势有概要认识的青年"，其标准超出战时同等高校的要求。1943 年重庆新闻学院首批招生报考者达 250 人左右，但

① 《大公报》（桂林版），1944 年 9 月 22 日。
② 曾虚白：《中政新闻学院之产生及其未来》，《中国新闻学会年刊》1944 年第 2 期。
③ 同上。

最终仅录取 30 人，足见考试和选拔的苛刻。这些录取学员年龄在
19—37 岁，他们当中既有流落于西南的清华、北大、南开的失学学
生，也有已经工作多年的教师、公务员、新闻记者。尽管他们身份境
遇各异，但大多是追求真理的爱国青年，对得来不易的求学机会倍加
珍惜。

　　为让学生安心学业，学院在战时艰苦的条件下，为学生提供了优
厚待遇。学员在院学习期间可优先进入国际宣传处工作，若成绩优异
可获得公派赴美留学资助，其金额超过"庚款留美"项目。① 据学生
马大任回忆，1947 年他留学期间得到学院资助 3500 美元，其中个人
自筹仅 100 美元，足够支付在美生活费用而无须勤工助学。学员入学
后即享受中校军衔待遇，原有工作者工资照发。如无工作，学校提供
免费住宿和 1200 元/月的津贴。② 优厚的待遇，使得学员尽管面临严
格选拔，仍趋之若鹜。而经过重重选拔得以入学的学生，则堪称战时
中国新闻教育最为幸运的"宁馨儿"③。

（二）以美国哥伦比亚大学新闻教育为蓝本制订课程设置

　　新闻学者黄天鹏认为，中国新闻教育从诞生之初即深受美国影
响，其中尤以哥伦比亚大学新闻学院与密苏里大学新闻学院突出，前
者注重新闻纸科的实习，后者则关注优秀记者和编辑的培养。④ 重庆
新闻学院结合中国实际需要和国际宣传的实务要求，以哥伦比亚大学
新闻教育课程设置为蓝本，将课程分为政治课程、专业课程和实习课
程三大类。其中专业课分四个学期，每学期三个月，前三个学期以专
业学习为主，第四个学期则为课程实习，学生可到各战区采访报道。
学业考核以作品和实习表现为标准。为了适应战时人才培养的需要，
学院在制订课程中力求精益求精，并未加入过多通识课程，而是将更

---

　　① 马大任：《回忆抗战时期的重庆新闻学院——并怀念国际宣传史上的一群小兵》，
《传记文学》1998 年第 1 期。
　　② Ma J. T. , *From Studying Abroad to Staying Abroad Chinese*, America History & Perspectives, 2004.
　　③ 《新闻事业的新摇篮——记中政校新闻学院》，《中央日报》1943 年 11 月 5 日。
　　④ 黄天鹏：《新闻记者之教育》，《新学生》1931 年第 1 卷第 5 期。

多的课时资源投放到专业课程中。其具体设置见表 6 - 1①：

表 6 - 1　　　　　　　　　重庆新闻学院的专业课程

课程	教学内容及教学方式
（一）新闻采访与撰写	初期规范新闻文体，后期撰写重大新闻，教学与实习并重
（二）新闻学基本理论	新闻出版史、新闻学、报纸政策、报纸道德、报纸发行及经营管理、报纸与世界事件关系等
（三）采访与编辑	课程（一）（二）的进阶课程，学员分采访组、撰稿组、编辑组，轮流轮岗实操
（四）编报法	都市报编报法、编报基本原则、分组编报竞赛等
（五）宣传新闻学	公众心理及舆情，宣传策略，撰写鼓动文章
（六）无线电广播新闻	无线电史，无线电访谈，无线电与报纸，撰写无线电文等
（七）社评写作准备	社评选题及数据检索，调查新闻背景，撰写社评社论
（八）社评写作技术	课程（七）的进阶课程，深入讲授新闻评论，定题撰写社评，中美评论对比，文艺评论、剧评等
（九）特写撰述法	特写题材、文体、版式、读者群、新闻特写方法、深度报道写法

　　从课程名单考察可以发现，重庆新闻学院的课程设置核心是侧重新闻采、编能力的训练培养，且教学和考核要求由浅入深，层层递进。编报法、评论和特写等写作课程的设置完全着眼于战时新闻写作需要，使学生在学校教学阶段即接受了良好的新闻写作训练。在理论课程设置之外，辅以实践教学，进而固化课堂及理论教学的效果。为发挥广播在宣传中的作用，课程设置还关注到了这一新兴媒介，特意增设广播新闻课程，以适应战时中国国际广播快速发展的趋势。②

① 课程内容根据曾虚白《中政新闻学院之产生及其未来》，《中国新闻学会年刊》1944 年第 2 期整理而来。

② 齐辉：《抗战前后中国国际广播电台与世界听众的互动交流》，《西南民族大学学报》2017 年第 11 期。

（三）"以实习为求学方法"——贴近国际宣传实务的实践教学与强化训练

重庆新闻学院成立之初，承袭了美国新闻教育中重视实践的传统，提出学院"不是一所纯粹学术研究机构"，要"以实习为求学方法"，通过大量实习带动课堂教学参与性，检验课堂教学成果。在采访与写作这类课程中，美籍教授通常将课堂教学集中在一天，随后按照选题分组，分配采访、编辑、统筹等任务。引入竞争机制，教师则全程参与指导，要求学员在规定时间内完成预定任务，综合评判学员学习效果。学员交稿后，教授会当面讲评修改文稿，使其"明晰有待改进的写作方法"。外籍教授知晓学员英文不精，故批改作业超乎寻常的细致，几乎是"一位教授对一个学生坐在一起，将稿子一句一句地改"①。所有的选题、采访、写作、讨论等环节，都是按照"真正的记者工作"来要求完成。经过训练，学生虽未毕业却已对新闻工作驾轻就熟。

重庆新闻学院的实习教学得到战时国际宣传处的帮助，这是其新闻教育的一大优势。战时"国宣处"曾每周举行两次外国记者招待会，新闻学院要求学生全程英文参与这项活动。很多学员在毕业前，对外国记者的提问偏好乃至工作特点即已了如指掌。由于学院的官方背景，学生毕业即有机会进入"国宣处"、国际广播电台、《中央日报》等官方宣传机构实习和工作，求职起点颇高。

重庆新闻学院强调教学要培养学员具有切合国际宣传实际情形的英语新闻采编能力。美国新闻专业课教师全程采用英文讲授。课程教学所使用的案例、理论和专业课教材，多采自原版英文教材。学员在课堂教学中所记录的笔记、专业考试也用英文完成。语言障碍的突破，使得学员具备了跨文化传播能力。

学院组织另一项实习任务是编译战时英文周报《重庆新闻》（*The Chunking Reporter*）。这是一份四开的全英文报纸，每期 4 页，它既是

---

① 东南大学人文学院编：《东南大学文科百年纪行》，东南大学出版社 2003 年版，第 334 页。

新闻学院"学生实习的园地",也是陪都重庆公开发行的"唯一的英文报纸"①。该刊在创办之初,尚需外籍教授指导,但随着"教学设计的优良",后期报纸完全由学生独立承担编辑、访员、特写等任务,"这张报纸,编排优美,报道精彩,很快博得重庆读者的赞扬"。作为学生的"试验品",该刊前后发行了三年时间,"可以给学生以许多极感兴趣与兴奋的经验",其对学生的实务训练是"其他各处任何新闻学校出版物所没有的"②。《重庆新闻》是针对外国读者的国际宣传刊物,因身份特殊,其成为战时中国对外宣传的一个窗口。期刊的出版定位,"不是同别的报纸抢生意",而是面向"外国使节、军事人员、学者和政府官吏",报道中国抗战讯息。③ 它的国际新闻"主要报道各战场的军事新闻,包括太平洋战场、苏德战场",也刊发学生在赴滇缅战场采写的战地通讯,多次获得美国媒体转载,加强和拓展了中国战时对外宣传的渠道。

(四) 在育人中培养"求真"与"质疑"的新闻职业理想

重庆新闻学院在注重培养学生新闻宣传技能的同时,并未忽视对学生新闻理念与职业道德的锻造。学院创办者和领导者董显光多次指出,学院设立的初衷是"用西方的教学方法和新闻自由的观念来训练一些新闻作家"④。在办学中,尽管经费由中美双方提供,但董显光却享有"自由处理学院事务"的办学自主权,在有限范围内摆脱国民党的"严格控制"。办学中,学院强调新闻教育要以"育人"为本位。院长董显光颇有民主作风。他曾对学生说:"你们不是我的干部,我不属于任何派系……我只是为国家教育一批国际宣传人才,你们是我的学生。"⑤ 对国民党实行的"党化"教育方针有所抵触。

---

① 方汉奇、李矗主编:《中国新闻学之最》,新华出版社 2005 年版,第 364 页。

② 马大任:《回忆抗战时期的重庆新闻学院——并怀念国际宣传史上的一群小兵》,《传记文学》1998 年第 1 期。

③ 董显光:《董显光回忆录:为新闻自由而奋斗》,《报学杂志》1948 年第 1 卷第 5 期。

④ 同上。

⑤ 马大任:《回忆抗战时期的重庆新闻学院——并怀念国际宣传史上的一群小兵》,《传记文学》1998 年第 1 期。

在实践教学中，教员注重通过率身垂范来引导学生坚持新闻真实性。院长董显光指出，"新闻学院一项重要任务就是教导学生，对报道的忠实性……原则能具有高度的尊重"，"而这一方面的努力，大部应归功于美国教授"①。美方教员在学院教学中努力克服语言与文化的障碍，教学方式自由。教务长克罗斯教学认真严谨，他曾说："假如你不参加学生的工作，你怎么能指导他们工作的错误？"②他事必躬亲赢得了学生的尊重和信任。授课过程中，教师要求学生必须尊重和贯彻新闻真实性的原则，让学生懂得"空洞及徒事修饰之文字，并非合格报纸所需之最佳文字"③。院长董显光则在日常教学中，对学生的"质疑"给予理解包容。有一次，他在演讲中出现表述错误，被学生责问。他说，"接到学生如此坦白的意见，真感到有些惊异"，在旧时"教师和学监是极为学生敬畏的"，但他为了向学生灌输"民主精神"，当即"表示对他的意见非常欢迎"④。他甚至告诫学员，国际宣传要敢直面问题，"十条新闻中有九条是好的，一条是坏的，报纸的信誉就会提高，国际宣传的效果也会扩大"⑤，把"说实话"视为赢得国际尊重的前提和"达到宣传的目的"的有效手段。在注重事实的基础上，学院还引导学生注意把握战时宣传的内涵和特点，正确处理"保密、安全、士气、民心"的内在关系，妥善处理"国际宣传与新闻自由之间的矛盾"⑥。

三 "为国家教育一批国际宣传的人才"——重庆新闻学院的办学成果

对于重庆新闻学院的人才培养效果，董显光曾颇为自豪地说，战

---

① 马大任：《回忆抗战时期的重庆新闻学院——并怀念国际宣传史上的一群小兵》，《传记文学》1998 年第 1 期。

② 《新闻事业的新摇篮——记中政校新闻学院》，《中央日报》1943 年 11 月 5 日。

③ 《中央日报》，1946 年 5 月 27 日。

④ 马大任：《回忆抗战时期的重庆新闻学院——并怀念国际宣传史上的一群小兵》，《传记文学》1998 年第 1 期。

⑤ 同上。

⑥ 同上。

时"物价暴涨……我在政府工作"的同时，还要"负责 30 个学生及对中国完全陌生的 4 位教师"，这是"一份沉重的担子"。但两批学生毕业后，"我便感到十分丰厚的报偿了"。从 1943—1945 年，重庆新闻学院适应战时需要，采取了有针对性的人才培养模式，极为高效地为战时中国培养了 57 名宣传人才。[①] 由于学生综合能力强，加之采取了"国际化"的培养方式，使得其毕业生大多被美国普林斯顿大学、康奈尔大学、密苏里大学等名校录取为研究生继续深造。1949 年前哥伦比亚大学新闻学院招收的 28 名中国留学生中，即有 10 人出自该学院。

如果进一步追踪该学院毕业生的职业选择和专业表现，则更进一步证明了重庆新闻学院培养"高级国际宣传人才"的目标取得了成功。已经毕业的 57 名学生大多能学以致用，他们或投身新闻界成为职业报人；或投身政界担任对外宣传机构负责人；或置身科研机构从事与对外传播相关的教学及研究工作；即使日后改行从事其他职业，也多能在各自的岗位有不俗的表现。在这些人中，有战后台湾第一份英文报纸《中国邮报（英文）》的创办者，被誉为台湾第一女报人的余梦燕；[②] 有第一批回到中华人民共和国的海外新闻学留学生王作民，1949 年她从密苏里大学新闻学院辗转归国，先后在新闻总署国际新闻局、《北京周刊》从事外宣工作，编译稿件逾一千万字，其撰写的《美国万花筒》被誉为"新中国诞生以来第一部长篇访美游记"[③]；有中国对外传播学研究的拓荒者段连成，20 世纪 80 年代他撰写的《对外传播学初探》，被誉为"我国对外传播理论建设的第一块基石"；有中华人民共和国最早提出重视"新闻价值"意义的莫如俭；有中国第一代海洋法研究专家张鸿增；有中国第一代版权专家汪衡；而其

---

① 邓绍根：《论哥伦比亚大学新闻学院与民国新闻界的交流合作及其影响》，《新闻与传播研究》2014 年第 12 期。

② 崔之清：《当代台湾人物辞典》，河南人民出版社 1994 年版，第 355 页。

③ 徐惟诚：《徐惟诚文集》第 11 卷《杂文》（上册），商务印书馆 2015 年版，第 473 页。

他新闻学院学员也均各有所成，部分情况参见下表 6 - 2①：

表 6 - 2   新闻学院学生毕业去向

姓名	毕业去向与成绩
池富仁	《密勒氏评论报》编辑，新华社驻外记者
彭瑞馥	联合国英文口译
王昌煦	全美华人协会秘书，其文章曾在 80 年代被《人民日报》刊载
李惠苓	外交官，联合国纽约总部秘书处工作长达 30 年
沈昌瑞	外交官，联合国秘书处翻译等职
周庆陶	曾任广西桂林师范学院英语系教授，法国巴黎第三、第八大学讲师等
葛思恩	上海《新闻日报》记者、编辑，上海社科院教授等
苏明璇	香港"大学服务中心"，该中心专为中外文化交流服务
王鸿钧	中国台湾政治大学新闻系教授、系主任
朱家恢	美国纽约州立大学弗雷多尼亚学院教授
周家骖	于北京外文出版社从事对外文化传播的翻译、审校工作
杨富森	华盛顿大学哲学博士，曾先后在美国匹斯堡大学东亚语文系教授
马大任	哥伦比亚大学、康奈尔大学等知名大学图书馆负责人
陈冬	著名史学家陈垣之女，从事图书馆管理工作
李士魁	美国普林斯顿大学东亚图书馆工作
黎洁泉	美国《洛杉矶时报》工作

　　董显光赞誉重庆新闻学院新闻教育是为"中国报界增加了 60 名男女报人的潜在力量，增加了 60 名为新闻事业而奋斗的人（实为 57 人）"②。而就这些学员毕业后的发展考察，其成绩显然超出了办学者当初的预期。这些学生学有所成，活跃于中外新闻、教育、法律、外交各个领域，为中华文化的传播和中外关系的沟通发挥了积极作用，这也从一个侧面说明其人才培养模式的成功。

---

　　① 马大任：《回忆抗战时期的重庆新闻学院——并怀念国际宣传史上的一群小兵》，《传记文学》1998 年第 1 期。
　　② 同上。

四 结语

对于重庆新闻学院的办学成绩，曾虚白曾颇为自豪地指出："我们认为教学的设计很恰当切适，教学的推进很圆满顺利，而学员等努力向学的情形也保证了我们预期目标之必可到大。"① 重庆新闻学院作为"应战时之需要而成立的新闻教育机构"，在极为艰苦的条件下为中国培育了一批新闻宣传人才，堪称是战时中国新闻教育与国家需要的一次成功接轨。

重庆新闻学院能取得如此成绩，除教学创新之外，还得益于所处时代与地域的特殊性。报人刘光炎指出，战时重庆身为中国对外宣传活动的中心城市，为新闻教育提供了良好的外部环境。尽管战时中国新闻"人才不多"，"但平、津、沪、汉、港、粤乃至海外办报的好手，差不多都集中在重庆"。所以"当时的学生"在这里学新闻"真是享受"②。此外，国难之际人才奇缺，导致战时各新闻机构用人"胸襟开展，只觉大地开阔，只愁没有人，尽量训练新人才，尽量提拔后进"③，这为青年学子脱颖而出营造了机会与空间。

重庆新闻学院教育实践实际代表着中国新闻教育从"平时模式"向"战时模式"的务实性转换。这种"战时模式"的特征，是通过国际合作实现师资配备、课程设置、培养方式的优化，为战时中国速成培养实践型新闻宣传人才。这种新闻教育模式的转换，既是时局所迫亦是国家所需，显示了战时中国新闻教育以救亡为己任，自觉服务于抗战需要的责任意识。

重庆新闻学院完全着眼于战时需要，短期速成式的人才培养，是以学生自身综合素质为前提，以牺牲新闻学术研究为代价的。随着抗日战争接近尾声，这种偏重实践培养、忽视学术研究的趋向，显然难

---

① 曾虚白：《中政新闻学院之产生及其未来》，《中国新闻学会年刊》1944 年第 2 期。

② 刘光炎：《抗战时期大后方新闻界追忆》，《中国新闻史》，新闻研究所 1977 年版，第 405 页。

③ 同上。

以满足战后中国对新闻教育的更高需求。对此，曾虚白亦有清醒认识，他在学院未来规划中曾提出，今后学院应朝着"研究所"的方向建设，一方面保持"现在的作风"，一方面要"选取专题作精深的纯学术的研究"，实现新闻研究与技能培养的均衡发展，这似乎预示着中国新闻教育已开始准备从战时状态向战后重建之路的回归。但遗憾的是，这一设想终因时局动荡和学院的停办而未能实现。

第七章

中国近代新闻史视野下的黎昔非与《独立评论》周刊

——兼论学人论政期刊的经营特色

　　《独立评论》是 20 世纪 30 年代以胡适为代表的自由主义学者创办的政论性刊物。该刊从 1932—1937 年共刊行 244 期，在中国舆论界和思想界产生过巨大影响。《独立评论》的成功发行，为胡适等自由知识分子赢得了极高的声誉，成就了其"自由主义思想代言人的最高成就"①。作为 30 年代国难时期的"中心"刊物，《独立评论》曾一度成为学界研究的"热点"，但既有研究主要围绕《独立评论》与胡适派自由知识分子的政治视角展开，② 从"新闻本体"或出版经营视角探讨该刊的经营理念与特色的成果尚不多见。笔者试以此为视角重新审视《独立评论》的出版与经营特色，并进一步探讨其经理人黎昔非对该刊的独特贡献，通过探讨其成功的内在因素，为人们重新认识近代中国学人政论期刊提供新的角度与思维。

一　《独立评论》与 30 年代中国学人论政刊物的勃兴

　　胡适曾将 30 年代中国新闻报刊业称为"小册子的黄金时代"。20

---

　　① ［美］格里德：《胡适与中国的文艺复兴》，鲁奇译，江苏人民出版社 1996 年版，第 267 页。

　　② 笔者注：目前对《独立评论》的研究成果主要集中于政治史范畴，其集中研究议题主要有对日态度、民主思想、民族主义等，均有相关论文或专著，笔者限于篇幅不一一赘述。

世纪 30 年代，随着抗日救亡运动的开展，中国思想文化界又一次迎来了思想的活跃期。这一时期，知识分子群体多借助报章传媒的力量，拓展"论述空间"。他们的政治分野明显且流派纷繁复杂，形成了特色鲜明的言论阵地。其中较有代表性的有以北方自由知识分子胡适为代表的《独立评论》知识分子群体；有以邹韬奋为代表的《生活周刊》知识分子群体；还有以南方中央大学国民党学人主办的《时代公论》为代表的群体等。在学人论政的推动下，30 年代中国出现了一股声势浩大的杂志兴办热潮。胡道静曾这样形容 30 年代杂志出版的盛况："报纸上的巨幅杂志广告每天刺激着读者的神经，许多的书店里也专开着杂志部，搜集全国重要的定期刊物……爱看杂志的人每天走过书店，更像有要公似的必往杂志部去浏览那像万花镜般陈列着的新刊物，杂志在中国被编辑者、出版者、发卖者、读者一致热烈拥护着迅速地发展。"①

在学人论政的因素之外，30 年代政论杂志兴办热潮出现与新闻出版业自身的进步亦不无关系。自近代以来，中国的报纸和期刊缺乏明显的分野。报纸和刊物常被混为一谈，相提并论。例如清末最有实力的《民报》虽名为报纸，实为每月发行。梁启超的《新民丛报》则是每半月刊行一次，而《国粹学报》则是名副其实的月刊。到"五四"运动时期，在中国思想界发挥影响力者大多仍为刊物，如《新青年》《新潮》《每周评论》等，皆是当时杂志中的翘楚，兼有报纸的风格与特色。但这种报刊不分的现象到 1926 年以后已经发生改变。这一时期报纸和期刊已开始分道扬镳，日报借助电讯和新闻以快捷的传输赢得市场和受众，而杂志则突出其思想性和专门性的特长，报纸与杂志之间开始泾渭分明，"渐相远异"②。

30 年代杂志的崛起，还得益于中国政局的多变与鲜明的南北地域差异。北洋政府时期，中国新闻出版业的中心是北京和上海，两者各有特点与优势。上海是全国经济的枢纽，商业发达，故以商业报刊

---

① 胡道静：《1933 年上海的杂志界》，载宋原放主编《中国出版史料》第 1 卷，山东教育出版社 2001 年版，第 350 页。

② 章丹枫：《近百年中国报纸之发展及趋势》，开明书局 1942 年版，第 43 页。

闻名于世，其"广告收入，岁入百万，营业赖以独立"。加之"去都（指首都）较远"且大量报刊"群聚租界"，所以"未受政治之影响"，尽管其"政治记载稍逊北京，而经济信息却远为北京所不及"。1926年国民政府定都南京，中国新闻业的格局发生改变。"自国都南迁，政治南来，舆论北去……北京原为近数百年之首府，政治新闻纸发源地，以人才论为全国各地之最，故报馆、通讯社林立"，加之报刊"编制素精，销路尚佳"。政治中心的南移，使北京报刊业在言论上摆脱了政治掣肘，因此其舆论更多了些锋芒与"气骨"，一时为知识分子所看重。

　　"九·一八"事变后，抗日救亡运动席卷全国，再次推动了知识分子创办报刊的热潮，《独立评论》遂应运而生。据陈之迈回忆，"九·一八"后一批对时局主张相似的知识分子常在胡适家中聚会，"讨论国家和世界的形势"，逐渐形成了固定的群体。胡适也说："当时北平城里和清华园的一些朋友常常在我家里或在欧美同学会里聚会，讨论国家和世界的形势，就有人发起要办一个刊物，来说说一般人不肯说或不敢说的老实话。"① 蒋廷黻回忆称："在清华俱乐部举行的一次晚餐，当日出席的有胡适、丁文江、傅斯年、陶孟和、任鸿隽、任夫人陈衡哲、张奚若和吴宪。席间曾讨论知识分子在国难时期所能尽的责任问题，我提议办一个周刊，讨论并提出中国所面对的问题。"② 由此可知，在1932年2—3月间的一次聚餐会上，蒋廷黻提议创办一个刊物，得到与会学人的赞同。毫无疑问，《独立评论》是国难刺激的结果，是知识分子忧国忧民、为国尽责的产物。有学者指出："自'九·一八'事变以来新兴的政论杂志，又很不少。《时代公论》《独立评论》《鞭策》《再生》，以及其他好多周刊，都生气勃勃地起来批评政府，鼓励民心，是国民党执政以来的一个言论热烈的时期。"③《独立评论》创办虽具有一定偶然性，但其背后却是知识分

---

　　① 胡适：《丁文江的传记》，《胡适文集》（7），北京大学出版社1998年版，第501页。
　　② 蒋廷黻：《蒋廷黻回忆录》，岳麓书社2003年版，第144页。
　　③ 毕树棠：《中国的杂志界》，《独立评论》1933年第64号。

子要求救国与参政的迫切需要。

《独立评论》创办之初，丁文江提议每人每月捐助收入的百分之五，[①] 捐款总数不得少于 800 元作为办刊的启动资金，得到了与会学人的同意。1932 年 3 月间，《独立评论》社正式成立，胡适物色北大文学院研究生黎昔非担任经理人。其经营成员组成和分工如表 7-1：

表 7-1　　　　　　《独立评论》社经营成员组成和分工

发行人	黎昔非（北大研究生）
主　编	胡适（社员）
助　编	丁文江（社员）、蒋廷黻（社员）
会　计	竹垚生（浙江兴业银行北平支行经理）
校　对	黎昔非

1932 年 5 月，《独立评论》对外发行，很快就引起全国杂志界的关注。有人曾指出，当时全国出版杂志近 400 种，但能经严格甄别，颇具水准的刊物却为数甚少，《独立评论》发行后很快以其卓然独立的政论风格和高质量的出版发行在期刊界独树一帜。[②]

二　《独立评论》的发行特点与成功经营

《独立评论》刊行后，迅速成为"全国用公心讨论政治社会问题的公共刊物"[③]，到 1937 年 7 月终刊前，该刊总共发行 244 期，取得良好的社会效益和经济效益，在该刊存在的五年多时间里，它逐渐形成了作为学人论政杂志所呈现出的内在特质。

（一）发行量大

《独立评论》创刊后，发行量即不断攀升。从《独立评论》封面

---

① 蒋廷黻：《蒋廷黻回忆录》，岳麓书社 2003 年版，第 145 页。
② 赖光临：《中国近代报人与报业》，台湾商务印书馆 1979 年版，第 646 页。
③ 胡适：《〈独立评论〉的四周年》，《独立评论》第 201 号。

下方的代办销售处可知，独立评论社采取间接发行方式，即利用全国各地书店、报社或发行所代为销售。这样既省去了直接发行所需要的巨大资金投入，又手续简便，成本低廉。从该刊刊登的代售点来看，《独立评论》在全国有 48 个寄售处和代订处，遍及山东、辽宁、绥远、贵州、重庆、甘肃、广东、广西等地，业已形成了遍及全国的销售网络。

《独立评论》发行后，销量即不断增长。蒋廷黻回忆说，创刊第一期发行了"两千本"，到第二期上升到"三千本"。一年后发行量达到"八千本"，两年之内又升到了"一万五千本"①。胡适在《独立评论》三周年纪念号上，对《独立评论》的发行业绩颇感自豪。他说："关于销路这一层……我在第一百五十一号曾提到我们有七千个读者，我现在可以说我们有一万三千个读者了。这一年之中销路增加到一倍，其中有好几期都曾再版，这是我们最感觉高兴的。"② 作为一本政论刊物能有如此销量，在当时报刊界实不多见。20 年代末，北平很多报刊尚未形成"营业化"规模。据蒋国珍统计，当时北京大张报纸如《益世报》《晨报》《顺天时报》发行量仅数千至一两万份，而其他报纸销量大多维持在一千份上下。③ 30 年代北京报业销量虽有所增长，但大报如《北平晨报》《世界日报》每日发行也仅三四千份，小报如《京报》《益世报》，每日只有两千左右。④ 值得注意的是，《独立评论》作为一个文人自办的论政刊物，其宗旨"不是以渔利为目的，以趋时为能事的'书店杂志'，所以不重视企业式的组织和经营"⑤。尽管如此，该刊发行量仍能超越北平地区的一些日报，这足说明读者对它的厚爱与销售发行的成功。

---

① 蒋廷黻：《蒋廷黻回忆录》，岳麓书社 2003 年版，第 145 页。
② 胡适：《〈独立评论〉的四周年》，《独立评论》第 201 号。
③ 蒋国珍：《中国新闻发达史》，上海世界书局 1927 年版，第 56 页。
④ 王国华：《三十年代初北平的出版业》，《北京出版史志》第 4 辑，北京出版社 1994 年版，第 65 页。
⑤ 邵铭煌：《抗战前北方学人与〈独立评论〉》，硕士学位论文，台湾政治大学，1979 年，第 27 页。

（二）售价低廉，经营成本低，经济效益良好

《独立评论》的售价十分低廉，其每期定价仅 4 分钱，全年出五十期，连邮费在内仅 1 元 6 角。尽管售价低廉，但因发行量大，很快成为当时经济效益颇为不错的政论刊物。此外，该刊的运行成本也比较低，《独立评论》不为文章作者提供稿酬，胡适等人为该社工作均不拿稿酬和薪水。全社除纸张、油墨和房租等必需支出外，仅黎昔非一人以"发行人"名义而完成所有社务工作，月俸 40 元左右，其他一切支出全部精简，从而使《独立评论》的经营成本始终维持在较低水平，从而保证了该刊尽管售价低廉，但仍有一定利润空间，比较从容地维持出刊。

《独立评论》最初的经费来源为社员的捐款，随着发行量的扩大，不但不需要社员的捐款，还有盈余。蒋廷黻说："半年后已无需继续捐助，可以自力更生了。"胡适也说，"后来刊物销路增加了"，社员的"捐款减到千分之二五"，出版两年后捐款"完全停止"[1]。据后期负责财务的陈晋祺回忆："《独立评论》销路日广，银行存款约七八千元。"[2] 曾有学者考证，20 年代末北京大学教授工资最高级别为月俸 280 元，约合人民币 1.2 万元。[3] 由此推算当时七八千元的存款约合人民币 30 多万元，这在当时无疑是一笔巨款。另据陈之迈回忆说："整个刊物刊行不久，销路便遍及全国，售价收入已足维持，不但社员不必继续捐助，而且略有盈余。"随着经营状况的改善，有人曾提议为刊稿作者支付"稿费"，但"大家都不赞成，胡先生反对尤为坚决"[4]。财务状况的改善，使得该刊不但摆脱了出版时期的窘境，甚至能有所"创收"，但尽管如此胡适等人依然保持了一切从简的经营作风，无意扩大经营或增加该刊的经济投入。

---

[1]　胡适：《丁文江的传记》，台北远流出版公司 1986 年版，第 137 页。

[2]　陈晋祺：《我与〈独立评论〉的关系》，载黎虎《黎昔非与〈独立评论〉》，学苑出版社 2002 年版，第 44 页。

[3]　李劭南：《当代北京理财史话》，当代中国出版社 2010 年版。

[4]　陈之迈：《蒋廷黻的志业与生平》，台北传记文学出版社 1967 年版，第 25—26 页。

（三）鲜明的人文气息与拒绝商业侵蚀

作为一份学人自办的周刊，《独立评论》从创刊伊始，就追求一种"独立"的风格，呈现出鲜明的人文气息。《独立评论》拒绝刊登"应时"文章，始终坚持立言"无所苟"的政论态度。作者来稿一律要求注明真实的姓名，否则不予发表，以示文责自负。该刊明确规定，"不刊登知名之士请托的稿件"，所登稿件也一律不给稿酬。胡道静曾指出当时尽管杂志众多，但"纯粹个人办的杂志，经费是很大的问题"①，故很多杂志为了维持经营不得不千方百计招揽广告，以维持经营。但《独立评论》为了能够实现言论立场的客观公正，明确拒绝除任何社员之外的捐款和赞助，甚至拒绝商业广告的过度侵蚀。纵观《独立评论》，看不到烟、酒、药品，甚至日用品的广告。而诸如商务印书馆的《四部丛刊》《北平晨报》《食货》《学风》《正风》《昙华》这些书讯、政论和人文杂志的广告却能经常出现在该刊中。这种对商业广告近乎苛刻的选择态度无疑与其政论杂志的人文气质十分相吻。

（四）深受读者喜爱

《独立评论》的读者群体主要以知识分子为主。在发行初期，由于印数有限，阅读群体多为知识分子。到后期，《独立评论》已经拥有广泛的读者群体，影响日益扩大。在南方，《独立评论》也有一定的知名度。一位南京中央政治学校的学生说在他们的学校，"最普遍的刊物恐怕就是《独立评论》了"。陶希圣也说："他在江南的一个城市和朋友谈到《独立评论》，那个朋友说道：这一带很有些人喜欢《独立评论》。"何兆武在回忆青年时期阅读生活时，提到《独立评论》是其经常阅读的刊物之一。②蒋廷黻曾对《独立评论》的读者有过分析，他说："《独立评论》的读者大部分都是大

---

① 胡道静：《1933年上海的杂志界》，载宋原放主编《中国出版史料》第1卷，山东教育出版社2001年版，第350页。

② 何兆武：《上学记》，生活·读书·新知三联书店2006年版，第55页。

学生，其次是公务员，再次是开明商人。令我感到意外的是许多青年军官也一直看《独立评论》。"阅读群体的扩大，进一步增加了《独立评论》对于舆论的影响。《独立评论》还比较重视与读者的沟通与互动。在每期的结尾，都有胡适亲自撰写的"编辑后记"，成为一个与读者沟通的窗口。有时胡适会介绍作者的身份或文章要旨；有时亦会借题发挥，进一步抒发正文中所未见的个人见解；有时胡适会设置议题，引导读者投稿讨论，这一栏目成为胡适与读者沟通和联系的纽带。

（五）重视稿件的编辑和校对

胡适在《独立评论》的编辑上，着实下了一番功夫。在篇幅上，该刊每期刊登5—6篇文章，逢创刊周年或纪念重大事件和人物时，篇幅会增加到12—18篇文章。一般前两篇文章为独立评论社社员来稿，后几篇为社会稿件。在文风上，《独立评论》的文章多以写实风格为主，文字言简意赅，通俗易懂，颇具纪实性。在题材上，以政论文为主，兼有少量杂文、小说、译文、纪实文学、书评等。作为政论周刊，该刊在文章的选题上注重时效性，讨论的问题多是近期国内外政治、外交的重大问题。

胡适曾回忆说："星期一我向来因独立报事终日不出门也不见客……冬秀甚怪我不应该糟蹋身体，我对她说：'我七天之中，把一天的时间送给《独立评论》不能说是作了什么有益的事，但心里总觉得这一天，是我尽了一点公民的义务的一天。所以我每到两三点钟上床时，心里总觉得很好过，若是那一天作了比较满意的文章，心里更快活了'。"[①] 与此相匹配，《独立评论》的校对主要由"发行人"黎昔非负责，因为他工作认真负责，该刊"印出来是极少有错字的"[②]，从而保证了刊物的质量。

---

① 《1934年5月28日》，载曹伯言整理《胡适日记全编》（6），安徽教育出版社2001年版，第497页。

② 林钧南：《忆昔非兄与〈独立评论〉》，载黎虎主编《黎昔非与〈独立评论〉》，学苑出版社2002年版，第63页。

三　黎昔非对《独立评论》的贡献与牺牲

　　《独立评论》之所以能成功发行五年，并形成鲜明的风格与特色，这得益于其背后的发行人黎昔非的出色工作。黎昔非1902年生于广东兴宁，青年时代先后在上海持志大学、中国公学大学部学习。1931年春，黎昔非考取了北京大学研究院研究生，导师为国学家黄节，并确立以《诗经》为研究方向。此时，适逢胡适任北大文学院院长，两人再一次建立师生关系。在1931年3、4月的《胡适日记》中，他曾提及黎昔非，"见客：刘盼遂、黎昔非、徐凌霄、徐一士……黎君（黎昔非）欲作《诗经学史》，拟一细目来问我，我为他谈汉儒所以曲说《诗经》。此种曲说都是合理化的趋势，不足为怪。"① 另据在胡适家中任家庭教师的罗尔纲回忆，当时能够"常到先生府上来的只有昔非和春晗两人"，"因为他们都是先生知道的学生，而且是好学的青年，所以我敢叫他们来"②。可见，当时胡适对黎昔非的印象不错，为日后邀请其参与《独立评论》的管理和经营工作埋下了"伏笔"。据黎昔非自己回忆："一天，胡适突然派人送来一函，要我到他家谈谈。第二天我去了，他说：'我们几个朋友打算办一种杂志，你可否替我帮忙一下，房子已经租好了，你可搬到那里去。'我答应了……"此后黎昔非便成为《独立评论》的专职"经理人"，在他的打理经营下，《独立评论》发行质量不断提高，最终成为一份知名刊物。

（一）出色的期刊经理人

　　晚清报刊发展至民国，已形成了较为完善、成熟的经营模式。大凡近代成功的报刊，虽规模各异，但大体上都有良好的团队作为支撑。优秀的编辑加上出色的经理人是报刊良性运作的基础，而各系统部门相互关联、密切配合，则成为各报刊在激烈竞争中立于不败之地

---

①　曹伯言整理：《胡适日记全编》（6），安徽教育出版社2001年版，第89页。

②　罗尔纲：《致胡适的书简》，春晗即吴晗，载黎虎主编《黎昔非与〈独立评论〉》，学苑出版社2002年版，第31页。

的保证。以 20 世纪 20 年代的《新闻报》为例，其组织结构大致分为营业部、编辑部、服务部和发行部，在各部门之下还设分部各司其职。① 就经营和发行而言，民国时期各个报刊都十分重视经理人的作用，把报刊的经营和发行提升到与编辑同等重要的地位。而报刊的发行更是复杂，为了保证报刊的发行量，"直接订阅者本埠由馆中派人专送，外埠则由邮局寄递，间接订购者本埠由报贩批购，外埠由分馆代派处代发"②。戈公振说"一个大报馆，仿佛是将大学校、银行和印刷三者合而为一"③ 可见当时维持一个报刊机构的运作是绝非一人之力所能完成的。尽管有些报刊在发行之初会因"无利可图所以规模是愈小愈好"，有时也会出现一人兼任主笔、经理人、访员，负责招揽广告，发行报纸。但是一旦报纸销路渐开，大多会"延揽人才"，"增设设备扩大经营规模"。但《独立评论》作为学人自办的同人杂志显然缺乏扩大市场的商业野心，其发行的五年多时间里，始终只有黎昔非一人身兼经理人、发行人、营业部、服务部于一体，常年独立支撑该社的所有事务，为中国近代报刊史所仅见。

据罗尔纲回忆："那时《独立评论》已出版将两年了。……经理为黎昔非。从《独立评论》出版至抗日战争停刊时止，都是他主持排印、发行工作。我每星期去看他。他都很忙，从来没有工夫去玩。我就坐在他办公室里翻看那些交换来的乱七八杂的刊物。"④ 黎昔非以一人之力完成需要上述几个部门配合才能完成的工作，工作强度之高，可想而知。另据其好友和同乡林钧南⑤回忆："他（黎昔非）在搞《评论》除编辑以外的所有工作，如财务、校对、发行……创办初期只有昔非办公，另有工友老宋。胡适编好后，派人送给昔非，由昔非送至印刷所。然后经两次校对，才正式排印出版。……所以他是

---

① 戈公振：《中国报学史》，生活·读书·新知三联书店 1955 年版，第 199 页。
② 同上书，第 226 页。
③ 戈公振：《新闻学》，商务印书馆 1942 年版，第 16 页。
④ 罗尔纲：《师门五年记·胡适琐记》，生活·读书·新知三联书店 1998 年版，第 137 页。
⑤ 林钧南，1932—1937 年在北平求学，恰与《独立评论》相始终。作为黎昔非的同乡和同学两人关系密切，对黎昔非经办《独立评论》的情况深为熟悉。参见黎虎主编《黎昔非与〈独立评论〉》。

总其成，包括财务、校对、发行等在内"①。黎昔非自己也说："编辑多由胡适负责。……他们编好送我，我负责付印及校对，复校多由他们。印好后由我负责发行。"他的妻子何昕也回忆道：黎昔非"每天都到《独立评论》社上班，很忙，胡适把稿子编好后，由（黎昔非）他送印刷所，排出清样后……校对好送给胡适，胡适审查同意后再拿回送到印刷所，印好后由黎昔非负责发行，每周日都要往外送刊物"②。从黎昔非在当年日记中的描述可知，他除了"编辑"之外，要身兼多职，为《独立评论》"包办一切"。

实际上，在黎昔非经办《独立评论》的五年里绝非一帆风顺。时局和人事的动荡使得该刊常有停刊的风险。从外部环境而言，日本侵略者觊觎热河，威胁平津，人心惶惶，战争一触即发。而独立社内部撰稿人频繁流动，横生意外。1935 年独立社主要成员任鸿隽和陈衡哲离开北平南下四川，1936 年另一骨干丁文江考察中意外辞世，而胡适则杂事繁忙分身乏术，几乎无暇关照《独立评论》日常事务。尽管如此，黎昔非依然凭一己之力独撑该刊的经营与发行工作达 5 年之久，直至抗战全面爆发才最后离开。为此，胡适曾对黎昔非出色的工作予以充分的褒奖。在《独立评论》发行三周年的纪念号里，胡适称赞黎昔非是该刊"忠心的看护妇"③。在该刊四周年特刊中，胡适又再一次称赞黎昔非"勤勤恳恳的管理《独立评论》的发行，校对、印刷的事务。他们对于这个刊物的爱护和勤劳，常常给我们绝大的精神上的鼓舞。"④

（二）贻误学业与收入微薄

1930 年黎昔非从上海考入北京大学研究院的目的就是利用这里优越的学术条件，从事文学术研究，"在学术上搞出点成绩"。此前，他曾先后在《中国文学季刊》发表《〈采芑〉时代的质疑》和《唐以

---

① 黎虎主编：《黎昔非与〈独立评论〉》，学苑出版社 2002 年版，第 14 页。
② 同上书，第 671 页。胡适所承担的"末校"工作，在《独立评论》后期曾先后得到罗尔纲、章希吕的帮忙，世人常误认此二人为《独立评论》校对，即指此事。
③ 胡适：《又大了一岁》，《独立评论》第 151 号。
④ 胡适：《独立评论的四周年》，《独立评论》第 201 号，第 5 页。

前的七言诗》两篇论文，在学术道路上初露头角。1931 年他以优异成绩考入北大研究院后，即确定以《诗经》为研究方向。但是，《独立评论》杂志繁忙而琐碎的各种事务，却令其分身乏术，无暇关注自身学业。为此黎昔非曾颇为懊悔地说，"本来，我打算只干半年至一年，藉以维持生活，期完成自己的论文便罢了。没想到那种工作这么烦忙，有时候忙的连报纸都要到夜深才得闲来看"①，"这种杂志发行工作，最初我以为很简单，每天不用花几小时尽可应付，后来事实证明，它对于我的研究工作是有极大妨碍的。几次欲辞掉不干，终于为生活所关而未果"②。从中可见，《独立评论》的工作让黎昔非感到巨大的精神压力。一方是自己的学业，一方则是胡适作为老师的期盼和无人替代的发行所工作。在两难选择中，他曾几度试图离开《独立评论》社，全身心投入到学术研究中，但终因经不住胡适的劝说和无人接替其工作而作罢。③ 1937 年夏，胡适同意他的请辞，他准备被北京大学研究院聘为助理研究员。但"七七事变"打破了刚刚出现的希望，黎昔非因逃难与北大中断了联系，其间他将写作的《〈诗经〉研究》书稿丢失，最终未能如愿进入北大继续从事研究。

《独立评论》社务工作虽繁重，但黎昔非的工资却十分微薄。他的工资是"由胡先生酌定"的，最初为每月"三十多元工资"，后因黎昔非结婚生子，工资"增加了十元，每月四十多元"④，仅够维持基本生活。当时胡适在北大文学院院长的月俸为 600 元，尚不算其书稿的版税和稿酬。他聘罗尔纲任家庭教师每月即支付 80—100 元工资，而后到胡家工作的章希吕每月的收入也有 80 元工资，相比之下黎昔非的"待遇"可谓低廉。而从当时报刊行业通行的薪酬来看，多数报刊都成立有专门的经营部，设部长，"纯粹为商人性质，须干练，而长于会计，月薪百元左右"，经营部之下分设广告、代派、订

---

① 黎昔非：《自传·1951 年 7 月》，载黎虎主编《黎昔非与〈独立评论〉》，学苑出版社 2002 年版，第 16 页。

② 黎昔非：《自传·1958 年 4 月》，载黎虎主编《黎昔非与〈独立评论〉》，学苑出版社 2002 年版，第 470 页。

③ 黎虎主编：《黎昔非与〈独立评论〉》，学苑出版社 2002 年版，第 671 页。

④ 同上。

阅等业务，专人负责，"属于其下有专司广告者，有专司代派者，有专司订报者，有专司零售者……每人月薪30元"①。黎昔非经营《独立评论》虽身兼多职，但其收入并未水涨船高。值得注意的是，有研究者考证，《独立评论》创办之初吸收会员捐款已有3900余元，足够维持其日常运转。到第二年会员捐款已"完全停止"②。而后期负责独立评论社财务的陈晋祺也回忆"独立评论销路日广，银行存款约七八千元"③，可见，《独立评论》在黎昔非的经营下，发行量不断攀升，经营效益良好，该刊应有能力保证经理人有较高的收入，但黎昔非的薪金始终未见提高。他的友人回忆说，"昔非比较接近的就是胡适……我知道他当时很痛苦……薪水只有三四十元，又不够用"④。而此时胡适作为《独立评论》的领导者却未能体察黎昔非工作强度和生活上的困难，适当提高薪酬，显然有失公允。

（三）因《独立评论》而命运多舛

"七七事变"爆发后，《独立评论》最终停刊，黎昔非旋即失学失业离开北平逃难广东。出走前"《独立评论》社没有给他钱，他更没有向《独立评论》社要钱"⑤。当黎昔非一家避难至湖南衡阳时，钱粮告罄。幸有罗尔纲的资助，才得以回到广东兴宁。此后黎昔非留在当地当了七年中学教员。又经闻一多的介绍，到昆明国立中国医药研究所史地部工作，着手《本草纲目之本草产地考释》三卷的写作，但随后研究所被裁撤，黎再次失业。其间沈从文曾为其向朋友引荐，推荐工作："中公同事在此似不多。另有黎昔非兄，适之先生身边做过事，在此失业，不知兄能为寻一工作否？"⑥但无果而终。1944—

---

① 戈公振：《中国报学史》，生活·读书·新知三联书店1955年版，第245页。

② 胡适：《丁文江的传记》，台北远流出版公司1986年版，第137页。

③ 陈晋祺：《我与〈独立评论〉的关系》，载黎虎主编《黎昔非与〈独立评论〉》，学苑出版社2002年版，第44页。

④ 丁白清：《黎昔非学友二三事》，载黎虎主编《黎昔非与〈独立评论〉》，学苑出版社2002年版，第46页。

⑤ 黎虎主编：《黎昔非与〈独立评论〉》，学苑出版社2002年版，第671页。

⑥ 社科院近代史所中华民国史组编：《沈从文致钟惸》，《胡适来往书信选》，中华书局1980年版，第538页。

1945 年，走投无路的黎昔非曾先后三次给胡适去信，希望胡念及师生之情，证明其在北大的求学经历，信中说："生之注册等件，已遗在平，此间又无当年熟识师长可代证明。窃念吾师知生最悉，爱生最深……同时亦只有吾师片言可以使他们深信不疑，敬乞，赐示几行，俾持以请发修业证明，此关系于生非常重要……谅必俯允所求吧。"[1]黎昔非的这一请求，就公事而论，其确曾在北大研究院攻读过研究生学业，受过专业的文史训练，胡适作为学界泰斗，为其做个证明，甚至介绍他到一个人尽其材的地方工作乃举手之劳。于私情而言，黎昔非与胡适曾有师生关系，黎昔非为《独立评论》刊行做出了巨大的贡献和个人牺牲，因此贻误学业，胡适如念及这一情感，也理当本着对学生负责的态度对黎昔非有所关心。但不知何故，一向"热心"的胡适却对黎昔非的请求置之不理。最终，黎昔非错过了铨叙部的教师资格审查，未能取得大学教员资格。随后其供职的中医药研究所停办，黎昔非再次失业，彻底失去其跻身高等教育殿堂的机会。1949年后，黎昔非因与胡适的"关系"，及参与《独立评论》工作，在"文化大革命"期间被打成"三家村黑帮""反革命分子"，遭受不公正待遇，三年后含冤辞世，身世可谓悲惨。

四　结语

《独立评论》的巨大成功与黎昔非的人生落寞似乎形成了鲜明对比。历史当事人胡适在对《独立评论》的回忆中，似乎有意淡忘了黎昔非的存在，以至于后人研究《独立评论》时，对黎昔非对该刊的贡献懵然不明。但事实是，20 世纪 30 年代《独立评论》并不具备一份成功刊物的要素。该刊拒绝商业侵蚀，始终坚持严肃的议政风格，售价低廉，缺乏拓展市场的目标和野心。正是黎昔非的经营、支撑与付出，将这些不利的因素转化为成功的动力和市场竞争的优势。显然，这是 20 世纪 30 年代其他报刊所不具备或不完全具备的独特的有利条件。黎昔非为《独立评论》做出了巨大的个人牺牲，赢得了

---

[1]　黎虎主编：《黎昔非与〈独立评论〉》，学苑出版社 2002 年版，第 22 页。

读者的信赖与尊重，最终成就了该刊成为近代中国政论杂志的经典之作。而反观胡适在领导《独立评论》周刊的过程中，并未对黎昔非的工作有所"关照"与"善待"，于私而言罔顾了黎昔非与他的师生情谊，于公而论也违背了20世纪30年代报刊运作的普遍规范。

第八章

中国早期新闻学术期刊的出版
境遇与学术探索

——以民初《新闻学刊》为中心考察

　　戈公振曾言"一国学术之盛衰，可于其杂志之多寡而知之"①。以学术化视角探讨中国近代新闻学的兴创，新闻事业的勃兴固然是其核心、然学科教育的创立，社群组织的汇聚，尤其是新闻学术期刊的发行，理应成为考察中国早期新闻学成长不可忽略的面向。作为新型传播媒介，学术期刊为中国新闻学人搭建了学术对话的"知识场域"，是中国新闻学术成长最为重要的学术推手之一。中国新闻学期刊发展至今虽已近百年，然学界对于中国新闻学术期刊史的研究尚局限于一般知识性梳理②，多未能将中国现代新闻学术期刊与中国早期新闻学术发展之间的内在关系，进行微观研究。中国新闻学术期刊在早期创办过程中经历了怎样的艰难境遇？作为新兴传播媒介新闻学术

---

　　① 戈公振：《中国报学史》，上海古籍出版社 2014 年版，第 143 页。

　　② 有关中国新闻学术期刊研究，早期相关成果有朱传誉《中国的新闻学刊物》(《中国新闻事业研究论集》，台湾商务印书馆 1988 年版）一文；刘家林《我国现代新闻学研究刊物及专版简介》(《新闻研究资料》，中国社会科学出版社 1990 年版）。已有研究多从宏观视野，以时间为脉络，梳理新闻学术期刊基本情况。近年来有学者重视新闻学术期刊在新闻学术传播中的作用，研究有所深入，代表成果如李秀云《中国新闻学术史（1834—1949）》（新华出版社 2004 年版）中部分内容及邓绍根对《新闻周刊》的研究。此外，对于《新闻学刊》研究，有李频《大众期刊运作》(中国大百科全书出版社 2003 年版）中一节及张振亭《大众化与专业化：黄天鹏新闻思想及实践研究》(江西人民出版社 2014 年版）等，但囿于视角和篇幅及史料的限制，对于中国近代新闻学术期刊研究，仍有待进一步深入。

期刊对于近代中国新闻学术的建立与发展究竟产生了何种作用与影响？对于这些重要问题，学界已有成果尚付阙如。

1927 年《新闻学刊》在北京创办，该刊被誉为"为我国斯学破天荒之刊物"[①]。作为中国早期新闻学术生产颇具拓荒意义的专业刊物，该刊以"研究新闻学术、发展新闻事业"为职志，拓展了新闻学科知识的传播路径，促成了 20 年代末中国新闻学术社群的生成，为中国现代新闻学研究与发展搭建了不可或缺的学术平台。在民初乱世中，《新闻学刊》克服各种困难坚持创办，它以问题为导向的研究取径，极具国际视野的办刊理念，坚持学术独立的期刊风格，成为早期新闻学术期刊的典范。本文以《新闻学刊》为中心，以该刊所保存的读者来信、编辑后记、笔谈为史料。以微观视角探讨中国现代新闻学术期刊的生存境遇及学术旨趣，揭示新闻学术期刊在中国新闻学走向专业化与学术化过程中所发挥的独特作用与学术价值，对于研究学术期刊与中国早期新闻学研究的内在关系具有重要的学术意义。

一 《新闻学刊》"为中国新闻界创一破天荒之刊物"

民国初年，随着中国报业的蓬勃发展，"国人重视报纸之心既起，于是研究新闻纸之学术的需求以生"，北京、天津、上海等地报学研究开始引起知识界的关注。1919 年北京大学新闻学研究会创办中国第一种新闻学刊物《新闻周刊》，此后一年北京平民大学出版《平大新闻系级刊》。上述两刊虽对报学问题研究多有涉猎，然其内容庞杂，新闻学术研究并非其刊物主旨，故方汉奇先生评价《新闻周刊》"是中国最早传播新闻学知识的业务刊物"，而非专业性的学术研究刊物。[②] 受"五四"运动的影响，《新闻周刊》和《平大新闻系级刊》

---

① 黄天鹏：《新书林故址题记》，《新闻学刊全集》，光新书局 1930 年影印版，第 378 页。

② 方汉奇主编：《中国新闻事业通史》（2），中国人民大学出版社 1996 年版，第 103 页。

"惜仅出数期，即因五四运动而停刊"①，终未能引发学界的关注。"五四"之后，学术期刊的创办裹足不前，新闻学研究长期处于无人问津的停滞状态，对此局面有学者痛陈：

> 吾国之有新闻事业，不过七十年间，报界饭碗政策相承，毫无进步可言……研究与讨论之机关，促发其进步者，尚无所设；专门学术之刊物，以作为记者之准绳者，亦付缺如。②

为改变这种局面，1926 年秋黄天鹏联合北京报界、学界同人筹办北京新闻学会，③ 提出"研究新闻学术，发展新闻事业"的宗旨，同时创办《新闻学刊》（笔者注：以下简称"学刊"），1927 年 2 月正式出版发行。作为中国早期创办的一份学术期刊，《新闻学刊》创办之初，明确提出"研究新闻学术""发展新闻事业"两大办刊使命，力图在关注中国新闻学术问题的同时，结合社会需求，破除行业弊病，走"经世致用"的办刊之路，引导和推动中国新闻事业的革新。此后，学刊又在第 1 卷第 3 期，进一步将两大宗旨提升为四个任务，即"本刊旨趣在唤起国人对 Journalism 之兴趣与注意，谋同业有研究与讨论之机关，以促进新闻事业之发展，期与国际同业，共臻世界大同"④。从宗旨上看，《新闻学刊》的核心理念是以新闻学研究为本位，开展创新性研究。此外，在原有学术性和实践性的基础上，《新闻学刊》又增加新闻学大众化与国际化两大任务，一方面引导受众关注新闻学，另一方面明确提出以国际性的学术视野关照中西，在学习西方先进新闻理念与学术的同时，与世界各国新闻业同行一起，为建立一个美好的世界而共同努力。从 1927 年年初创刊到 1928 年年末终刊，《新闻学刊》两年时间共发行八期，出版"增刊四号"，以

---

① 转引自邓绍根《北京大学新闻学研究会新闻周刊初探》，《福建师范大学学报》2009 年第 1 期。

② 半六：《海外双鱼》，《新闻学刊全集》，光新书局 1930 年影印版，第 414 页。

③ 朱传誉：《中国新闻事业研究论集》，台湾商务印书馆 1988 年版，第 181 页。

④ 《第二卷新闻学刊革新计划》，《新闻学刊》1927 年第 3 期。

其持论谨严，"力矫时弊"的态度，引领了这一时期新闻学研究的走向，问世以后，"颇荷读者赞许……为中国新闻学术第一种出版物"①，形成了鲜明的问题意识与研究特色。

二　《新闻学刊》与中国早期新闻学研究的学术探索

（一）构建中国早期新闻学研究的目标与框架

"五四"以降，中国新闻学研究虽有起步，但总体而言，学术成果的数量与质量仍落后于行业之发展，加之受"新闻无学"传统观念的影响，中国早期新闻学术研究"合法性"受到质疑，研究目标与路径更是模糊不清。为解决上述问题，《新闻学刊》自创刊后，先后刊登了黄天鹏的《新闻事业说略》《中国新闻界之鸟瞰》，王伯衡的《中国与报纸》，胡政之的《中国新闻事业》，鲍振青的《余之中国新闻事业观》等一系列对中国新闻事业做宏观性研究的论文。这些成果大多以学者个人经验与学术积累为基础，对中国新闻事业的历史与现状、阶段与规模、性质与趋势、问题与对策进行了大量全景式的论述与判断，力求厘清和确立对中国新闻事业已有的基本认识，引导并带动后续的研究者在这些基本判断之下，寻找具体研究问题。

在确立宏观研究的框架之外，《新闻学刊》亦引导和重视微观性问题的研究，其发表的一系列文章带有学术拓荒意义。这些论文包括：徐霄汉的《广告学与术》《新闻文学概论》，张一苇的《中国之广告术》，方宗鳌的《新闻纸与商业》，其内容涉及中国广告学的基本问题，新闻与文学之关系，新闻事业管理等问题，是中国较早涉足此领域的专业论文。此外，周孝庵在《新闻学上之精编主义》提出，新闻业界为适应信息量激增的社会环境，应当选择经济的新闻编辑原则与方法。汪怡则在《国语速记与新闻记录》中提出，从提升速记技巧入手，扩大新闻的"有效记录"，从而摆脱中国对外国新闻材料

---

① 黄黄：《周年漫话》，《新闻学刊全集》，光新书局1930年影印版，第369页。

的依赖。而徐彬彬的《新闻文学研究》结合报业实际，利用大量案例，详细阐释了中国新闻写作的特点与技巧。这些成果与论述都是结合中国新闻业具体环境，有的放矢地开展的针对性研究。

（二）重视新闻学资料的搜集、整理与新闻史研究

《新闻学刊》曾以读者来信的方式强调，"为探讨法术，需由调查入手，批评指示乃有所根据"①，早期中国新闻学研究的深入发展有赖于资料的积累与调查研究的展开，丰富的研究资料是开展学术工作的基础。早期中国新闻学研究起步较晚，相关材料十分匮乏。学刊为此系统整理了当时常见中外新闻书目，编辑《新闻学作品编目》《新闻学英文书目百种》刊登，为后续研究者按图索骥提供了极大的方便。除了文献的编目整理之外，学刊特别重视对新闻学人史料的搜集与整理。学刊创办之初，开辟了"新闻界名人小影"与"新闻界名人传略"两个固定栏目，专门对中外新闻界名人，"述其身世，行略，事业，轶闻等"并刊登其照片。在一卷1—4期中，学刊推介了十四位中外学者的生平、业界贡献与学术思想。从篇幅看，《新闻学刊》对黄远生、邵飘萍两位知名记者给予了特别关注，邵飘萍与黄远生不仅是民初知名记者，更在中国早期新闻学研究与实践上有颇多建树，两位记者都因反抗北洋军阀统治而遇害，其道德与文章足为新闻界之楷模。为纪念与弘扬两位新闻先贤的事迹，学刊先后刊登了汤修慧撰的《先夫子言行纪略》，吴贯因的《民国初元记者黄远生》《北京新闻学会远生纪忌祭文》《远生先生遗影及其生活之一般》等文章，通过"愿我先觉，有以教之"的方式达到"为后进模则"的教育目的，为报界树立了道德与操守的典范。

《新闻学刊》还对新闻学术经典进行了重刊与连载。徐宝璜的《新闻学概论》与邵飘萍的遗著《新闻事业篇》是中国早期新闻学研究的经典之作。早年徐宝璜的《新闻学概论》已曾刊世，但仍被学

---

① 天涯：《饷鸿》，《新闻学刊全集》，光新书局1930年影印版，第424页。

刊重新刊载。为此黄天鹏解释说："现存的长篇巨著，如徐彬彬《新闻文学之研究及广告学》，王伯衡先生写作《中国与新闻纸诸篇》，邵飘萍先生的遗著《新闻学类稿》，都是在新闻学有不朽的价值。"事实上，黄天鹏多次提及，他从事新闻学研究"最初的启蒙课本是徐宝璜先生的新闻学"，从此以后"我开始对新闻学有了模糊的印象"。他说："我个人的学派渊源，国立北京大学教授徐宝璜先生予我最大的影响。"① 重刊经典文献，不仅是希望读者能够以此为契机走上新闻研究之路，更是出于对徐宝璜和邵飘萍两位学者的敬重与怀念，带有新闻学术传承的意味。

《新闻学刊》重视对新闻史研究成果的引介，将其视为办刊的特色之一。黄天鹏曾提醒读者要重视新闻史研究论文，他说："报史研究文笔，各有特殊的风格是值得注意的。"② 在创刊号中即刊登戈公振对《察世俗每月统记传》专门研究《华文报纸之第一种》。此后亦刊登有王伯衡的《中国之西字报》，天庐的《官报史考》等论文。此外，之前提及对于新闻人物史迹的收集和研究，也是新闻史研究的重要内容。中国新闻史研究专家戈公振不仅是学刊的重要作者，更在人物专栏中对其学术成就给予了特别的介绍与推荐。

（三）用"他山之石"，融通中西

中国新闻学原是舶来之学，这决定了中国新闻学研究在其起步之初，就注重从海外吸收新闻学先进成果。黄天鹏曾指出"报界现状，不能兴盛，因陋就简，少足称道"，而解决"斯学未昌"的办法即用"他山之石，亦可攻玉"③。据笔者统计，《新闻学刊》2 卷前后共收录新闻学术类文章 50 余篇，其中有 15 篇是关于国际新闻事业的专文，占全部文章总数三分之一。其篇目见表 8 - 1 目录：

---

① 黄天鹏：《我从事新闻运动的经过》，《读书月刊》1931 年第 2 期。

② "校读后记"，《新闻学刊》1927 年第 2 期。

③ 黄天鹏：《日洲观报记序》，《新闻学刊全集》，光新书局 1930 年影印版，第 363 页。

表 8-1 《新闻学刊》国际新闻业文章一览

文章类别	文章题目	卷数	作者
世界新闻业介绍	《新世界与新闻界》	第1卷	李昭实
	《日本新闻界》	第1卷	邹宗孟
	《日本新闻纸之前提》	第1卷	鲍振青
	《苏联新闻事业》	第2卷	黄天鹏
	《美国初期新闻事业》	第2卷	周孝庵
	《世界通讯事业》	第2卷	黄天鹏
	《英美通讯社现状》	第2卷	祈伯文
	《外人在中国经营之通讯事业》	第2卷	黄天鹏
	《新闻事业与国际宣传》	第2卷	吴凯声
国际通讯	《国际新闻会议》	第1卷	半 六
	《世界新闻史灿烂之一叶——世界专家大会纪略》	第1卷	半 六
	《国际报界大会纪略》	第2卷	半 六
	《世界报章博览会概观》	第2卷	王一之
	《联盟会中之新闻记者》	第2卷	李昭实
其他	《威廉论新闻学》	第1卷	吴天放
	《新闻电费率与新闻检查法》	第2卷	戈公振

学刊尤为关注世界新闻业动态及中外学术交流活动,对国际新闻界大会、报界专家会议、世界报章博览会、国际拉丁报界大会、英国报界展览会等国际新闻界盛会进行了及时详细的追踪报道。为了加强对海外新闻业信息报道的时效性,学刊还特邀戈公振、鲍振青、夏奇峰、李昭实等为特约撰稿人,甚至提出未来在美洲、巴黎、南洋、日本,邀请"各国记者也从事约聘"①,设立常驻机构的设想。学刊对美国新闻教育家威廉博士的活动与学说进行了大量报道与推介。学刊创刊号开篇之作即刊登了吴天放撰文的《威廉论新闻学》,充分体现了学刊对这位新闻学名人的重视。对于威廉博士的推介意义,有读者

---

① 黄天鹏:《最末一页》,《新闻学刊》1928 年第 4 期。

心领神会。海外热心读者半六在来信中说："吾国新闻学术，甚属幼稚，人才亦少足言，似应多取法欧美。贵刊创刊号以威廉氏论新闻学冠首，或即此义欤。"① 1928 年，威廉参加泛太平洋新闻大会，途经上海访问，然国内业界、学界对此茫然无知，对此《新闻学刊》不无遗憾地说，"惜国人对于世界报界巨星，知之者鲜，故博士在沪，不能发挥其伟论及贡献我国报界"。为表达对威廉博士的重视，学刊在第四期"新闻界名人传略"专栏中特意登鲍振青撰文的《威廉博士之略历与信条》，对威廉博士新闻教育理念与贡献、《报人信条》的内容做了重点推介。

除了引荐西方先进的新闻学说理念外，《新闻学刊》还以"推广中国新闻学为事"，向世界传达中国报人参与世界新闻业的动态与心声。学刊第三期所刊《中国与报业（China and the press）》一文曾是王伯衡代表《申报》参加"万国报界大会"所做的演说。此后，学刊又全文刊登了戈公振在国际报界专家大会上的演说《新闻电费与新闻检查法》，全面阐述了中国新闻界对西方控制电信电报费用的立场。1928 年，德国科隆万国报纸博览会邀请各国新闻界参加，黄天鹏等人承担起筹备博览会"中国部"之责。他们征集了中国日报、报刊三百多种，将《新闻学刊》与木刻版《京报》等珍本作为展品向世界展示，这是中国新闻学术期刊在国际新闻界的首次展示，更成为"国际新闻学传入中国、中国新闻学融入世界的象征"②。

（四）《新闻学刊》对学术社群的凝聚

学刊作者群体以北京新闻学会为基础，其成员多为平津报界名宿及学界名流。这个学术团体的核心是《新闻学刊》的编辑团队，除黄天鹏外，还包括《京报》张一苇，《时代报》王一心，《申报》汪英宾、戈公振、赵君豪，北大教授徐伯轩，《时事新报》主笔赵叔雍等人。学刊提出建立"集合多数积有经验知识之人物，以时发

---

① 半六：《来鸿去雁》，《新闻学刊》1927 年第 3 期。
② 李频：《大众期刊运作》，中国大百科全书出版社 2003 年版，第 355 页。

表其意见"的"共同研究之机关"①。学刊外围是热心新闻学研究的专家学者，黄天鹏曾自豪地说，"能够长期撰稿的名家至少也在二三十位以上"②。优秀的作者群体是学刊研究水准的保证，《新闻学刊》"一面搜罗诸名记者之宏著"；另一方面则四处网罗"延约斯道专门人才，共从事于新闻学刊"，可谓"用心良苦，致力弥勤"。笔者粗略统计，《新闻学刊》发行的两年间，知名撰稿人已近30名，在表达共同期许的时候，他们常用"我们"做称谓，成员间带有强烈的自我认同与群体意识。《新闻学刊》成员之间亦师亦友，他们大多为平津报界的清流，接受过新式教育的熏陶或是有留学海外的教育背景，言行深受梁启超、徐宝璜、邵飘萍、黄远生等人影响。他们多有丰富的新闻实践经历，对新闻业的旧病沉疴有着切身体认，亦抱着改造中国新闻业的理想与共识，以《新闻学刊》为载体，形成了松散的学术社群。

值得注意的是，《新闻学刊》虽然有较为固定的作者群体，但并非排他的封闭社群，相反它具有很强的包容性和开放性。刊物作者并非仅限于学会成员，在该刊的征稿启事中明确提出，"论评，研究，调查，介绍，翻译，通讯均所欢迎"。作为一份学术性刊物，该刊十分重视与各界读者的互动和交流。学刊不定期设有"编校者言""校读后记""致本刊读者"等栏目，专门用于刊登读者来信及回复各种提问。这种开放平等的办刊风格，吸引和含纳社会各界人士参与新闻问题的讨论与研究，有上海"三大文妖"之一之称的张竞生，著名语言学家汪怡，国际法学家、外交史家周鲠生，留法博士吴凯声，作家冰心等人都曾与学刊结缘。其他领域名家的广泛参与带动了公众对新闻学的关注，最终促使《新闻学刊》成为"一种发表意见交换智识的小册子"，成为新闻学术讨论的公共平台。

---

① 徐彬彬：《发刊辞》，《新闻学刊》创刊号，1927 年第 1 期。
② "校读后记"，《新闻学刊》1927 年第 2 期。

三　"风飘雨摇之刊物"——《新闻学刊》的命运多舛与学术坚守

《新闻学刊》的创办时值北洋军阀统治末期,时局的激烈动荡加之天灾人祸,使《新闻学刊》在创办后时常面临各种险境与困局。1928 年《新闻学刊》创办一年之际,黄天鹏曾感慨学术期刊创办之艰难,"一年以来,感想万千",本应"例为颂语","然伤心人难为欢笑也……"作为一份纯学术刊物,《新闻学刊》读者群体十分有限,再加之刊物以学术自期,"不缘任何势力以自固,不受任何津贴一文钱",故在发行期间可谓步履维艰,命运多舛。

《新闻学刊》在创刊之初,遭受了北洋军阀的言论禁锢与书报检查。北洋统治末期,言禁政策加剧,残酷迫害新闻出版业。有报人形容北京舆论环境指出:"内乱频频,军阀横行,虎额残喘之下,报纸容易遭劫。"① 在文化禁锢政策下,《新闻学刊》的创办及经营亦遭到北洋政府的干扰。学刊创办期间,北洋政府以"整顿学风"为借口,强行关停了大量高校书店,学刊被强行没收,经济损失惨重。此外,《新闻学刊》创办之初,按例需送交北洋政府"检核",办理执照,但却无故遭受刁难几经拖延,导致学刊一度停刊,原本应按月发行的第三期,距上一期已过"整整半年的时光"。黄天鹏曾对学刊办理执照一事有过生动的描述:

> 第二期出版后,学会即正式向官厅立案,诚恐的恭呈进去,侯门深似海,一点消息也没有……此后可以依期出版,却不知道"会刊厅遵出版条例,另有呈报候示"。又再恭具呈禀,等到出版执照下来,早是秋凉的时候。我们感念创业的艰难,九死一生的

---

① 鲍振青:《余之中国新闻事业观》,《新闻全刊全集》,光新书局 1930 年影印版,第61 页。

挣扎。①

除了期刊被强制送审，延迟发行外，学刊发行期间，编辑团队还莫名遭受北洋军阀的牢狱之灾。1928年北京掀起"讨赤"之风，期刊负责人之一的张一苇"因为某项稿件得罪了当局"② 被捕，其他编辑人员受牵连，黄天鹏对此回忆如下：

> ……
>
> 发行《新闻学刊》以为鼓吹报业革命，宣传新闻学术的机关……不幸不知从哪里开罪了当局，受了查禁的逆祸，社友张一苇君被捕，我也被监视了几天，等到被放出来，便风飘云散了。③

《新闻学刊》曾用"铁窗风味""三日软监记"为题，影射表达了对北洋政府限制新闻自由，迫害报人的抗议，在"编辑后记"中学刊记载道：

> 这期稿件最令我们感概的是"铁窗风味"，这是我们的纪实，也是本刊的一个劫运……这种地狱还不如的监内生涯，天外飞来之莫须有奇罪，不能不感到凄凉的悲痛。④

其次，作为独立发行的学术刊物，《新闻学刊》始终面临书商的盘剥与发行压力。创刊初期，该刊设立"发行部"专门负责销售，创刊号销量达到预期，黄天鹏曾乐观认为，"销行之钜，颇多可喜"。然而，学刊从第二期后，"书生不善筹算"，以致"赔累不堪"。为扭转困境，编辑部试图将学刊转交书商代理，然书商要求获得版税的

---

① 黄天鹏（天庐）："编辑后记"，《新闻全刊全集》，光新书局1930年影印版，第404—405页。
② 有关此事的具体经过，因史料缺乏及作者的隐晦，具体事项不详。
③ 黄天鹏：《新闻记者生活的回顾》，《读书月刊》1931年第1卷第6期。
④ 黄天鹏（天庐）："编辑后记"，《新闻学刊全集》，光新书局1930年影印版，第407页。

25%，作为回扣，让学刊"替书贾发财，我们实在不愿意，便作罢论"。代理经营失败后，期刊只能"自办"。自办期间，编辑部成员奔走于北京九城书肆，推销刊物。但是书商虽答应代销，却不仅要求"特别折扣"，而且结账时推推诿诿，"只见书去，账却无下文，凭空出来许多麻烦"，要账时书商那种市侩的神气，常令黄天鹏等人感到无奈。黄氏好友张一苇，"讯其所苦"，愿"攘臂相助"，他联合其他作家与读者，创办新书林（即书局），全权接管了发行事宜，学刊销售逐步走上正轨。《新闻学刊》自营后成本大为降低，据黄天鹏回忆，《新闻学刊》每册成本仅4—5分钱，售价是一角，黄天鹏承认，学刊的经营"打打算盘也是有剩余价值的"。然而，好景不长，1927年夏刊物发行不久，其经营所在的都门劝业场发生火灾，学刊编辑部惨遭殃及，"经售处被付诸一炬"，损失惨重，天灾人祸的双重打击让起步之初的《新闻学刊》举步维艰。

在言论管控和发行压力之外，《新闻学刊》编辑部的人事变动频仍，这使学刊始终缺乏稳定的出版环境，难以定期连续出版，损失了大量读者。1927年，出狱之后的黄天鹏被迫离开北京，原本"所入颇足自给"的生活陷入"苦于不给"的窘迫境地，学刊因此一度停刊。同年夏末，黄天鹏在天津遇报人管翼贤，并一见如故，管氏热衷新闻学研究，此后学刊四、五期改在天津印刷出版。"皇姑屯事件"之后，黄天鹏受上海《申报》主笔陈景韩的邀请受聘该报，《新闻学刊》第六期起转至上海发行，由光华书店代理发行。因人员的辗转，学刊编辑工作曾几度搁浅，出刊时间有时后推达一年之久，直到黄天鹏定居上海后，学刊才将第2卷剩余三期完成，兑现了创刊之初一年一卷的承诺。回首学刊创办诸多辗转与艰辛，黄天鹏曾慨叹《新闻学刊》"溯创刊于古都，移于津门，终于上海"，学刊与他的人生命运一样"飘零"，他说两年办刊时光如有所受益的话，"弥信有一目标者，终必成功"[1]，使其更加坚信和执著于新闻学术的研究。

《新闻学刊》坚持新闻本位研究的专业理念，得到知识界的认可与支持，尤其是在读者中树立了良好的口碑。学刊创办之初就自信表

---

[1] 《二年以来》，《新闻学刊全集》，光新书局1930年影印版，第376页。

示"本刊量质两方面,定可以长足的进步"。发行之初,该刊采取赠阅打开市场销路的方式,其创刊号在京城知名学者、大学、报社、图书馆广为分发。此后,学刊呼吁读者采取直接订购的方式支持期刊发行。自营后,该刊在北京各大高校设立12处代销点,遍及清华、北大、朝大、法大、女师大、中法等高校,此举既降低了成本,也便于吸引青年读者的关注与购买。《新闻学刊》在发行之初,得到了读者的意外宠幸,获得了"新闻学唯一刊物"的赞誉。创刊号仅在国立北京政治大学即售出万册,编辑部不无兴奋地说,"此一学府而有若许读者,足证人士对本刊之欢迎"。学刊在发行的第一年,便得到"浓厚的注意和大多数的销路","每版一千、一千五不等,再版三版有殊,售出万册有奇"。除北京外,学刊发行后外埠订阅机构不断增多,其中包括"著名图书馆,若北京若东方(商务印书馆)若岭南;报馆若七十二行商报,若太原日报,若海外侨报",读者涉及"外人若日籍,若英籍,若美籍"等,发行数量和范围的扩大,显示出《新闻学刊》的影响力不断提升。读者的支持成为学刊发行最大动力,黄天鹏回忆说:"读者同情之函如雪片飞至,实兴奋之剂。"[①]1928年年末,第六期以后的《新闻学刊》随黄天鹏转移到上海出版,在光华书局的成功运作下,该刊销量较前多了数倍,声势之浩大,完全超出了黄天鹏的预期,学刊此时已"隐然成为新闻学术运动的中心刊物"。

《新闻学刊》能够在民国的乱世环境中,克服种种困难坚持发行两年之久,有赖于学人黄天鹏及其团队的不懈努力及其对新闻学术的坚守。黄天鹏多次称赞学刊发行中,张一苇与王一心两人的贡献:"民国十五年冬创办之意即定,一心一苇共襄其事。一心雅擅书翰,文章多出其手;一苇擘书周详,经营半赖其劳,而指导者凌霄汉阁红叶山房诸丈之功也。"在学刊出版期间两易寒暑,凡学刊征稿、编辑、印刷、校对、发行等事宜,"皆吾曹亲与其事,一心深宵赋归,一苇驱地九城,其毅力有足多者"。尽管刊物屡遭变故,黄天鹏等人"二十四月如一日","端恃同志一德一心,始终不懈"。黄天鹏更视《新

---

① 《二年以来》,《新闻学刊全集》,光新书局1930年影印版,第376页。

闻学刊》为其最重要的学术成绩，他曾在诸多回忆中提及该刊的学术贡献及艰辛，称其为"新闻界有专门期刊之始"，期望学人能够"将新闻学刊之精神发荣光大"①。即使在学刊陷入全面停刊，主创人员流亡异地的恶劣处境时，黄天鹏、徐彬彬都曾表示，哪怕仅有一息尚存，《新闻学刊》无论如何也要坚持续版，"此志不容少懈"。早期新闻学人为杂志创办付出了巨大心力，这成为学刊坚持发行的保证。

　　1928 年年末，黄天鹏将《新闻学刊》改组成为《报学月刊》，次年 3 月完成。到此，《新闻学刊》宣告终刊，在《终刊感言》中黄天鹏虽不无伤感地解释学刊停刊的原因，"一以内容扩充，原名似未甚洽，二以刊期既更，为利发行须另起首"。但在黄天鹏看来这不是《新闻学刊》的终刊，而是另一番辉煌事业的开始。他说与其"谓之终刊，毋宁谓之更始也"②。事实上，在《新闻学刊》终刊后，黄天鹏又陆续创办发行的《报学杂志》《新闻周刊》《报学月刊》等刊物延续了《新闻学刊》的出版体例和办刊风格。同时黄氏又将《新闻学刊》编纂整理成《新闻学刊全集》，继续对中国的新闻学术与新闻教育发挥影响。

四　结语

　　中国现代优秀新闻学术期刊之缺乏由来已久，有学者曾为此感叹："中国需要标准较高的报学刊物不自今日始，也不只限于几个受过报学教育的人。"③《新闻学刊》是中国新闻学术发展转折时期的关键性刊物。期刊创办期间历经政治的更迭，经营的困境与人事流转。就学术传承而言，《新闻学刊》是对北大新闻学研究会《新闻周刊》的继承，两者有着天然的学缘、地缘联系。同时，自《新闻学刊》创办之后，借助学刊的引导与传播，中国新闻学研究改变了自"五

---

　　① 黄天鹏：《编例》，《新闻学刊全集》，光新书局 1930 年影印版，第 14—15 页。

　　② 黄天鹏（黄粱梦）：《终刊感言》，《新闻全刊全集》，光新书局 1930 年影印版，第357—358 页。

　　③ 《发刊词》，《报学》1941 年第 1 卷第 1 期。

四"之后十年的沉寂状态，重新回归于公众视野。

《新闻学刊》以学术研究有力回击了民初社会"新闻无学"的陈腐认知。民初"社会普遍对新闻事业缺乏正确的认识"，国人视"报社就是新闻人才的养成所"，"新闻学之成为一种学术，自然也成为一种疑问"。加之中国新闻学研究相较于其他社会科学起步较晚，"报学终究成为一种很幼稚的学问"，以至于"好些办报的及受报学教育的人在内"都认为"报学本来就是粗俗浅陋的，只此而已，没有什么问题，也用不着高深的理论，因此就不必认真地作进一步的努力"①。而《新闻学刊》的出现与传播恰如"一声春雷"，为中国新闻学术研究与教育"开一新局面"②。首先，以学刊为核心，中国新闻学研究专业社群得以汇聚与形成。期刊自身作为一种专业的治学方式，凝聚了一批新闻学者、业者，形成了"拿学术精神来结合互助的团体"。他们以师承、同业关系为联系内部的纽带，以期刊为平台，通过投稿的形式，建立起相对独立的专业圈子与交流空间，终促使《新闻学刊》成为热心新闻事业，服务新闻事业人物所刊行的一种发表意见、交换智识的小册子。③

其次，《新闻学刊》确立了中国新闻学术期刊国际化与本土化的双重视野。黄天鹏多次强调，"欧美报业，向称先进，可为我师，日步西尘，几足媲美"。其期望通过以西方报业、报学为师，改造和塑造中国新闻业的雏形，他对西方新闻业研究信息及技术的推介与引入，使其成为中外新闻界沟通与了解的窗口。尤为难能可贵的是，学刊指出在吸收西方学理时，要反对"徒尚学理"的空疏与"削足适履"的抄袭，强调研究要立足本土，关注和解决中国新闻业所面临的实际问题。黄天鹏强调中国的"新闻学是不能忘民族性和文字性的，中国需要中国式的新闻学，我们应建立新时代的新 journalism"④。《新闻学刊》所刊文章，无疑是中国早期新闻学术研究本土化的最初尝试。

---

① 黄天鹏：《四十年来中国新闻之演进》，《中国新闻学会年刊》1942 年第 1 期。

② 《海外双鱼》，《新闻全刊全集》，光新书局 1930 年影印版，第 414 页。

③ 黄天鹏：《笠丝·二卷首语》，《新闻学刊全集》，光新书局 1930 年影印版，第 355—356 页。

④ 黄天鹏：《我从事新闻运动的经过》，《读书月刊》1931 年第 2 期。

　　《新闻学刊》创办于中国现代新闻学术发展的关键时期，其创刊及成长与中国新闻事业发展的新趋向同步。黄天鹏曾指出，正是在1928年前后中国新闻事业与研究开始孕育转型并逐渐繁荣。他说，"北伐前后中国新闻学的研究热"兴起，而"南北统一以后，中国报纸新闻的质量都很显著的进步"①，这恰与《新闻学刊》的经营相始终。自学刊创办后，诸如《新闻学研究》《报学季刊》《新闻学季刊》《报学杂志》等新闻研究刊物相继创办，30年代中国新闻学期刊借助新闻教育的兴起与社会的高度关注进一步蓬勃发展。新闻学作为新兴社会科学的地位得以为学界所接受和承认。

---

　　① 黄天鹏：《四十年来中国新闻之演进》，《中国新闻学会年刊》1942年第1期。

第九章

范长江与战时中国新闻记者的
救亡努力

　　抗战时期《大公报》曾撰文表示，"在民族大战中，现在我们奋全力拼生死争的是民族国家的自由……我们第一应尽力为国家自由而感奋；第二为自己的尽力不够而惭愧"。"七七事变"后中国抗日战争全面爆发，民族危亡之际，中国报人群体迅速聚集在抗日民族统一战线之下，以笔为枪，奔赴前线，作出了巨大的职业牺牲，投身于民族解放战争的洪流中，为保障战事信息传播，弘扬民族精神，向世界展示中国不屈的民族形象做出了不朽的贡献。范长江在中国新闻事业史上无疑是最杰出的记者之一。他对中国新闻事业的卓越贡献，彪炳史册。抗战时期是范长江记者生涯最重要的时期，作为知名记者和社会活动家，他投入巨大的爱国热忱，为争取民族独立而抗争。本文试对抗战时期范长江的新闻救国思想做一系统探讨，以期进一步充实和丰富对范长江新闻思想的研究，进而管窥战时中国记者的救亡努力与职业精神。

一　抗战时期中国的"报人救国"与民族精神的彰显

　　抗战军兴激发了中国报人群体的爱国热诚，在"国家至上，民族至上"的精神感召下，他们自觉成为"言论界一兵卒"，以各种宣传形式为抗战奔走呼号，甚至为此献出了生命。他们当中既有抗战初期即牺牲于华北前线的《大公报》记者方大曾，也有在上海"孤岛"不畏敌人恐吓而被敌伪暗杀的朱惺公。在极为艰险的条件下，中国共

产党报人深入敌后，出版了一批抗日报刊，全面报道了敌后抗日根据
地军民艰苦卓绝的斗争状况，坚定了广大群众的胜利信心。此外，以
《大公报》为代表的爱国报人群体则拒绝与日寇合作，或果断停刊，
或向西南地区实行转移。抗战初期，仅重庆一地即云集了《新民报》
《中央日报》《新华日报》《益世报》《世界日报》等十余种重要报
纸，不仅改变了中国报业的格局也为西南地区新闻业的发展提供了前
所未有的契机。在极为艰苦的环境下，张季鸾、胡政之等人先后发表
了《不投降论》《看重庆念中原》等社论名篇，以饱含爱国情感的朴
素语言，激励国人坚持抗战。

　　抗战时期，爱国报人牺牲殉国的事迹，借助报章的广泛报道传
播，引发了社会各界的追思与缅怀。正如郁达夫在"九一"记者节
上所说，"我们在这一节日，首先自然得为我们的那些殉国的勇士
们志哀，其次更不得不为我们的那些卫道的文化烈士们致敬。不论
在平时或在战时，那些为社会正义而牺牲的热情记者们，才是我们
的榜样"。夏衍则说，"压在心头的只是难堪的悼念而已。悼念那些
在上海和敌伪短兵剧战而殉难了的先烈，悼念那些在前线尽瘁于职
责而伤亡了的同业，悼念那些在游击区在自己人的毒手下失踪和死
亡了的友人"。① 抗战时期，中国报人承担了"弘扬国策，揭发敌
谋；振人心，作士气的任务"，付出了巨大牺牲，其事迹可歌可泣。
1939 年记者节，适逢上海《大美晚报》编辑朱惺公被敌伪杀害。
《大公报》《中央日报》均以大量篇幅，详细报道报人遇害殉国的
经过。《大公报》社论认为，"上海的朱惺公和暹罗华人报人"，他
们"无国权保护而替国家奋斗，其艰苦忠贞是异常可佩的"。据相
关资料显示，抗战期间仅山东《大众日报》即有 500 余名报人先后
牺牲。抗战后上海一地即表彰"忠贞报人"13 人，公祭牺牲报人
15 人。而蔡铭泽统计抗战期间国民党报人及其家属为国捐躯者多达
百人以上。巨大的职业牺牲，使得民国报人的职业形象和职业地位
获得了极大的改观与提高，成为中国知识分子群体抗日救亡运动中
重要的社会力量。

---

① 夏衍：《悼念》，《华商报·副刊》（香港）1941 年 9 月 1 日。

中国近代传媒的职业建构与文化嬗变

近代以来，报人相轻的积习及市场竞争的压迫，使得中国报界始终缺少团结与合作。对此状态，民国报人曾撰文给予大量批评。有报人指出，"记者过于散漫之情景，每为社会士人所诟病"，记者不但"未知合力表现团结之毅力，且忘其本身为一个体，站同一立场上，却各不相谋"。还有报人指出"时至今日一切努力，均赖集团活动，和衷的互助，各地虽有组织但彼此之间联系很少，呼应不灵，互助不易"，呼吁建立"同业组织"，加强报人联络。抗战爆发后，中国报人各自为政的职业状态开始被打破，他们不断加强内部的团结，以一致对外的姿态展开救国宣传。1938年范长江成立了"中国青年新闻记者学会"，带领青年记者奔赴抗日战事最激烈的津浦路前线采访，撰写了包括台儿庄战役在内的大量反映战局形势和前线战况的新闻通讯。1941年中国新闻学会成立，此后逐年举行记者庆祝活动，囊括了国统区的主流报纸与绝大多数报人入会。

在民族危机之下，中国报人打破了地域与党派的畛域，以职业为纽带结成了广泛的抗日民族统一战线与敌人周旋。1938年，国民党中央社萧同兹、《大公报》曹谷冰、《新民报》陈铭德等人发起成立重庆报界联谊会，相互帮助，共同商讨解决因敌人封锁轰炸而导致的物资短缺等问题。此间，国民党《中央日报》因存纸用尽向《新华日报》求助，得到该报负责人熊瑾玎积极回应；而《新华日报》也曾向《中央日报》借用大型铜模，互相扶持度过危局。抗战期间中国报人群体合作抗日最为典型的实例当属《重庆各报联合版》的创办与发行。1939年5月3日—4日，日寇飞机持续不断地对重庆进行无差别轰炸，造成巨大的生命和财产损失。重庆报业也因此次轰炸"损失者十之八九"，不少报社已无法维持正常出版。为此以《新华日报》《大公报》《时事新报》《中央日报》为代表的十家在渝报纸负责人组成联合委员会，于1939年5月6日发行《重庆各报联合版》。在发刊词中，报人表示"敌人对我们的各种残酷手段，我们的回答是加紧我们的组织，我们要拿组织的力量，去粉碎敌人一切阴谋诡计"。《重庆各报联合版》前后共出版99号，成为中国报人群体团结一致参加抗战的一段佳话。抗日战争期间，面对日寇的疯狂侵略和残酷杀戮，中国报人群体并未被侵略者的屠刀所吓倒，而是以威武不屈的民族精神为后盾，坚持抗争，使中国的新闻事业获得了新的进步，赢得了国内外民众和舆论的尊重。

二　抗战时期范长江的新闻救国思想及其实践

范长江在中国新闻事业史上无疑是最杰出的记者之一。他对中国新闻事业的卓越贡献，彪炳史册。抗战时期是范长江记者生涯最重要的时期，作为知名记者和社会活动家，他投入巨大的爱国热忱，为争取民族独立而抗争。这一时期，范长江发表了众多文章详细探讨了新闻和救国的关系，并对抗战中新闻记者的职能和作用提出了要求，这些主张对于指导抗战时期新闻宣传工作具有重要意义。作为中国青年新闻记者协会的重要创建者之一，范长江对该团体的创建、发展和壮大做出了重大贡献，在"青记"的工作又进一步促使范长江学术思想甚至政治思想的转变。长期以来，学界对于范长江抗战时期的新闻思想与实践活动的研究较为薄弱，本文试对抗战时期范长江的新闻救国思想做一系统探讨，以丰富对范长江新闻思想的研究。

（一）将新闻事业视为抗日战争的文化战场

抗战之初，新闻事业的发展方向如何，广大新闻工作者展开了热烈讨论。对此，范长江始终坚定地认为，在民族生死存亡的关键时期，新闻工作必将发挥重要的作用。他说，"一个电报，一篇通讯，一篇社论，都即刻影响着读者对战争的态度，影响前方军心和后方的民气"①。在抗战救国运动中，范长江是最早认识到抗战文化建设对于战争胜利的重要意义。他在战区采访时发现，抗战军民"绝对不可少文化食粮"，这是非常危险的事情。在范长江看来，抗战一方面是物质的基础，另一方面则是精神信念，而新闻媒体就是抗战精神建设的重要来源。报纸杂志和小册及书籍等是战争中不可缺少的文化指导

---

① 范长江:《建立新闻记者的正确作风》,《范长江新闻文集》（下册），中国新闻出版社1989年版，第794页。

力量。① 出于这样的观点，每当范长江在前线采访时，他会千方百计为前线战士带去报刊，满足他们了解战局和时事的需要。

抗战时期日本帝国主义的新闻机构成为日寇侵华的帮凶，是军事部队之外的侵略力量，被称为"笔部队"。为此，范长江主张建立一支抗战新闻工作队伍与日寇在新闻领域展开宣传战。在范长江看来，抗战时期中国新闻业的进步之一就是有"无数的新闻战士不计艰难，不惜牺牲，前仆后继"，不断在战火中成长，在战火中"中国新兴的新闻事业所需要之强大的笔部队已经有了初步的基础"②。

（二）"建立新闻记者的正确作风"——对战时记者新闻职业道德的锻造

在民族存亡之秋，中国的新闻工作者应该以什么样的姿态面对敌人和民众。范长江认为首先要坚定抗战的必胜信念，在大是大非面前保持坚定的民族立场，与各种投降主义、妥协主义做斗争。范长江指出，抗战三年半来，中国新闻事业发生了巨大变化，形成了"进步"与"退步"两股潮流。两种潮流判断的根本标准就是看其是否站在有利于"抗战中国的需要来决定的"。他列举沦陷区一批沦为汉奸的报纸和报人，指出"在任何鼓吹投降和妥协的报纸，哪怕有'生花之笔'或者善于把握机征而投机取巧的言论，都必然会失去群众的信仰"，"为中国历史进展潮流所不容"③。

除了报人的民族气节外，范长江认为抗战时期对新闻记者的人格和修养提出了更高的要求。他一再指出，抗战新闻记者的地位不高，很大程度在于记者自我修养上的缺陷。当前新闻工作中出现的不良现象归根结底是"不良作风"对记者的"人格"的腐蚀作用，这进而会使外界人士对新闻界产生不良的观感。为此，他提出应该树立新闻记者的正气，"使社会人士提起记者都觉得真诚可爱万分敬仰"。为

---

① 范长江：《战区文化供应问题》，《范长江新闻文集》（下册），中国新闻出版社1989年版，第784页。

② 范长江：《退步与进步》，《范长江新闻文集》（下册），中国新闻出版社1989年版，第899页。

③ 同上。

达到这一目的,他提出战时新闻记者必须"绝对忠实以客观之态度,绝对不挟丝毫之个人感情于新闻工作中","是非善恶",都基于事实进行报道。他反复强调抗战中新闻工作的效力远比平时为大,这客观要求新闻记者的"人格之健全更大"。在报道中,应避免为外力所诱惑,"把抗战不力的人说成民族英雄,把虚伪腐化分子,誉为爱国志士。反之把英勇抗战的事实人物,或加歪曲,或加污蔑,这样一来使国民是非颠倒,毁誉失真,丧失正确而有力之国民舆论,则难以支持战争"①。在采访中,范长江指出,不能因为个人利益得失,随便使用新闻大权,"不可因为不对我好点,或者在物质方面不能给我多少便利,就关于你的一切都往坏里说"。在工作中只接受"于自己正当的工作收入",而"对于非工作报酬的津贴与政治军事有关之津贴则坚决拒收,因为这最易摧残一个有希望的新闻记者的前途"。

抗战时期,范长江针对新闻记者队伍中"流氓主义"和"庸俗主义"等丑陋现象,一再强调新闻事业职业道德建设,呼吁新闻记者的人格素养。在一次座谈会上,他指出,所有新闻工作的出发点和归宿是人民利益至高无上。新闻工作者的人格应当是在精神上"独立不霸","应当念念于职业的神圣,一管笔除了为国家民族公共利益之外,不容曲用"。"报人在社会上应该是独立存在"而不是附属品,在新闻工作中应该时刻"把最平凡的人格问题作成根本的第一的信条","有了健全高尚的人格才能配做新闻记者",而"有了健全高尚的人格才能谈到技术的问题,才能成为社会所敬重的人物"。这些有关新闻记者职业道德建设的论述对民国时期新闻记者的队伍建设起到了重要作用。

(三)"战时新闻工作的真意"——把握战时新闻宣传主动性与创造力

抗战时期,中国新闻工作者不断摸索战争报道的真谛,力图总结出对中国战地报道行之有效的方法,为此范长江也进行了有针对性的

---

① 范长江:《建立新闻记者的正确作风》,《范长江新闻文集》(下册),中国新闻出版社1989年版,第795页。

研究，并提出了改革建议。他指出，国难时期新闻工作绝不仅仅是提供各种问题和战报，还应该勇敢地研究新资料和新现象，从中寻求出正确的答案，并勇敢地发布。报纸应该"使我们每一次战争不是白打的，让广大读者接受血的教训，作为争取下次胜利的桥梁"。①

在战地报道方式上，范长江主要注意到改进战地通讯的内容和形式。抗战时期，他发现中国报纸的战报，很少有人关注，甚至无人问津，其问题出在战报通讯的报道形式呆板。范长江说，虽然各地的战事电讯很多，但大多有"太杂乱"和"太抽象"的问题，这不能调动读者的阅读兴趣，大量的地名和抽象的数字，也令读者不厌其烦，更让读者对战局一头雾水，毫无头绪。为此，范长江基于自己的战地报道经验指出，应该将战事电讯分为紧急战讯、说明性电讯和描写性电讯三种，根据各自不同的风格和特点加以阐释。就战地通讯的内容而言，范长江也指出，目前的战地通讯内容过于单一，要么是战地记者的个人生活经历，要么是少数高级军官的描写，而读者最关心的是战局的详细描述和战场人物命运，但这些报道显然还不能满足读者的需要。因此，他希望记者进一步提高新闻技能，促进报道的快捷和生动，不断改进新闻记者尤其是年轻记者的报道工作。②

基于抗战的长期性和艰巨性，为使中国新闻宣传工作能够支持抗战的需要，范长江以中国青年记者学会为中心提出未来中国新闻工作的规划与建议，主要分为四个方面。首先，是做好战区的文化建设，加强抗战宣传工作。范长江提出若干在前线开展文化宣传工作的建议。其中有在前线组织"文化部队"，专门为战区进行"文化供应"。这些部队可以由失业和失学的文化青年组成，总部可设在各战区，随着主力部队的流动而转移，部队主要负责定期派发和出售近期出版的报刊和书籍，同时也沟通信息，其经费可从军费和报刊贩卖中取得。其次，做好失业记者的救助和培训工作，提高新闻工作水平和记者能

---

① 范长江：《战时新闻工作的真义》，《通讯与论文》，新华出版社1981年版，第282页。
② 范长江：《怎样发战事电讯与写战地通讯》，《范长江新闻文集》（下册），中国新闻出版社1989年版，第801页。

力，为抗战宣传培养人才。范长江指出抗战军兴，需要一支更高水平的记者队伍，他说，"抗战以后，军事政治经济文化各方面，皆起高速度的变化，这使我们新闻工作者需要充分的知识，敏锐的视察力，明确的判断力，来反映问题，来指出问题的内容和它的动向。"① 但现在新闻记者"普遍缺乏训练"，因此需要有青年记者学会这样的组织，来帮助广大青年记者提高技能。范长江担任学会领导人期间做了大量培养记者干部的工作，为抗战输送了一批新闻人才。他说，青年记者学会成立可以发挥记者们的合力，实现在战场采访上的资源共享。该学会目的就是利用"团结的集体的力量，以解决我们自身和当前新闻事业一部分的困难"②。关于青年记者的培养，范长江认为可从以下几点进行：第一，出版新闻事业的专业刊物；第二，通过座谈讨论的方式，进行直接教育；第三，通过学习前一辈新闻记者的经验和同辈间相互教育，起到相互批评、相互观摩的作用。③ 在武汉，尽管面临着各种困难，但中国青年新闻记者学会依然利用一切机会培养新闻干部，扩大组织影响力。对此工作范长江曾颇为自豪地认为，学会发展之初只有20多人，到1938年年底全国会员已达六百余人，增加了近30倍，④ 其分支学会遍布各大战区和中心城市，可见范长江在青年记者中具有的号召力和影响力。

针对战时中国在新闻抗战工作上的不足，范长江主张应"开展敌人后方的新闻工作"。他说，我们现在最主要的崭新工作是"在敌人的后方工作，在沦陷区的工作"。就新闻工作而言，就是在敌人后方开展新闻工作。范长江认为这是一种新闻宣传的游击战术，目的是"告诉沦陷区的军民"正确的方向和国际消息，"唤起广大民群对于抗战的热情，坚定他们最后胜利的信念"并实际"指出最后胜利的方法"。他把"新闻工作看作文化工作"的一种，是"配合着军事，

---

① 范长江：《青年记者学会组织的必要和前途》，《范长江新闻文集》（下册），中国新闻出版社1989年版，第791页。

② 同上书，第790页。

③ 同上。

④ 范长江：《新阶段新闻工作和从业员之团结运动》，《范长江新闻文集》（下册），中国新闻出版社1989年版，第840页。

以达成赶走敌人这一总的政治目的"①。他认为，中国共产党建立的晋察冀边区的《抗敌报》《新华日报》根据地版堪称敌后新闻游击战的典范，可以仿效和推广。范长江对抗日根据地的新闻工作给予极大的希望，称"在敌人后方开展新闻工作是世界新闻史上的奇迹"，"在敌人后方的报纸和新闻记者，他们所接触的是广泛深刻，有血有肉，活生生的抗战事实"，"他们将成为再建中国整个新闻事业和发展为整个民族革命文化的基础"②。

三 范长江与战时中国报人新闻职业声誉的确立

抗战中，国民党新闻业及其报人群体先后内迁西南地区，形成了以重庆为中心的国民党新闻宣传网络。据统计，截至1944年，国民党省、特别市一级党报发展到41种，县级党报397种，数量已经超过战前规模。中国共产党的新闻事业在抗战中也获得长足发展。延安新华广播电台的创建，中共中央机关报《解放日报》的创刊，《新华日报》《群众》周刊在国统区成为共产党的喉舌，忠实而坚决地宣传了中国共产党的抗战方针、路线和纲领。特别是延安《解放日报》的改版，为未来中国共产党新闻事业的新发展指明了方向。而以《大公报》为代表的民营报刊大多坚持民族气节，将中国近代以来文人论政的影响推向了一个新的高度。

国难当头，新闻事业与新闻工作者何去何从，一直是困扰中国新闻界同人的主要问题。抗战军兴之际范长江和中国新闻界已经形成了共识，就是新闻应义不容辞地承担起救亡的重任。正如范长江所指出的，"报纸是政治的工具"在抗战之前没有形成普遍的共识，但在"生死存亡的抗日民族解放战争开始之后，我们每一个中国人都关怀着我们自己和国家的前途"。因而此时的报纸不可能置身于战争之外，"一个报纸如不能以责任的态度，把战争有关的各种政治问题，切实

---

① 范长江：《开展敌人后方的新闻工作》，《范长江新闻文集》（下册），中国新闻出版社1989年版，第818页。

② 同上。

地报道和指示，必将因逃避现实，而逐渐为读者所抛弃"。纵观范长江战时新闻思想体系，他对民族存亡问题的敏锐观察和认识，启迪教育了广大新闻工作者。他强烈的爱国主义情感更激发了人们的民族情感。他对社会现实客观、全面的反映，对重大事件的真实披露，体现出他是一个正直高尚的民族主义者，并促使广大新闻从业者进一步深入地思索民族、祖国和人民的命运。他对战时新闻记者道德观的精辟论述，从一个侧面反映了他良好的政治修养和业务素质，不仅在当时指导了人们的新闻实践，而且在今天仍有积极的指导意义。

抗战救亡运动中，中国报人不断摸索中国新闻事业在战时条件下的转型，开始了"战时新闻学"的理论探索，有力地推动了中国新闻学术发展与传播。1941 年和 1942 年，《新华日报》开辟记者节专版，登载《新闻工作者的自我检讨》《抗战以来殉职报人》《敌后游击区报纸的一斑》《冀中的新闻工作是怎样支持的》《论我们的报纸》《报纸和新文风》《把我们的报纸办的更好些》等文章系统向国统区民众介绍根据地新闻业发展情况，阐明中国共产党的新闻理论。1943 年陆定一则在《解放日报》发表《我们对于新闻学的基本态度》，全面系统分析无产阶级新闻学诸多基本问题，成为中国共产党新闻理论的重要文献。而在 40 年代的国统区，《大公报》《中国建设》及国民党《中央日报》也撰写新闻理论研究的专论。这些思想与理论相互争鸣，从而丰富了中国新闻学研究的内容，提升了中国现代新闻学的理论研究水平。

抗战时期，由于中国报人的不断努力，中国新闻业的职业形象与社会地位不断提升，赢得举世赞誉。晚清至民初，中国报人多被世人认为是"文人末流"，缺少职业的自律与操守。而抗战救亡，恰为报人群体改良职业积弊陋习，提供了契机。抗战时期，中国报人群体大力弘扬职业道德，通过"表彰忠烈，严惩奸逆"，在弘扬爱国报人忠勇敬业精神的同时，揭露卖国报人的可耻行径，彰显了"国家民族正气"。中国报人的爱国行为，为国人树立起一个"爱国""负责"的报界新形象。1943 年为表彰报人在抗战中的贡献，国民党政府将每年九月一日正式定立为"国定记者节"。而 1941 年 5 月 15 日，《大公报》更是因为其在世界反法西斯战争中的巨大贡献，荣获美国密苏里大学新闻学院授予的 1940 年度外国报纸荣誉奖章，这是现代中国报界第一次获得国际新闻奖。

在民族危亡之际，中国报人用铮铮铁骨弘扬民族正气，用职业精神陶铸爱国情操。他们专业化的职业报道，赢得了中国民众和国际舆论的尊重，他们成为一支不可忽视的新兴社会力量。抗战中报人群体积淀而成的爱国传统和新闻操守已成为中国现代新闻职业精神的重要组成内容，值得永远继承与弘扬。

第十章

抗战时期中国报业新闻纸荒与
报界救亡

造纸术是中国古代四大发明之一，是中国对世界文化与人类文明做出的杰出贡献。身为文化传播的载体，纸张"使得过去传播思想的昂贵材料，被一种经济的材料取代"，"促成了人类思想成果的流传"①。纸张与报业的关系最为密切，工业革命后机器造纸的蓬勃发展与纸张价格的下降，催生了世界廉价报刊时代的到来。伴随着社会书写方式和印刷革新的进步，"现代文化所用之纸，第一要能双面能印，第二要能上铅石印机，第三要能写钢笔"②。遗憾的是，近代中国传统造纸技术故步自封，手工纸张不仅难以满足国人书写需求，更无法适应中国报业印刷需求，形成了对西方纸张的高度依赖。"抗战前各大都市中间，比较新的家庭，即拭杯筷的纸，上厕所的手纸，无一不采用洋货"③，而中国新闻业"所需用的纸张"，更是"百分之九十九是采用品质坚韧可以双面印刷的洋纸"④，纸张成为制约中国新闻业乃至中国文化发展的瓶颈。

纸张是报业的命脉，抗战时期随着日本占领和掠夺的加深，中国纸张进口来源枯竭，出现纸张奇缺，纸价飞涨，无纸印报的危难局面。"纸荒"成为战时中国报界面临的最为棘手的问题之一。抗战时

---

① ［美］哈罗德·伊尼斯：《帝国与传播》，何道宽译，中国人民大学出版社 2003 年版，第 135 页。
② 杜时化：《怎样解决纸荒》，《力报》1939 年 9 月 11 日。
③ 谭天萍：《怎样解决严重的纸荒》，《力报》1937 年 7 月 27 日。
④ 同上。

期中国新闻界"卫国奋斗,责任之重大,实不亚于前线冲锋陷阵之战士"①。报业更是承担着宣传抗战方略,动员民众救亡,向中外传播抗战信息的使命,但纸荒的频发使得战时报业时常陷入"弹尽粮绝"的危险境遇之中,这不仅关乎报业自身经营稳定,更成为对日舆论战和宣传战能否有效开展的关键因素。战时中国为何纸荒频发?其对中国新闻业究竟产生了何种影响?新闻界如何在战火倥偬中妥善应对纸荒困厄,承载起抗战宣传的使命?对于这些重要问题,当前学术界仍未关注。笔者尝试以史料为基础,从中国报业的纸荒困局的表征入手,揭示战时中国新闻业在国难乱局中如何挣扎求生,在物质极端匮乏的状态中履行抗战宣传责任的历史面象。

一 抗战时期中国报业纸荒困局的发生及其表征

尽管近代以来中国报业即受到纸荒问题的长期困扰,但抗战时期中国报业的纸荒问题却尤为尖锐和严峻。"九·一八"事变后,中国新闻业受国难时局的影响,报界纸荒在各地时有出现,且愈演愈烈。在上海,抗战之前报业纸张供应较为稳定,但受淞沪战局影响,开始出现"纸料缺乏""纸价奇昂"的局面,"纸荒之危险","影响印刷业及新闻业殊巨",报业所需"若干纸张已经绝迹,且暂时无法迅速增加纸张存储"②。由于纸价走高,西方纸业趁火打劫,不再"与各(在沪)大报社签订半年和全年"的长期纸张合同,导致报业纸张价格高涨,波动剧烈。1937—1939年上海纸张从"每令不及六元",涨至三百多元。上海书报两业尽管"勉力维持",却仍感不易,出现"无法继续出版之危机"。报人为此哀叹,纸价"一涨就涨了百余元",此后更是"无日不涨,有夜皆增……这样的涨法,记者无以名之,只好名之曰'混涨'"③。在华北地区,华北事变导致"外纸断绝"。据报道,"平津现闹纸荒,报纸缺乏允甚,

---

① 《弹奸敌——纪念"九一"记者节》,青海《民国日报》1941年9月1日。
② 申报:《华侨在沪设厂造纸》,《申报》1939年10月13日。
③ 陶亢德:《关于文化用纸问题》,《申报》1943年3月27日。

每令由三元涨至五元七角余，犹无货。坎拿大北欧各纸厂货物来者渐少，求过于供，各公司顷运之纸，均交合同家用，倘绥战扩大外纸断绝，将影响华北新闻业"①。在天津新闻用纸价格从 3.2 元/令，涨至 6.4 元。天津《益世报》称，"津市消耗纸数最多者，莫过于新闻纸，除稍有根基之各报，尚可支持外，其初创未久之小报，广告价目即不能增加，而纸类又复腾涨不已，无日不处危境"②，津门报界哀鸿遍野。

全面抗战爆发之初，全国大报馆多提前储备纸张，"库存甚多"，加之战事初起"洋纸输入尚易"，故报业用纸"尚不感缺乏"。但到 1938 年武汉会战之后，随着战火深入，"纸张运输"受到"重大影响"③。1938 年年末，日军在东南沿海登陆，"海口封锁，舶来纸张，全告断绝"，大后方"纸张供应日渐趋紧"，"洋纸价格激涨"，报业重新面临"甚为缺货"的危局。在武汉，"每逢时局有一次变动，汉市的物价，马上便会高涨起来"。尤其是纸张作为"外来的货物"，已经"涨得大不像样"。报业用纸从原价不过三四元每令，"涨到十七八元"④。在南京，1937 年以后报刊"纸张来源、近益缺乏"，迫使大量报刊外迁或停刊。⑤ 即使中国富产纸张地区，纸荒同样严重。在湖南，战前"湖南的报纸以及各机关用纸，大多是舶来品"，以至于"那时每每抵制日货运动发动一次，湖南方面就要闹一次纸荒"⑥。战前纸荒已突破区域局限，呈现向全国蔓延的趋势。

1939 年后，日军加紧了对我抗战后方的物资封锁和战略包围，导致报业纸荒日趋严峻。在陪都重庆，报业所需"报纸、油墨等印刷材料"，都呈"极度缺乏"的状态。"白报纸无论卷筒平板皆无购

---

① 《平津纸荒》，《申报》1936 年 12 月 12 日。

② 《纸价飞涨：产业落后中国，誓将大闹纸荒》，《益世报》1931 年 2 月 25 日。

③ 《如何救济纸荒》，《益华报》1938 年第 2 卷第 10 期。

④ 《增强汉市经济轴心。谋恢复国际贸易。四行提放委会对商人贷巨款。省府平定物价商会禁绝敌货》，《申报》（汉口版）1938 年 3 月 24 日。

⑤ 《首都各报迁地出版》，《申报》1937 年 12 月 8 日。

⑥ 《扶持和改进湖南造纸业》，《长沙日报》1945 年 12 月 22 日。

处。"扫荡,大公,时事,新蜀,新民,国民,大江"等在渝大报所用纸张大都为"半年以前设法运来的……旧存的纸","恐怕不久都将用罄"。面对无纸窘境,"新华,中央,西南,济川,商务等家,一个月前已改用土纸了"①。受纸荒影响,抗战之初,大后方报业有的已"不能承接大批量的印刷",有的"无法开工",以致销量锐减。因"纸价油墨过昂",更导致战时大后方报业利润缩减,经营惨淡。在报业之外,缺纸问题亦波及图书出版业,民国著名的"生活、大东、天马、新知"等出版社,在迁渝半年多时间几乎"没有一本新书问世,所卖的还是那武汉退来的老货"②。而当时重庆市面销量最好的《中国空军》《文摘》《全民抗战》《国讯》等期刊,由于"用不起白报纸",只能"改用土纸"印刷,印量"多者不过一两万份少则三四千份",与战前销量形同天壤。

在西北地区,纸荒的肆虐,更达到了"令人心焦"的地步。战前西北地区仅陕西"勉强出一点土纸","其他各省无论土纸洋纸,悉数要靠输入"③。战时西北报馆迅疾陷入到"拿钱买不到纸"的绝境中。在陕西,报馆直到"排校完毕上了版,才去东拼西凑找纸张"④ 残喘发行。在陕甘宁边区,记者海伦·斯诺曾写道,"哪怕一张最普通的纸",在这里"都是最奢侈的东西"⑤。边区机关报《新中华报》曾因"纸料缺乏"⑥,"出版分量减少一半"⑦。其他各类读物也因纸荒被"限制印刷份数",甚至出现用桦树皮记笔记、出墙报、开处方的奇景。鉴于边区纸荒的严重,毛泽东在边区会议上,将缺乏纸张与没衣穿、没饭吃并列为边区最为紧迫和急需解决的生

---

① 知我:《战时行都的新闻业》,《申报》(香港版)1939 年 2 月 15 日,第 3 版。

② 同上。

③ 通哉:《救济西北纸荒》,《西北论衡》1937 年第 9 卷第 11 期。

④ 同上。

⑤ [美]威尔斯:《续西行漫记》,陶宜、徐复译,解放军文艺出版社 2002 年版,第 85 页。

⑥ 陕甘宁边区财政经济史编写组、陕西省档案馆:《抗日战争时期陕甘宁边区财政经济史料摘编·工业交通》第 3 编,陕西人民出版社 1981 年版,第 5 页。

⑦ 《启事》,《新中华报》1938 年 6 月 30 日。

存问题之一。①

1941 年太平洋战争爆发，中国"国际交通线更受阻隔，舶来纸输入愈为困难"，大后方报业被迫采用纸质粗糙的土纸替代洋纸印刷，如此"亦不能自行供应"，"印刷纸呈现恐慌"始终"甚为严重"。有报人回忆称："那时重庆各种物资是万分缺乏，纸张当然不能例外也是供不应求。"在重庆，新闻纸张价格"一再昂涨"至"十数倍"，尽管纸厂"昼夜开工不停生产"，却仍然供不应求。有报人为用纸前景忧虑，"各家报馆，存纸用完，势必也得改用土纸，恐怕纸价的飞涨犹其余事，发生纸荒必不能免"②。更有报人直接斥责纸荒威胁报业经营安全，"纸价大涨，各报生存，除少数历史久远经济组织健全者外，均处于风雨飘摇之状态"。从"九·一八"事变到全面抗战胜利前，中国报业纸荒问题从华北、华中等地区发生，随着战事推进至华东、西南和西北地区，遍及中国全境。新闻纸荒始终是困扰战时中国报业发展，限制战时宣传效能发挥的致命问题。

二　抗战时期中国大后方新闻业纸荒困局之成因

抗战时期中国报业纸荒持续时间之长，范围之广，影响之大前所未有。战时中国纸荒的成因极为复杂，既有自身纸张产能不足的痼疾，也有外敌入侵对纸张进口的封锁和纸厂的破坏。内外因素的共同作用，不仅加剧了战时纸荒的破坏力，更增加报界应对纸荒的难度。

首先，战前中国纸张严重依赖进口，无法自给自足是造成中国报业纸荒肆虐的根本原因。如《申报》所言，中国近代造纸工业自诞生之初就发育迟缓，"尚在萌芽时代"，导致国内"印刷用纸，大部来自外国"，仅 1937 年中国纸类进口价额即达 6530 万元。而太平洋战争之后，随着"外来纸张遂告绝迹，纸价亦日益飞涨。因此文化用

---

① 《毛泽东选集》第 3 卷，人民出版社 1991 年版，第 892 页。
② 知我：《战时行都的新闻业》，《申报》（香港版）1939 年 2 月 15 日，第 3 版。

纸，包括新闻纸，公文信件用纸，油印蜡纸，复写纸等，价格之飞腾，实属惊人"①。日军侵华过程中对中国工业造纸厂进行了大肆掠夺和破坏，使得本已脆弱的中国纸业雪上加霜。在战区，中国造纸工厂有的被战火摧毁，有的被掠夺侵占，有的设备被拆走，几乎遭受灭顶之灾。在纸业中心上海，战前其纸张产能占据全国的31%，但因淞沪抗战，上海各大纸厂"大半毁废，正在计划中者亦无法进行矣"②。著名的龙章造纸厂战前原本设备齐全，生产较好。抗战爆发后，该厂即迁往武汉、宜昌等地，沿途船只失散沉没，损失机器五十吨，至重庆后其设备已损失惨重，一度难以复建。据统计，抗战前国内有各大纸厂32家，抗战爆发后被日军占领或破坏的即达18家，占中国全部造纸厂的56.25%，因日本侵略中国损失纸张产能约46387吨，约占中国造纸全年产能的71%。③

在工业造纸能力不足之外，中国传统手工造纸产业亦受国难影响，发展不振。传统造纸多为"农村副业"，造纸技术"口口"相传，导致中国各大造纸产区技术"因循相习"，"历千余年而无进步"，以致纸质退化"一代弱似一代"，无法满足近代国人的书写和报业印刷需要。"九·一八"事变后，日本占领东北、华北、华中等地区，使得中国土纸市场"销场尽失"。战时土纸市场的萎缩加速了传统造纸的衰败，在湖南，"因华北及东南滨海区域之失陷"，导致"湘纸之省外销场……多被摧毁，省内销场亦蒙不利之打击"，土纸生产一落千丈。④战时"浏、醴、平、攸等县"，大量纸工失业，生活无以自存，造纸亦无从谈起。安徽、湖南、浙江等传统造纸产业区的衰落，⑤使得中国自力更生解决纸荒问题的能力大为削弱。

其次，就新闻业自身而言，战时中国报业大规模内迁，沿途不

---

① 《最严重的文化用纸问题》，《申报》1943年3月26日。
② 叶致中：《纸荒与倡用土纸》，《商业月报》1940年第20卷第5期。
③ 王桧林、郭大钧、鲁振祥：《中国通史·近代后编（1919—1949）》（上册），上海人民出版社1999年版，第558页。
④ 谭天萍：《怎样解决严重的纸荒》，《力报》1937年7月27日。
⑤ 杜时化：《宜速救济湖南纸业》，《长沙日报》1946年4月13日。

断遭受日军袭扰，人员物资损失极为惨重，储备纸张大多散落无存。到达大后方后，各报多无储备纸张，造成短期纸荒的出现。《大公报》迁渝途中，在宜昌遭受日军轰炸，"勉强运上船的物资和纸张"均荡然无存。《新华日报》迁出武汉后，在湖北嘉鱼遭到日机轰炸，遇难二十余人，运纸船只沉没，该报印报所需卷筒纸20卷被焚毁。报纸成功迁至大后方后条件也极为简陋，无法实现纸张的及时运输与存储，导致印报困难。战时《中央日报》《新华日报》《扫荡报》等报纸来渝后，多"自备印刷"，但"整所的房屋难找"只能将"印刷工厂和编辑分散在两三处"。《中央日报》编辑部曾"挤在一家杂货店里"工作，编辑部尚且如此简陋，纸张存储的库房更是无从设置。西南地区气候潮湿多雨，印报纸张又极怕受潮，加之日机长期轰炸，更加剧了报业纸张供应和存储的困难。1939年，日军持续对重庆实行无差别轰炸，《新华日报》和其他各大报馆的馆社库房大都损失殆尽，一旦"各家报馆，存纸用完……发生纸荒，必不能免"①。

最后，抗战进入相持阶段后，战时中国新闻及文化事业的复兴，拉动了文化用纸需求，供需矛盾的尖锐，使得报业纸张供应愈加捉襟见肘。抗战爆发后，内地新闻事业陆续迁至西南、西北等后方地区，尤其是重庆在"确立为陪都之后"，成为"除去沦陷区以外……全国唯一的大都市"，"一时间各大新闻机构争相来渝……继续出版"，"重新负起他们抗战宣传的责任"。战前重庆即为西南地区报业中心，拥有《新蜀报》《济川公报》《国民公报》等数十份报纸。其中《新蜀报》《国民》"皆有二三十年的历史，日刊三大张。销量很不错，在地方新闻业中是比较健全的新闻纸"。抗战爆发后，上海《时事报》《新民报》，南京《南京晚报》《中央日报》，天津《大公报》，武汉《新华日报》《大江报》《扫荡报》等知名大报先后迁至重庆，使得这座人口不足百万的城市，"有大报十一家，中型报二家，晚报三家"，报业竞争惨烈。抗战初期，重庆大报销量12000—13000份，普通报纸5000—6000份，即使质量较差的小报亦有2000—3000

---

① 潘梓年：《新华日报的回忆》，四川人民出版社1979年版，第58页。

份的销量。在外来大报中"《大公报》《中央日报》《扫荡报》《新华》……上下其销量差别不过一二千份"①。报业发行的恢复和壮大，无形中带动了新闻用纸的巨大需求，但大后方纸张供应的不足却使得供需鸿沟日渐增大，最终使纸荒爆发势不能免。

三 抗战时期中国报界的纸荒应对

（一）报界参与动员纸厂筹办，扩大纸张的生产

中国报界历来认为"报馆根本，在于纸张"，鉴于近代中国新闻纸生产能力的不足，抗战时期中国新闻业积极参与兴办纸厂，借助舆论的力量，引导中国各界关注纸业，从生产源头解决纸荒问题。抗战初期，"中国新式制纸业之各厂中，以制造新闻纸著名者，首推汉口谌家矶之财政部造纸厂"。该厂"所造成之报纸，曾销行于长江流域，治新闻业者多知之"。抗战爆发后，该厂"原料木材缺乏"，"资本不充，营业不振……新闻纸制造之难可知也"②。1933 年，国民政府实业部曾联合上海报界巨头《申报》《新闻报》《时事新报》等共同认股，选定浙江温州筹建新闻纸厂，这是中国筹建纸厂"中规模最大者"。按照计划，纸厂建成后全国报馆用纸"该厂可供给其半数"。1934 年，《申报》经理史量才"受聘为筹备委员"，他协调《申报》《新闻报》、中华、商务等出版机构募资达 170 万元，成为民国"新闻业十年间第一件值得大书特书的事情"③。但该纸厂生不逢时，筹建之初即有人质疑产品"不能与洋纸竞争"，加之"抗战军兴"，最终"无形停顿"未能建成。

抗战爆发后，中国纸张短缺问题引发社会各界关注，纷纷呼吁"组织新式造纸厂，搜罗制纸人才而用之"。战时沿海地区及内陆部分纸厂人员、设备转移至西南地区陆续重建。具体情况参见表10－1。

---

① 知我：《战时行都的新闻业》，《申报》（香港版）1939 年 2 月 15 日第 3 版。
② 人治：《中国新闻纸制造问题之研究》，《湖南通俗日报》1934 年 11 月 29 日。
③ 邵力子：《十年来的中国新闻事业》，商务印书馆 1938 年版，第 406—407 页。

表 10 - 1　　　　　　　　　　抗战时期西南地区纸厂情况

厂名	地点	兴建方式	纸类与产能
西南造纸厂	贵州贵阳	永丰造纸厂改名复建	以草纸、废纸生产新闻纸，1 吨/日
嘉乐造纸厂	四川嘉定	原厂扩建	用废纸、稻草生产新闻纸，2.5 吨/日
中央造纸厂	重庆	上海龙章造纸厂复建	道林、白报纸、书面纸，3 吨/日
中元造纸厂	四川宜宾	杭州中元纸厂复建	牛皮纸、招贴纸，0.5—1 吨/日
正中造纸厂	四川宜宾	兴蜀纸厂扩建	本色报纸，1 吨/日
建国造纸公司	四川成都	新建	道林纸、报纸、特种纸，3 吨/日
铜梁造纸厂	重庆铜梁	原厂改扩建	卷烟纸各种薄纸，0.5 吨/日
中国造纸厂	四川嘉定	原温溪纸厂迁建	白报纸牛皮纸，5 吨/日
万县造纸厂	重庆万州	武汉白沙洲纸厂内迁	打字纸印刷纸书面纸，0.5 吨/日
云丰造纸厂	云南昆明	上海造纸厂迁建	白报纸、有光纸、打字纸，1 吨/日
华元造纸厂	重庆万州	新建	印刷纸、白报纸，0.5 吨/日

该表显示，战前西南地区新闻纸生产能力极为薄弱，即使略具规模的四川嘉乐纸厂，其产量也只占全国总产量的 0.22%。抗战爆发后，大量内地纸厂内迁复建带来了资金、技术和人员，使得抗战时期西南地区新闻纸生产能力缓步提升。据统计，1938—1940 年，中国工业纸厂年产纸 560 吨。1941 年年均产纸达 3900 余吨，大致相当于战前最高产能的 70%。[①]

抗战时期新闻纸荒及报业迫切的用纸需求，催生出了一些明星造纸企业。其中尤以四川嘉乐造纸厂为代表。该厂素以"专造报纸"见长，报界称之为"嘉乐纸"。这种纸张实为再生纸制造，纸质脆硬本非优质印刷用纸，但在纸张极端匮乏环境下，仍被国人珍视为"上好纸张"，广泛使用于报刊印刷。战时《中央日报》《新华日报》等报纸都曾使用"嘉乐纸"印制。旺盛的市场需求，使得嘉乐纸厂的规模与效益连年递增。1938 年该厂资本仅 14 万元，然到 1939 年纸

---

① 上海社会科学院经济研究所轻工业发展战略研究中心：《中国近代造纸工业史》，上海社会科学院出版社 1989 年版，第 152 页。

厂经营资本已达 27 万元，增涨近 50%。1941 年该厂总资本已达 150 万元，为筹建之初的十余倍。资本实力的扩充，拉动造纸设备与技术的更新，战时嘉乐纸的名字在后方已是人尽皆知的了，作为重要的战略物资由国民政府统销和配给"各机关团体，所以销路遍及后方各大都市，如重庆、成都、昆明、西安，它都设立有办事处"①，有力保障了战时中国对纸张的需求。

（二）报界尝试使用国产土纸替代进口洋纸印报

所谓土纸是采用传统工艺手工或半手工制造的国产纸张。全面抗战后输入中国内地的进口纸张完全断绝，洋纸供应的枯竭，使得中国新闻业被迫重新思考立足自身条件，使用本土纸张印报，此举带动了土纸产量的增加与技术的革新。如报人所言，"抗战以来，洋纸来源断绝，外方压力既除，加以需要日增，内地销量亦日大"，形成对土纸巨大的市场需求，"昔日衰落之产区，今则产量益进，同时原先不产纸之区，今亦有纸之出产"②。事实上，早在中国近代报业诞生之初，即有使用国产土纸印刷的传统。例如《申报》创办之初，即"用中国久晒纸，单面印之"，这种纸张以稻草和竹子漂白而成，"凡我中国手工造纸业家无不能造"。该纸"尺寸略为改变"，后曾被"对开印机"使用，因其"成本自轻，可与报纸价格相等，不致悬殊"③，保证了《申报》在上海报业市场竞争中的成本优势。但土纸印报"色黑质粗"，缺乏韧性，受潮易碎，加之产量制约，使其难以满足中国报业日趋扩大的印量需要。民国初年，随着大型印刷机械的广泛使用，中国报刊印刷已难觅土纸身影。

抗战爆发后，随着中国纸荒日益加剧，彻底改变了土纸生产和使用的颓势，中国报业土纸印制一时间成为一种潮流。如时人所言，"自抗战以还，洋纸来源断绝，土纸一时风起云涌，似呈发达之象"。另一位报人也说，"因舶来纸类来源之阻断，国内一般文化界皆渐次

① 《生产建设嘉兴纸厂巡礼》，《申报》1946 年 9 月 9 日。
② 《纸在湖南》，《力报》1943 年 6 月 28 日—7 月 1 日。
③ 《国货专刊·非常时期之报纸问题》，《申报》1937 年 8 月 4 日。

采用土纸，国内纸业为之突飞猛进"。重庆原来用洋纸的报刊大多改用土纸印制。在成都，当地报纸"全用夹江与嘉定两地所制的土纸"印制。据报人回忆，抗战时期重庆《大公报》几乎完全使用夹江生产的"土纸平版印刷机印刷"，发行量超过十万份，且"版面还是相当精致"。因为土纸品质改良和价格优势，使得抗战时期大后方报业的印制成本大为缩减。重庆《大公报》因用土纸印报成本降低，成为"相当赚钱"的报纸，① 一扫抗战初期的颓势。

　　1940年后，成渝地区土纸生产达到极盛，带动了周边夹江、梁平、铜梁、广安等地土纸生产强劲增长。据统计，1943年川渝地区土纸产量21000吨，比1938年增加5000吨，增幅达31.25%，"纸商获利颇丰"。为鼓励土纸生产，各地还尝试将分散的造纸槽户组成生产合作社，并建立"纸业技术指导团"，"拟具计划"，在贷款、技术和运销上"予以普遍之指导"②，通过资源的集中配置实现土纸产量和质量的提升，提升了土纸生产效率与工艺的标准化。在土纸大省湖南，为"情逼势迫"，当地的"报纸以及各机关用纸，就相率改用武冈出产的改良官堆，土纸从业者超过30万人。邵阳、益阳各县出产的土报纸"，不仅成为"湖南境内印书印报、公文用纸"，甚至"贵州、重庆、桂林等地用纸，亦多仰给湖南"。在浙江，战前报业用纸原本"均非国产"，战时由于"运输阻滞、纸价飞涨"，各报不得不"一律采用国产土纸"。为鼓励民众阅读"土纸"读物，当地政府尝试用"淡色土纸试印《老百姓》旬刊数期，结果颇称满意"，于是发起"土纸运动"，当地《东南日报》《正报》悉数采用土纸印刷。即使素不产纸的西北，土纸同样呈现供需两旺的状态。1941—1945年延安中央印刷厂土纸使用量从425令/年，增至5000令/年，土纸使用比率从原来的17.5%上升到98.4%。边区刊行的《新中华报》《解放日报》《边区群众报》《共产党人》《中国文化》等20种报刊

　　① 孔昭恺：《旧〈大公报〉坐科》，《中华文史资料文库》第16卷，中国文史出版社1996年版，第315页。
　　② 黄林编：《建设厅奖励手工造纸组技术指导团分区指导》，转引自《近代湖南出版史料》，湖南教育出版社2012年版，第1030页。

全部实现了土纸印刷。保证了陕甘宁边区的报刊出版印刷的需要。①

抗战时期，全国各地已经基本普及使用土纸印报。抗战后期，重庆、江西、福建、安徽等地土纸生产基本恢复到战前水平，成为战时印刷品的主要用纸来源。抗战时期土纸印报不仅"产量突增"，"品质之改良，亦具极大成效"。为使土纸能够适应报业印刷的需要，国人不断实验改良生产工艺，提升了土纸品质。抗战初期，"西南诸省报纸刊物……因报纸缺乏"多"以灰色报纸代"，这种土纸"纸质粗硬，不宜皱折，且其颜色灰暗，油墨印亦甚难阅读"。后经国人实验，研制出以竹叶为原料，颜色淡蓝的印刷用纸。这种纸张"质地较毛边纸为厚，富有绵软吸墨性"，价格比进口印刷纸低廉1/3，完全可以替代"舶来报纸之用"，无论在"卷筒机还是平板机"均可印刷，"各报采用之，咸感满意"。

战时报业对国产土纸的提倡与使用，既是无纸可用的压力所迫，更是一种救亡的爱国自觉。如有报纸说："全国各大报馆，亦宜尽先购用本国纸料，毋以质料之较劣，定价之较昂而弃之，以为外国纸张推广销路。然后可使后起之新闻纸制造业，有改良进步之余地。"②有报人反省报业使用洋纸的历程指出，"我们的报纸上，从若干年前起，就在鼓吹提倡国货，劝大家采用国货。其实报纸的本身，就是一个用洋货的叛徒。这安得不惭愧吗?"③ 呼吁报业应当以国产纸张为先，报业印刷"最好采用国产纸，为国家节省一分资金外溢，既是为国家多留一分元气，亦是为国家多增加一分抗战的力量"，率身垂范倡导土纸的生产和使用，将使用土纸视为报业救国方式。

战时随着土纸生产工艺和纸质的改良，加之价格低廉，土纸完全替代机器纸成为中国报业的印刷主角。战时四川夹江生产的夹江土纸即是著名的新闻用纸，由于该纸售价低廉，其纸色与质量皆能满足印报需求，当时川渝出版的《中央日报》《新民报》《新华日报》《大

---

① 转引自康小怀《抗战时期陕甘宁边区的造纸业》，《中共党史研究》2017年第7期。
② 人治：《中国新闻纸制造问题之研究》，《湖南通俗日报》1934年11月29日。
③ 石农：《关于印报纸问题》，《大公报》（湖南版）1938年10月4日。

公报》等数十种报纸都曾使用过夹江土纸印刷。①　土纸的改良和使用有效遏制了报业纸荒危机的蔓延，提高了中国报业的自立能力，于抗战新闻业的繁荣功不可没。

（三）报界互助中的纸张拆借与联合版刊行

纸荒是战时报业的共同威胁，为求生存，各报往往能够超越派别与利益之争同舟共济，共度时艰，纸张拆借时有发生。《新华日报》经理人张瑾汀曾回忆，抗战初期《中央日报》"存纸用尽，无法出报"，急向各报求援。但当时在渝各报大多库存无多，"自身难保"。无奈之下《中央日报》经理张明炜只得向《新华日报》借纸。尽管两报是"立场不同，矛盾很大的机关"，但是"为了统一战线"和"团结抗日"，《新华日报》不计利害，解囊相助，"一张不少立刻借纸四十令，解了《中央日报》的燃眉之急②。为此，《中央日报》亦将当时国内仅有的一套标题大字铜模，"两两相抵"回借《新华日报》使用。此后，《新华日报》的版面上也有了"各种漂亮的标题字摆上去"，"不但文章内容好，版面形式也是焕然美观，吸引读者的兴趣"，实现了双赢。

在互借之外，如遇纸荒的极端状态，中国报界亦能深度合作发行"联合版"共同进退。1939 年 5 月 3、4 两日，日军轰炸重庆致使"西南、中央、新华"等数家日报纸张供应断绝。当时重庆各报日消耗纸张约"八九百令"，报业支出"纸为最巨"。由于纸张匮乏，筹措乏术，各报"往往奔走数月，仅能苟延残数日"。为解决纸荒，重庆各报被迫发行"联合版"，前后历时 3 个月零 7 天，"十家大报同舟共济，以百折不挠之精神，开报史一新记录③。联合版的成功，为报界应对纸荒提供了成功范例。此后有人建议，既然"纸张来源如此竭蹶"，与其"眼看着大家停刊"，不如让"立场差不多，经济情

---

① 张花氏：《夹江纸——一段不拿枪的抗战史》，《文史天地》2016 年第 4 期。
② 熊瑾汀：《突破纸张封锁使反动派未知失色》，载潘梓年《新华日报的回忆》，四川人民出版社 1979 年版，第 71 页。
③ 黄天鹏：《重庆各报发行联合版之经过》，《新闻学季刊》1940 年第 1 卷第 2 期。

形大致相同的报纸联合起来"①，倡议将联合版作为报业发行常态，此举措和建议为日后报界应对纸荒危机广泛采用。

（四）报业重视纸张的囤积与节用

战时纸荒的频发，使得中国报业在日常经营中更为注重对纸张的囤积与储备，并想方设法尽量减少纸张消耗。《新华日报》经理人熊瑾汀将"纸张之购备"，视为报业经营最重要的工作之一。他说，"一个报馆，如果没有足够的纸张以供印刷，以广发行，那么虽有正确的好文章，很多的好消息也是空的。所以采购纸张，是每个报馆的一种中心工作"。该报极为重视纸张储备，曾派专人奔赴重庆及四川周边地区考察联络，通过参股资助，合作建厂的方式先后兴办正大、正升等纸号，存储了大量纸张，保障了该报战时的稳定发行。无独有偶，重庆《大公报》也同样注重纸张储备，战时该报日发行量曾达十万份，为保障纸张供应，该报常年储备足够维持半年使用的纸张。为此，经理曹谷冰"经常向中国、交通、金城、上海各银行接洽短期借款"，"购储纸张"，当时重庆金融借款 3 个月的利息通常为 21% ~ 24%，而同期纸张价格涨幅超过 50%。纸价的骤变，使重庆各报联合会被迫"每年调整报价数次"。"大公报馆一面用早期购存的纸张油墨印报，一面按新的报价收费，如此循环往复，几年之间，财富大有积累。"② 据报道，抗战时期大后方报业"油墨等印刷材料极度缺乏，白报纸无论卷筒平板皆无购处"，当时"扫荡、大公、时事、新蜀、新民、国民、大江"等报纸都是"用着旧存的纸"③ 抗击纸荒。可见在抗战纸荒困厄中，报界储存纸张以备纸荒之用，是战时报业经营的常态与必要之举。

纸荒肆虐中，新闻界在努力开源的同时还倡导力行节约用纸。战前中国新闻业因纸量供应充裕，"报馆编辑往往不管其重要如何……

---

① 沈锜：《战时报纸改进刍议》，《新闻学季刊》1940 年第 1 卷第 2 期。

② 王芸生、曹谷冰：《新记大公报的经营》，转引周雨《回忆大公报》，中国文史出版社 2016 年版，第 8 页。

③ 知我：《战时行都的新闻业》，《申报》1939 年 2 月 15 日。

编排的格式并没有什么变化",给读者以版式"呆板"之感。战时纸张缺乏,中国内地报纸大多采取"减少报纸篇幅,采精编主义,撷取新闻要点,去伪存菁,避免新闻之重复,缩小广告面","题目的大小完全依新闻的重要性而变化",同时由于版面缩小更加注重报纸内容的"精编选择,不轻易浪费篇幅",报纸风格"从浮华到朴质"①,与战前相比为之一变。

四　结语

　　抗战时期中国新闻业承担着宣传救亡与动员民众的多重使命。受国难影响,战时中国报业发生了严重的新闻用纸短缺问题,置自身于"无米为炊"的危局之中。如报人所言,抗战时期"我国纸张供应之困难,盖为不可讳之事实,亦为战时必有现象"②。国难初期,中国新闻业"辗转迁播",报业运营所需的"机器、设备及图书、资料,多半仍在沦陷区,以至各报设备都极简陋",纸荒是抗战时期中国新闻业的物质匮乏与困厄的体现,是中国报业艰苦境遇的一个缩影。"对于非常时期之报纸问题",中国新闻界迎难而上,"或主屯购储备,以防断绝,或主缩短篇幅,节省纸张"。纸张是报业生存的食粮与血液。战时中国报业的纸荒困厄,不仅危及自身生存,更关乎中国对日新闻战实施。面对纸荒危局,战时中国报业自力更生,逆境求生,通过赞助纸厂,采用土纸替代洋纸,发行联合版,精编版面等方式加以应对,成功疏解了纸荒对战时中国报业的破坏,在绝境中寻找出路,有效抵御了纸荒给战时中国报业经营带来的冲击与破坏。

　　战时中国新闻业对纸荒困厄的成功应对说明,在敌强我弱的极端状态中,中国近代报业存在极强的韧性和顽强的生命力,可以自力更生应对内忧外患的挑战,不断增强新闻救亡的底气与责任。中国报界抗击纸荒的同时,"在极端艰苦的条件下,把抗战宣传战的基础建立

---

①　英度:《抗战与中国报业》,《甘肃民国日报》1948年7月10日。
②　叶致中:《纸荒与倡用土纸》,《商业月报》1940年第20卷第5期。

起来","一面激发同胞敌忾之心，一面对敌伪做口诛笔伐的工作"，战时报业出版"八年来并没有一日中断"，这是报人救国的实践，更成为"民族不可征服性的表现"①，为战时中国报业的复兴与中国抗战文化的发展创造了条件。

① 曹增祥：《抗战期中大后方报纸的特色》，《华北日报》1946年9月1日。

第十一章

中央通讯社与近代中国新闻事业格局的转换

通讯社是近代新闻传播机构的类型之一。自其产生之初，它的主要功能就是为报纸、杂志和广播等大众传播机构提供各类新闻资讯。世界近代第一家通讯社通常认为是法国人哈瓦斯创办。1825 年哈瓦斯将英、法、德等国新闻素材进行整理，供给巴黎报纸，并由此逐渐发展成"哈瓦斯"通讯社。此后通讯社因其强大的国际传播能力为世界强国所看重，形成英国路透社、美国"美联社"等诸强。通讯社出现于 19 世纪初的欧洲。和商业报刊一样，都是工业革命的产物，同时也是一对双胞胎。两者相辅相成，相互为因。联合国教科文组织（UNESCO）的著名报告说："通讯社的创办既有助于办起大宗发行的日报，同时也是继办起这种日报后出现的。"①

中国最早的通讯社是 1872 年路透社在上海设立的路透社远东分社。国人自办通讯社则是 1904 年骆挺之在广州创办的中兴通讯社。②据戈公振《中国报学史》统计，截至 1916 年，全国共有通讯社 150 多家。其中"北京最多，武汉次之"③。另据《报学季刊》统计，1934 年上海有通讯社 30 家，北平有 47 家，其中绝大多数为国人自办。但是，中国自办通讯社虽然创办之初占据绝对的数量优势，但"实际设备甚简"，加之国内政治斗争的复杂，以致这些通讯社大多

---

① 《多种声音一个世界》，中国对外编译出版社 1981 年版，第 12 页。
② 蔡铭泽：《新闻传播学》，暨南大学出版社 2014 年版，第 137 页。
③ 戈公振：《中国报学史》，生活·读书·新知三联书店 1955 年版，第 253 页。

"一党一派而宣传",不仅"不为国内报刊所信任,对外更无论矣"①。

通讯社从创办之初即具有鲜明的国际传播特征,是世界强国争夺舆论霸权的利器。第一次世界大战期间,德皇威廉一世曾感慨,"德国的失败,不是失败于军事方面,而是德国没有一个路透社"②。在国际传播斗争中,通讯社无论是传播力和影响力都远在报纸之上。通讯社的"力量比报纸大","报纸可以给若干万人看的,而它的消息却可以给若干百万人看;在空间上,报纸可以流行于一定的地域,而它的消息却可以超越一定的地域,而流畅于广泛无限的世界"③。戈公振更是明确提出,"自今日之国际眼光观之,报纸之销量常委文字及地域所限,若通讯社纸消息,则常能间接遍及各国,通讯社势力骎骎乎驾于报馆而上之"。因此"各国政府"无不投入"巨帑","从事于此,为外交上之利器也"④。

传播格局的失衡引起中国新闻界有识之士的高度警觉。1909 年上海《民吁日报》即呼吁"今日创设通讯部之不可缓"⑤。次年中国报界又痛陈,"吾国报纸,欧美情势及外交消息,皆取材外电。彼多以己国之利害计,含有宣传蛊惑作用,故常有颠倒是非、变乱真伪之举。抄载稍一不慎,鲜不堕其术中"⑥。1910 年全国报业俱进会成立之初即倡议设立通讯社,希望从边疆及海外入手依次推及内地。⑦ 1920 年,全国报界联合会又颁布决议,选派富有经验的海外留学生赴欧美重要都会"探访调查,缓用邮高,急以电达",但因经济拮据多流于空谈而未及实行,形成了对外国新闻通讯社稿件高度依赖的局面。

在国际上,通讯社的经营虽仍标榜"真实""迅速""客观"等新闻原则,但在近代错综复杂的国际斗争中,各国通讯社皆受各国政

---

① 戈公振:《中国报学史》,生活·读书·新知三联书店 1955 年版,第 253 页。
② 安清:《建立健全国营通讯社》,《上海记者》1942 年第 1 卷第 1 期,第 46 页。
③ 侯轩明:《怎样办通讯社》,《党务周报》1928 年 9 月第 10 期。
④ 戈公振:《中国报学史》,生活·读书·新知三联书店 1955 年版,第 254 页。
⑤ 转引自王润泽《中国新闻媒介史》,北京大学出版社 2011 年版,第 238 页。
⑥ 戈公振:《中国报学史》,生活·读书·新知三联书店 1955 年版,第 255 页。
⑦ 同上书,第 254 页。

府巨额之资助,所谓共同"遵守之信条,早已破坏无余"①。这些在华通讯机构,其新闻生产大多从本国殖民利益出发,对中国反帝爱国运动和国民革命运动极尽诋毁和中伤,引起国内爱国民众和新闻界的强烈不满。戈公振指出英国路透社和日本的东方通讯社对华新闻输出规模最大。前者成为"供给我国报纸新闻"之"翘楚",后者则"日本政府之机关"。更有爱国士人对西方在华通讯社进行了更为细致的分析。例如路透社确以英帝国利益为转移。它在中国之所以能发展迅速,盖因"我国无大规模通讯社之组织"。"在我国之积极活动,含有多量之政治背景","此国人不可忽视着也"。而从更为深远的视角来看,民国初年,路透社、合众社、电通社"已造成分割和操纵我国新闻市场之局面",其活动不仅破坏中国的自主之"新闻政策",且"妨碍我国新闻通讯社之发展"②。

抗战前中国"内地新闻"与"国际消息"几乎沦为英、美、日等国通讯社的"独占事业"。中国虽名义上为英国路透社的势力范围,但实际已成为日、美、法、德等国通讯社协作共管的局面。外国通讯社借助其在华特权,抢占信息市场,到抗战前完全主导了中国信息的对外发布和传播,形成了对中国新闻信息市场的绝对垄断。在报道中,外国通讯社热衷报道"殖民大国相关的消息",而对于中国这样所谓"边缘国家"的报道多集中在负面信息,诸如"内乱""灾荒"和"诡异事件"。从而形成了国际新闻报道格局中"东方"与"西方","南方"与"北方"的不平衡现象。而争取中国信息自主权,建立新的国际传播秩序,则成为近代中国争取新闻救国,谋求报业独立的中心议题。

近代中国自路透社在华活动开始后,外国通讯社迅速成为中国新闻信息市场的主要供应者。正如一位报人所言,"我们每天看报的时候,常常看到国内或国际新闻的前面,有'路透社 xx 日电,哈瓦斯 xx 日巴黎电'的字样"。而每遇到重大突发事件发生,时常因外国通讯社的报道,造成"不利于我国之世界舆论"。例如,日本为侵占中

---

① 王绍成:《国闻周报》1932 年第 9 卷第 14 期。
② 王绍成:《国闻周报》1932 年第 9 卷第 15 期。

国东北蓄意制造的中村事件和"九·一八"事变，即利用其国际通讯社之势力向世界诬告中国炸毁南满铁路，混淆国际视听，使我国在外交中陷于极为不利的境地。民国记者龚弘不无感慨地指出："中国自己经营的新闻通讯事业除小规模的私人经营，良莠不齐。大规模的全操于外人之手，这是一种多危险的事。好比吾人的耳目被外人掩塞操纵，一旦有事被外人摆布，其危险可知。所以决定用国家力量来发展吾国通讯事业。"① 抗战前，中国新闻界呼吁："国难当前之今日，为我国宣传计，为实现自主之新闻政策计，均应创办大规模之国际与国内通讯社，此乃刻不容缓。"更有读者呼吁："一个国家有一个代表通讯社，差不多已经成为普遍的事实了。"有鉴于国际宣传斗争的需要，为摆脱中国对外国通讯社信息的依赖，国人曾自办一批通讯社。中国近代国人自办通讯社大体可分为官办和私营两类。前者以中央通讯社为代表，后者则以民国初年上海的国闻通讯社、申时电讯社等为代表，但终因力量有限未成规模，所办通讯社经营捉襟见肘，大多沦为西方通讯社代办机构。寻求信息流动与内容的公正和平等，用举国之力兴办国家通讯社，打破外国通讯社对中国新闻市场的垄断，已成中国新闻界争取新闻传播民族自决权的重要路径之一。

1924年4月1日中央通讯社成立，全称为"中国国民党中央执行委员会宣传部通讯社"（以下简称中央社），该社初创时期以传播国民党"党务资讯"为主要功能。1932年，萧同兹出任社长，对中央社开始了大规模改革，通过引进人才，更新设备，改革新闻报道内容与方式，使该社具备了国家通讯社的气象。作为民国时期中国唯一的国家级通讯社和少数具有国际影响力的新闻机构，国内新闻史研究学者对中央社却鲜有关注。从近代新闻产业发展的专业角度考量，我们不难发现，中央社对于近代中国新闻传播业态产生的影响是复杂和多面的，唯有依靠史料深入具体的历史情境中，对其进行重建，才能于纷繁复杂的历史事件中，真实和准确地还原其面相，方能对其在中国近代新闻传播史上的地位予以客观的评价与审视。中央通讯社是近代中国规模最大的国家级通讯社，它的兴办及经营，对于民国新闻业

---

① 龚弘：《中央通讯社巡礼》，《中外月刊》1936年第10卷第4期。

的传播格局产生了极其深远的影响。随着中央通讯社实力的壮大，民国时期中国新闻界打破了近代以来重大新闻需依赖外国通讯社的失衡状态。中央社所确立的"专业化""社会化"的服务理念，促进了国内新闻传播业发展的平衡，刺激了中国地方报业的勃兴。文章通过挖掘史料，对中央通讯社在中国报业演变中所发挥的复杂作用，进行了重新的定位与评估。

一 中央通讯社——国民党政治传播的"喉舌"

1924 年国民党一大召开，宣布在广州设立中央通讯社，其首任社长为刘庐隐，以"发布党内新闻"，帮助国民党宣传为主要任务。其真正壮大则是在北伐战争时期。1927 年，中央社从广州迁入南京，国民党中宣部主管新闻宣传的萧同兹参与其工作，中央社步入快速发展时期。在国民党蒋介石政权与地方军阀混战中，中央社一跃成为国民党宣传体系和舆论控制的重要一环，不仅成就了南京国民党政府在信息传播和发布的优势地位，更成为蒋介石所倚重的舆论武器而被倍加重视。

1929 年南京国民党政权与阎锡山和冯玉祥展开混战，一时间"举国骚然，谣言四起"。而有线电报信息传输又甚为"迂缓"，中央社于是借助国民党短波电台，播发消息，每天下午 2 点和 8 点两个时段，由全国各地机关和报馆接收，自此中央旨意和讨逆军情得以一日之内，播发全国，其功效迥非电报所能及也。除此之外，中央社还乘势供给海外报纸以电讯。其经费均由国民党政府资助。在军阀混战期间，该社"一遇重要消息，即优先拍发"，数日一电，或一日数电，字数不等，月花费电讯费高达 2000 余元。从而将国民党的内外政策和军事胜利迅速传播至海外，从而稳定了外国势力和海外华侨对国民党政权的信心。

"九·一八"事变后，中国抗日救亡运动风起云涌，1932 年全国各地成立锄奸团，惩办汉奸、卖国贼和奸商，一时间"南京、徐州、杭州、天津各处热血之士，相继执弹而从，扫除全国奸商"，得到了全国新闻界的热烈报道和响应。唯中央社，对锄奸团的行动报道十分消极。甚至刊登启事，要求"各报切勿刊登是稿"，新闻"即发之而复收之"，故当时各报报道称："中央社既为官厅宣传机构，秉承政府旨意而如是也。"① 从中揣测国民党政府对于"锄奸团"的政治态度，有所进退。

1935 年日联社发布新闻稿称，蒋介石与中国共产党达成谅解，国民党将"容共联俄藉以制日"，中央社迅速做出反应，发电辟谣称，"自民十六清党以来，始终采取积极肃清政策"，不仅军事上有"积极剿共之事实"，而且所谓"容共政策实为离奇而堪惊异"②。

为了加强信息传播的准确性，这一时期，中央社随着国民党军事行动的拓展在其组织内发展了众多通讯员，同时在津浦线、平汉线、陇海线等交通沿线派驻了随军记者。他们采写的新闻"敏捷确实"，且题材丰富。每日发稿两次，有线电报亦未停止。日均稿件销售 400余份，通讯费用增长至 3 万元每月。③ 1930 年中央社从国民党党部迁出，标志其进入了独立发展的快车道。1932 年进一步计划扩充中央社规模。不仅在国内增设机构外，还计划在北美、中美和南美及澳大利亚等重要地区拟派通讯员。④

在中央社组织章程中，明确了该社的性质、机构设置、人员和资金的各种情况。该社隶属于中央执行委员宣传部，并与交通部订立合同，借助专用无线电台，传递和广播无线电讯。其社长由国民党任命，其各部门主任则由社长任命。其经费来源由其稿费支付，不足的差额则由国民党予以津贴资助。全盛时期中央社甚至决定了中国报社的作息时间。有报人曾抱怨为等待中央社的电稿，全国各大报馆大多要工作到凌晨四、五点钟才收场，若是遇到重要新闻发布甚至要到五、六点钟，各报馆才能排完版面，打印清样，此时东方早已大白。长期的夜班工作，使得不少报人健康恶化。"长夜煎熬，终年如是，摧残健康"。

抗战时期为维护国共两党团结抗战的局面，中国共产党积极配合

---

① 《中央社不同情锄奸团》，《礼拜六》1932 年第 465 期。
② 《中央社闻客共谣》，《华年》1935 年第 4 卷第 39 期。
③ 《附录——中央通讯社工作概况》，《中央党务月刊》1929 年第 12 期。
④ 《充实中央通讯社》，《中央党务公报》1933 年第 11 期。

和利用中央社这一媒体平台向全国民众展示中国共产党的抗战主张和坚定意志。1937年，八路军领导人朱德和彭德怀接受了中央社记者王少桐的专访，针对我党的抗战军政主张和国共两党统一战线问题做了系统的回应，该文随后以《今日之朱彭》发表在《中央日报》上，对平型关大捷给予积极报道，并被我党《解放》周刊转载。中国共产党指出："对于八路军长短作公正之介绍……我们愿意将八路军的一切优点介绍给全国友军"，并由此希望"全国先进记者乃本客观之态度，积极将八路军之情形介绍给全国友军，这对于争取抗战胜利，确定是给以莫大的援助"。1939年9月16日，毛泽东又接受了中央社、《扫荡报》和《新民报》的联合专访，回答了抗战相持阶段是否到来，如何实现战时民主政治，抗战统一战线如何维护等问题。随后在延安的采访中，中央社记者观察到，八路军到处都能得到群众的同情和帮助，记者在八路军的驻地无论问哪位居民都能得到（对八路军）好的评价。

解放战争时期，为维护国民党的一党专政统治，中央社亦不惜制造谣言打压异己。例如1947年10月中央社发电称，"中共将民盟失业人员尽量收容，运往侵占区工作"，并言之凿凿地注明此消息，"乃确定不移"。此消息一出，梁漱溟和民盟迅速发出声明，称此信息为"不择手段之陷害"，民盟质问中央社虽贵为国民党的通讯机关，竟然公然散布这样拙劣的谣言，终将追究其法律之责任。1947年10月，中央社受国民党之命颁布民盟"参加叛乱"之资料，全国各大报纸相继转载，民盟为此驳斥称，"考其内容，全属虚造"，并由民盟南方总部刊印《斥中央社所谓"民盟参加叛乱真象"》一书，针对中央社的政治诬陷给予澄清。解放战争期间，中央社亦多次指责中国共产党挑起战争。1947年中央社发布一年军调处工作总结，企图将二者的摩擦和争端归咎于中国共产党的挑衅，新华社借助在香港的《群众》杂志撰文给予逐条批驳。在《评中央社"一年来军调处工作总结"》一文中，新华社记者用大量事实，证明在过去的1946年国民党军队对解放区进行了残酷的围剿和封锁。

由于中央社后期对国民党政治的粉饰，对其他党派的造谣和攻击，使得该社的职业精神和新闻道德备受民国新闻界的诟病和批评。有报人指出，中央社是国民党专制统治的附属物，该党自身的腐化民众有目共睹，而中央社却仍竭力为之粉饰，自然为民众所厌弃。更有青年直陈"中央社于今年来之倒行逆施"，对于国统区此起彼伏的学潮的"歪曲之报道，恶意之宣传，非但社会人士对之完全失去信任，学府中同学对之尤为齿冷"。在爱国学生中，中央社被视为"造谣机关"，见中央社新闻多弃之不顾，而稍有理想者"均以服务中央社为耻"。

二 中央社设置之初打破了近代中外新闻传播格局的失衡状态

近代中国的积贫积弱形成了中外新闻传播严重失衡的状态。这种失衡不仅意味着新闻传播力量、传播流向等方面，中国与列强存在着巨大差异，更意味着在国际传播斗争中，中国难以掌握话语权。1872年，路透社在上海开设分社，此后法国哈瓦斯社、日本日联社等先后在华开展业务，借助列强势力，攫取新闻市场。但中国媒体确因普遍采访能力不足，重大新闻报道普遍依赖外国通讯社供稿，至此形成了外国媒体垄断中国新闻信息市场的局面。如路透社来华后即"独霸我国新闻市场计有60余年之久"，"对内操纵我国的舆论与命脉，对外无形中成为中国的代言人"[1]。更有外国通讯社利用身份优势，获取情报，散播谣言，混淆视听，干涉中国内政，严重侵害中国的国家权益。

传播格局的失衡引起中国新闻界有识之士的高度警觉。中国报界曾痛陈，"吾国报纸，欧美情势及外交消息，皆取材外电。彼多以己国之利害计，含有宣传蛊惑作用，故常有颠倒是非变乱真伪之举。抄载稍一不慎，鲜不堕其中"[2]。为与外国通讯社抗衡，国人曾自办一批通讯社，如民国初年上海的国闻通讯社、申时电讯社等，但终因

---

① 曾虚白：《中国新闻史》（下册），三民书局1984年版，第571页。
② 戈公振：《中国报学史》，生活·读书·新知三联书店1955年版，第255页。

力量有限未成规模。事实证明，举国之力兴办国家通讯社，打破外国通讯社对中国新闻市场的垄断，已成为摆在中国新闻界面前刻不容缓的课题。

　　1931 年，中央社着手与路透社、美联社、哈瓦斯社和塔斯社展开谈判，签订交换新闻合约。但因人员不足和设备简陋，这些协议徒具"象征"意义，中央社"发出的电讯很少为上海各报所采用"。为扩充实力，中央社确立五项发展目标：第一，在全国布置新闻采访网络，广泛采集国内各地的新闻，供应全国各地报纸；第二，在世界重要国家和地区派遣常驻记者；第三，与其他国家通讯社订立新闻供应合约；第四，必须用电报传递和传播新闻；第五，承担国家对外宣传的任务，目标是使中央社"成为一个规模宏大的国家通讯社"。借助国民党政府的大力支持，从 1931—1937 年，中央通讯社先后在上海、天津、西安、南昌、重庆、成都、贵阳、广州等地建立了 35 家分社及办事处，同时在东京、日内瓦、新德里和香港建立了四处海外办事机构。中央社还收购了路透社在南京和上海的电台、设备和人员，在此基础上组建为中央社收报机总台。全国电报通信网络的建立使中央社的实力大增。30 年代中后期，中央社陆续与国外通讯社签署了一系列交换新闻的协议：详见表 11 – 1[①]

表 11 – 1　30 年代中央社与国外通讯社签署交换新闻的协议统计

通讯社	时间	主要内容
路透社	1933 年 12 月	中央社与路透社订立交换新闻合约
路透社	1934 年 1 月	中央社收回在上海以外各地的中文发稿权
哈瓦斯社	1933 年 12 月	中央社与哈瓦斯社订立交换新闻合约
合众社	1934 年 1 月	中央社与美联社订立新闻合约，在南京编发合众社中文稿
海通社	1939 年 11 月	中央社接收海通社在华电台，并代编发该社新闻广播

---

①　《中央社六十年》，中央通讯社编印 1984 年版，第 15 页。

从 1931 年至 1939 年，中央社用了八年时间，逐步收回了外国通讯社的发稿权，依靠实力逐渐打破外国媒体对中国新闻市场的垄断。据马星野回忆，"只有强有力的通讯社，才配同人家谈自由谈合作，不然不是自由而是支配，不是合作而是垄断"。中央社与国外通讯社能签署新闻交换合同，显示了该社新闻信息的搜集传播能力取得了显著提高。

为增强对外传播实力，中央社于 1934 年 9 月成立英文编译组，专门负责中外新闻的编译工作。"当时外国驻华记者并非精通中文"，西方媒体翻译中文新闻有不小的难度。为此，中央社独辟蹊径，引进了一批受过美国密苏里大学新闻教育的熏陶、笃信新闻救国理念的青年俊杰入社工作。其中任玲逊、汤德臣、卢祺新、沈剑虹、王家松、徐兆镛、李宜培、曾恩波来自燕京大学新闻系，曹圣芬、彭河清、赵炳良、林家琦、潘焕昆、风申等则毕业于中央政治学校新闻系。英文编辑社成立之初，稿件无人问津，他们决定从北方英文报业打开缺口。该社在天津免费为《天津时报》和《华北星报》提供英文稿件，一天三次。因中央社在"政府公告""外交声明"新闻的发布上享有特权，很快就取得了两家报社的信任，随后，"政治新闻、煽情新闻以及外国通讯社所不能掌握的中国城市的众多新闻"，也开始由中央社供稿。试用结束后，两家报纸均对中央社的服务感到满意，遂以每月四十元的价格订购中央社的业务。据徐兆镛回忆，"英文部开办之初，各地外人主办之英文报纸，囿于成见，采用甚少，因本部之努力改进，外报态度逐渐更改，至二十六年抗战开始之前，各地英文报纸均采用本社英文稿，即未发稿各地引文报，亦有抄收英文广播者"[1]。北方新闻市场的拓展，终结了半个多世纪以来外国通讯社独霸中国新闻传播市场的局面，为中国新闻业独立发展拓展了传播空间，更为日后中国新闻界走向世界、拓展国际传播空间提供了契机。

中国近代通讯社虽然众多，但大多没有稳固的经济基础，更缺乏远大眼光的主持人。所以其通讯社大多设备简陋，工作成绩亦十分贫

---

① 徐兆镛：《英文编辑部之过去现在与将来》，《二十周年纪念刊》上辑，1954 年版。

乏。加之政治力量和各方面的阻挠，不但无法谋求发展，甚至不能生存。

1931 年中央社在社长萧同兹主持之下，分设编辑、采访、电务、事务、英文各部门。其人员亦扩充至 30 多人，是此前的 4—5 倍。1932 年中央社规划在全国设立华北、华东、华中、华南、西北五大通讯网。其中心分别为北平、上海、汉口、香港和西安。在社务管理上，萧同兹借助蒋介石的信任，提出中央社总部迁出国民党党部，社务组织和工作主持自由的建议。在宣传政策上，中央社提出接受"中央党部的指导"，但要有"独立之精神"。1935 年在广州、重庆、成都、南昌先后设立分社。抗战后又进一步在长沙、兰州、贵阳、昆明、洛阳、福州、迪化设立分社。

30 年代以后，中央通讯社开始积极参与国际重大新闻事件的报道，在国际传播中崭露头角。1933 年 11 月，中央社派新闻学术名宿戈公振以特派记者身份出席日内瓦新闻国际会议。此后该社又向马德里、东京、菲律宾、柏林等地派驻记者采访。1936 年柏林奥运会期间，中央社记者冯有真利用德国无线电设备，"直接将比赛进程，传送回国内"，开中国新闻传播现场直播报道先河。抗战前为掌握日本侵华动向，中央社派国民党资深报人陈博生①筹办东京分设，"这是中央社第一个国外分社，也是中央社迈向国际性大通讯社的第一步"②。抗战期间，中央社记者活跃于印度新德里，美国旧金山、纽约、华盛顿，英国伦敦，德国柏林，法国巴黎，苏联莫斯科，阿根廷布宜诺斯艾利斯，发回了大量域外报道。此时，中央社记者已开始与国外新闻同行展开业务竞争，经历了残酷战争考验，进一步确立中央社世界级新闻通讯社的地位。这一时期，中央社向各战区派驻大量战地记者，他们用"普遍与深入的采访，报道战争的演变"。其中李缄三同中国远征军翻越野人山，彭河清随军采访滇西战场，宋德和随美军报道太平洋战场消息，用国人的视角，向世界报道中国和世界反法

---

① 陈博生：国民党资深报人，马星野评价其"懂英文，谙日文，也深稔国际关系，同时有长久的办报经验"，对"中央通讯社"的发展贡献颇大。

② 《中央通讯社特刊》，中央通讯社 1971 年版，第 26 页。

西斯战争的动态。在新闻信息传递速度上，中央社记者彭河清抢在美联社和路透社之前发布了中国军队收复龙陵的胜利消息，而曾恩波则第一个向世界播发了日本在密苏里战舰上投降的新闻，从而赢得了国际新闻界的尊重。1945年9月，中央社记者曾恩波与路透社、美联社等世界五大通讯社，共同参与了日本在密苏里号战列舰上的投降仪式报道，中央社的国际地位得以确认。①

值得一提的是，尽管中央社在海外通讯网络的建构上十分重视，但海外新闻的接收和发布却仍以路透社、哈瓦斯社的电稿为主。其海外新闻多为与上述通讯社交换稿件获得，并多为编译稿件，缺少原创和自行采集的新闻。故有报人抱怨称，中央社虽有十余处海外分社，但国际新闻却仍不丰富，仅有南洋新闻来源较好。发回之"直接采访消息，仍甚有限"，无法完全"替代交换电讯之外国通讯稿"，因此建议中央社的海外通讯网应进一步"扩大"，内容仍需"扩充"和加强。

三　中央社提升了地方报业获取及发布新闻的能力

中国近代社会的不平衡性导致新闻传播业发展也随之失衡。近代新闻事业主要集中于北京、上海、武汉等中心城市，而广大内陆地区由于经济不发达，文化教育事业落后，新闻事业发展极为薄弱。中央社的建立及服务为中国地方新闻事业的崛起提供了契机，使广大内地传媒拥有了与中心城市相同的新闻信息源和发稿速度，进而打破了发展瓶颈。

萧同兹出任中央社社长之初，即提出以"专业化"的精神立足于为中国新闻界服务。中央社国内分社，每天上午十点专机抄收来自总社的甲种广播电讯信息，到午夜截止。另设发报机及收报机与总社保持直接通报。分社编辑来往电讯使用摩尔斯电码，接收总部发出的国际、国内新闻电码。然后译成中文，送交编辑室加上标题，经校对和油印分发给各地报社。各报社编辑，拿到的中央社稿件都是经过整理

---

① 冯志翔：《萧同兹传》，传记文学出版社1974年版，第224—225页。

的新闻成稿，通常无需再次进行修订和编辑，从而极大地减轻了报社编辑的工作量。

以往地方新闻业的新闻信息获取极为不便，"大多采撷各大埠的旧闻，于新消息发生数日甚至半月才登出"，这严重制约了中国地方新闻业的发展和竞争力。这种信息落后与闭塞的局面，至中央社通讯网络建立开始发生改变。如杭州《东南日报》本为一地方报纸，自设中央社的收报机后，"消息和各大报一般经营，因此大昌"，加之经营出色，其报纸"行销全浙各县，上海各大报的销量因此大跌"①。而武汉和郑州的报纸竞争，因"争抢平汉路的市场"，"汉口的报纸一直占据上风"，"后郑州报纸接受了中央社的消息，武汉报纸只好和郑州报纸平分平汉路的销路"②。无疑，中央社的设立打破了中心城市在报业竞争中的优势和垄断，提升了地方报纸的实力。胡适曾说："有了中央社，才使国内各地报纸改换了新面目，这是中央社最大的成就。"③ 中央社的工作提高了地方报社获取新闻信息的能力，使之具备了与全国大报相同的信息搜集能力和发稿速度。胡适在安徽绩溪乡居期间，阅读当地的报纸，发现上面刊登的是前一天的国际和国内新闻，对此甚为惊喜，很显然这种情况要归功于中央社的努力。刘豁轩更直言，"中央通讯社的成立，对于全国二流以下的报，有很大帮助，差不多购一份中央通讯社的稿子或买两架无线电收报机，便可以办一个像样的报纸"④。

除了为地方报纸提供新闻外，中央社还设立采访部将全国各地新闻稿件进行汇总、整理和编排，视其价值供全国使用，甚至转发国外媒体。此外，中央社各分社记者还会自行采访和撰写"连载性质的专访和特稿，供本地使用"。即使没有设立分社的地方，报纸只须聘雇三至四个报务员和两至三个电务员，购置一架收报机即可每天接收一万五千字的甲乙种广播，其信息量足够两张四开的地方报纸使用，办

---

① 龚弘：《中央通讯社巡礼》，《中外月刊》1936 年第 10 卷第 4 期。
② 同上。
③ 《中央通讯社特刊》，中央通讯社 1971 年版，第 32 页。
④ 冯志翔：《萧同兹传》，传记文学出版社 1974 年版，第 224—225 页。

报的人力和开支成本节省一半。当时有报人认为，"中央社的消息既真实而且迅速，密码取费也不贵，于是索性将自己的通讯部裁去，专用中央社的稿件，内地报馆也因方便之故，踊跃购取，中央社的经营遂蒸蒸日上，差不多整幅报纸上的电讯，不论国际国内几乎都是中央社的电稿"①。

中央社的存在，使全国各省甚至各县地方报纸具备了京、津、沪等大都市报纸相同的信息资源，它们无需再依赖大报的新闻传播即可独立生存，这是"中国新闻事业史上的革命性变革"，这进一步带动了地方报业的勃兴，为日后抗战时期中国新闻业坚持抗日宣传打下了基础。抗战期间，在"敌机狂轰滥炸的情况下，中央社最重要的业务各种新闻广播，仍能每日播发，不稍间断"②。1937年9月25日，南京中央社总部遭受日本飞机猛烈轰炸，日本通讯社甚至叫嚣，以后将再也听不到"中国人的声音"。但仅过数小时，中央社的新闻广播又重新恢复播出。抗战时期，在广大沦陷区的爱国报人坚持抗日宣传，他们依靠中央社新闻来保证报纸的运行，镇江《新江苏报》报人包明叔在敌人后方每天接收到中央社新闻广播，该报消息完全依赖中央社的广播供稿，油印报纸在敌占区秘密发行，③ 中央社成为敌占区报人获取外界讯息的重要渠道。

抗战时期中央社的报道和服务，为保持中国新闻业实力、宣传国人不畏强敌坚持抗战的斗争精神，发挥了重要作用，赢得了中外新闻界的普遍赞誉。《新华日报》陆诒曾赞扬中央社记者的报道说，"当时大部份关于战争的通讯，皆由中央社随军的同业拍发"④。张继鸾则在《赠战地记者》中开篇说："我首先要感谢中央社的同人。以武汉为中心的报界，规模都不够，战地特派记者，一般不多，而且是间断的。所以战讯的供给，主要靠中央社，其他各地更不

① 冯志翔:《萧同兹传》，传记文学出版社1974年版，第128页。
② 《中央通讯社特刊》，中央通讯社1971年版，第39页。
③ 包明叔:《我在新江苏报与萧先生的交往》，《常宁文史资料》第4辑，政协湖南省常宁县文史委员会1988年版，第63页。
④ 许晔:《抗战时期的中央通讯社》，《档案与建设》2009年第3期。

待论。"①

抗战结束前，中央社曾为未来新闻服务提出了规划，试图通过社会公营，进一步提升中央社的社会服务能力。《中央日报》社社长马星野提出，要将中央社建设成为"全中国新闻共同财产，用合作组织之方式集中人力、物力和财力，以图迅速之扩充"。他甚至雄心勃勃地宣布，"中央社国际新闻为今后努力的核心，使中央社采访及发稿之地点普及于全世界"，朝着具有国际知名度与影响力的世界通讯社努力。②

1933 年国民党颁布新闻检查条例，其中明确各报社发布新闻"以中央社消息为准"，使得各地报社对中央社的采稿逐年上升。1935 年中央社的新闻能够占据内地报纸十分之四五的版面。到 1936 年随着国内报纸对中央社的认可，其国内新闻所占版面大概上升至 7/10—8/10，国际新闻大致为 1/10，这样两者相加已经能够占据内地报纸十之八九的分量。战时尽管民营通讯社如民革社、革新社等相继建立，但在新闻检查制度的重压下未能对中央社构成威胁。战时随着政治重心的西迁，中央社在西南地区通讯网络迅速建立，形成了战时中国报业的"包办式"发布。正如张玉珩所说，抗战时期无人可以撼动中央社的新闻地位，即使"没有新闻检查制度，当时中国也没有一家报社可以建立自己的通讯网"，而"战报"的发布，中央社更是享有"独占性"的特权。

由于中央社对战时新闻发布的垄断，使得战时中国无论是国内新闻还是国际消息，大都是千篇一律的中央社电稿。这令读者感到十分厌烦，甚至有人提出停止战时各报发行，统一发行联合版，以节约"人工纸张"，由中央社直接供给"纸型"。

抗战胜利初期，伴随着新闻检查制度的放宽和各报对中央社性质的认知，各地报纸对中央社的新闻多缺乏足够的"信任"，这使得中央社的权威和垄断地位受到民营通讯社和各地方报业的挑战，故其在

---

① 张继鸾：《赠战地记者》，《中国新闻学会年刊》1944 年第 2 期。

② 马星野：《新闻自由与中央通讯社》，《新闻自由论》，中央日报社 1948 年版，第 27—29 页。

中国近代传媒的职业建构与文化嬗变

中国报业，尤其对知名大报的影响力有所下降。据燕大新闻系抽样统计显示，战前中国内地报业新闻主要依靠沿海大报新闻的简报为生，新闻时效性不强，内容更是贫乏得可怜，内地仅有部分国民党党报使用中央社电稿。

1947年3月20—22日，三天全国部分报纸版面统计显示见表11-2：

表11-2　　　　1947年3月20—22日中央通讯社供稿
在各地报纸日均所占版面统计

城市	报纸名称	中央通讯社供稿所占版面	其他新闻所占版面
北平	《世界日报》	56%	44%
重庆	《大公报》	57%	43%
上海	《新闻报》	44%	56%
杭州	《东南日报》	59%	41%
承德	《长城日报》	100%	0%
归绥	《奋斗日报》	100%	0%
沈阳	《东北前锋》	96%	4%

这表明，抗战后中央通讯社对大报的影响已非战前。各大报章的新闻采写力求多样化，有意规避因中央社供稿而给读者造成缺乏个性的印象，这是报业竞争的必然结果。而承德、沈阳等地的报纸，因为自身能力的薄弱，仍是中央社电讯的"翻版"，缺乏竞争，也缺乏生气与活力。

加之中央社在战后沦为国民党内战宣传的工具，而这种"长久欺骗的结果"使得"中央社在民众心目中成为毫无信誉的说谎"。而报纸刊登中央社的电稿，无疑是以毁坏自身信誉和权威为代价的。

四　结语

30—40年代，中央社之所以仅用十年左右时间，就从惨淡经营的无名之辈，迅速发展成为世界知名通讯社，得益于蒋介石政府的全力扶持。中央社的发展计划是由蒋介石亲自审批，① 其经费和设备由国民党中央党部、民国政府教育部和财政部划拨。② 特殊的政治地位，促使中央社为国民党的内外政策服务。国民党和蒋介石的重要公文均由中央社负责发布。如报人刘豁轩指出"该社是国民党主办的，虽然在新闻政策上努力减少党的色彩，但终不免有党性色彩"③。其经费经过国民党中央监察委员会校审，中央执行委员会财务处支付，分社由总社核算报销。中央社尽管标榜其超党派的社会服务理念，但实质上却难以摆脱对国民党政权的依赖，其作为国民党的官方喉舌的功能与性质始终未变。

中央通讯社，虽然打破了国人对外国新闻通讯社信息的依赖，但却为中国新闻界树立了新的"权威"与"垄断"。尤其是中国地方报业因采访能力普遍不足，故严重依赖中央通讯社的新闻供稿，导致全国报纸信息源单一。故有报人指出，"全国报纸凡中央社所能到的地方，地无论南北，报纸无论大小，新闻内容是大同小异，千篇一律的'标准化'"④。同质化的倾向严重降低了中国报业的良性竞争。

中央通讯社对中国新闻传播格局的影响是复杂和多面的。一方面它是国民党创办的比较成功的新闻机构，打破了外国新闻机构对信息源的垄断，提升中国新闻业的竞争实力，促进了中国报业良性发展；另一方面，它毕竟是国民党一手扶持建设起来的新闻机构，虽标榜新闻专业主义的服务理念，却终难摆脱党性色彩。袁昶超曾在《中国报业小史》中说："在中国报业史上，恐怕没有一个新闻机构，其组织、规模与贡献，能够胜过中央社的。如果继续有安定的环境，中央

---

① 高仲芹：《萧先生和中央社无线电通讯网》，《常宁文史资料》第 4 辑，政协湖南省常宁县文史委员会 1988 年版，第 21 页。

② 王凌霄：《中国国民党新闻政策之研究》，中国国民党中央党史委员会 1996 年版，第 87 页。

③ 刘豁轩：《中国报业的演变及其问题》，《报学》1948 年第 1 期。

④ 同上。

社将不难发展成为一个国际通讯社，与英美各通讯社并驾齐驱。"①
解放战争时期，中央社为国民党政治服务，完全将新闻道德丢弃，尽
管其看似"资本雄厚"，但实际已对青年有为者无多少吸引力可言。
中央社已经"暮气索然"，最终未能挽回"永走下坡路"，与国民党
政权"同归于尽"命运。

---

① 袁昶超:《中国报业小史》，新闻天地社 1957 年版，第 91 页。

第十二章

"九一"记者节与近代中国记者
职业形象的建构

　　"九一"记者节是民国时期中国报人群体的职业节日。它于1933 年由杭州记者公会呼吁创设，1944 年被国民政府正式确立为法定节日，至 1949 年前，其节日纪念活动前后延续近十五届。在新闻界与官方双重推动之下，"九一"记者节成为民国时期国人广泛参与，颇具认同度的职业纪念日。作为中国新闻界"极富有纪念的日子"，记者节的创设及活动，对于民国新闻界整合社会资源，凝聚报业力量，净化报坛风气，繁荣报学研究都发挥了极为重要的作用。以往学界对于该节日的研究，多从其创办的政治动因入手，认为该节日是报人反抗"国民党反动政府压迫舆论"，"争取民主自由"① 的政治活动，其论述多从记者节创设原因去考察，视角较为单一，尚缺乏对记者节整体性的研究。中国新闻界如何度过这个"自己的节日"？他们借助节日的"言论"与"仪式"构建了怎样的职业"记忆"？记者节对中国现代新闻业的发展产生过何种影响？对这些问题，学界尚语焉不详。笔者全面考察 30—40 年代"九一"记者节的活动轨迹，力求以小见大，分析其在中国新闻业专业建设中所发挥的作用，以期抛砖引玉，进一步丰富学界对民国新闻业的认识。

---

　　① 对"九一"记者节的研究目前主要有史述之的《关于九一记者节的历史》（《新闻大学》1986 年第 4 期），《九一记者节的始末》（《新闻记者》1984 年第 8 期）；刘晓滇等《江生日报事件与记者节》（《民国春秋》2005 年第 1 期）等论文，这些论文多以政治斗争视角分析其来历及作用。

一 从"我们"的节日到"国定记者节"——"九一"记者节的主题及活动

（一）"九一"记者节的草创与职业诉求的多样

1931 年到 1936 年是记者节孕育和草创时期。1931 年"九·一八"事变后，国民党政府以"攘外必先安内"为由，颁布《出版法》等一系列法律、法令，强化新闻检查制度，实行新闻"党化"与"统制"，引发了民国新闻界的普遍不满。1933 年 1 月，镇江《江生日报》经理刘煜生被国民党江苏省主席顾祝同以"宣传共产"为名枪杀，进一步激起了全国新闻界的强烈抗议。事发后，镇江、无锡、常州、上海、南京等地新闻记者公会纷纷召开大会，要求国民党当局严惩凶手，"以保人权"。迫于强大的舆论压力，1933 年 8 月，国民党江苏党部呈请国民党政府，通令全国各级政府及军队，对于"新闻事业人员切实保护"。行政院"于当年的九月一日，令饬内部，同行各省市政府遵照"。"此令颁布后引起全国新闻界莫大兴奋，杭州记者公会即向全国同业提议以是日为记者节。"① 1934 年，青岛、长沙、厦门、重庆、北平等地记者公会组织，开始记者节庆祝活动，"嗣后历年均有举行"，"九一"记者节由此创设。

初创时期的记者节，因没有得到国民党的官方承认，故其纪念活动大多由报社组织自发举行，规模较小。1934 年的首届纪念活动，几乎未引起国人的关注。据《申报》记载，"那时的记者节并不十分热烈，全国新闻事业繁荣的几个城市，上海、南京、汉口、广州、香港都没有什么表示"，而厦门、长沙、青岛等地节日活动仅是休刊、放假或聚餐。② 当时北方城市中北平、太原两地报界团体举行的活动规模较大，他们致电"中央"，要求"实行去年九月一日之命令，保

---

① 《记者节的由来》，《大公报》1946 年 9 月 1 日。编者注：陈为镛在《中国记者节史话》（《新闻知识》2000 年第 11 期）一文认为记者节"它的首次明确提出是在 1934 年，而得到全国新闻界大多数同仁的真正承认则是在 1935 年"，笔者认为此说有误。
② 《记者节的诞生》，《申报自由谈》1946 年 9 月 1 日。

障记者安全,维持言论自由"。此后,争取记者权益,捍卫言论自由遂成为"九一"记者节中最主要的言说内容。

除争取言论自由之外,记者节创立初期,民国报人对记者节寄托了许多期许。1936年《新闻杂志》出版庆祝记者节专号,汇集了当时《民国日报》(江西)、《苏报》《东南日报》《浙江商报》有关"九一"记者节的社论文章。这一时期,"九一"记者节的言论内容大体围绕"报人道德""健全舆论""报人合作"等方面展开。有报人指出,设立记者节有助于中国新闻界"严密的组织,肃清记者败类,整饬新闻阵线",这是"推进整个新闻事业的起点"。另有报人提出,"记者节是我们同业本身的一个纪念日,我们应该认清纪念的意义,不是狂欢一日的来临,我们要切实负起新闻记者的责任,务使与全社会发生极大极良的影响"[1],希望借助节日的宣传和活动实现整肃报业,最终达到改良社会的目的。初创时期的"九一"记者节没有鲜明的活动主题,但记者节设立的必要性却已成为整个行业的共识。

(二)"九一"记者节的确立与"抗日救亡"主题的彰显

1937年到1944年,"九一"记者节随着抗战的爆发,真正引发民众的广泛关注,产生了巨大的社会反响,最终被国民党政府确定为"国定记者节"。抗战军兴,中国报人在抗日救亡的号召之下,以"国家至上,民族至上"的救亡理念为旨归,自觉成为"言论界一兵卒",将"言论自由"让位于民族自由之下。1939年记者节《大公报》表示,"今天是九一记者节,在民族大战中,我们的报人逢这个节日,实有一场的感奋与惭愧。报人所一向视若生命的是言论自由,但在今日这个问题,简直可以说是不存在的。因为现在我们奋全力拼生死争的是民族国家的自由……所以今天记者节我们第一应为尽力国家自由而感奋;第二为自己的尽力不够而惭愧"[2]。抗战爆发后,记者如何救国,新闻界如何参与抗战,报人在抗战中的责任与使命等讨

---

① 《从记者节说起》,《新闻杂志》1936年第1卷第12期。
② 《祝记者节报人自勉》,《大公报》1939年9月1日。

论，迅速成为记者节最为鲜明的活动主题。与此同时，国民党政府开始有意扶持甚至直接参与记者节的策划与庆祝活动，官方的介入提高了记者节的"规格"，使节日呈现出浓厚的政治色彩。

这一时期，为抗日救亡需要，报界与政界保持密切的合作关系，一方面如《大公报》所说："抗战军兴，全国忠良报人的艰苦奋斗，完全站在国家民族的立场，宣扬国策，启导战志，报人的脉搏呼吸，更无不与政府的政策同其节拍。"① 另一方面，国民党政府亦对记者节纪念集会更为重视，各地庆祝活动多有国民党政府官员列席参加，并形成为一种惯例。战时各地记者节庆祝活动中，尤以"陪都"重庆的纪念集会规模最大。从1941年起，诸如国民党中央党务委员陈果夫，宣传部部长王世杰、副部长董显光，社会部部长谷正纲等均曾参加过在重庆举行的记者节庆祝大会。1942年适逢中国新闻学会首届年会在重庆召开，国民政府致电慰问新闻界。② 1943年，中国新闻学会在重庆举行记者节纪念会，国民政府社会部主动提出"记者节日期，实应明予规定"，"令饬中国新闻学会将记者节定于九月一日之意义与经过情形呈报候核"。新闻学会"旋即据实呈复，并建议明定每年九月一日为记者节"。社会部"即与内政部洽商，会同呈请行政院核示"。1944年3月11日，行政院颁布"义一"字第5297号指令，正式确定九月一日为"国定记者节"。至此，"九一"记者节第一次得到了官方承认，具备了"合法"身份。《大公报》不禁感叹，"这是有国定记者节的开始，自民国二十三年各地自行举行首届记者节，至民国三十三年举行国定记者节，历时恰为十年"③。

抗战期间，"九一"记者节活动形成了较为固定的仪式，一般包括报界、政界代表演讲，向殉难同业默哀致敬，以及会后的茶话与娱乐活动。例如1941年记者节纪念会上，萧同兹代表国民党"历述中国新闻界在国民革命前后和中国抗战后之奋斗情况，并为数十年来被捕、坐监、殉难、遭炸之同辈默哀"。与此同时，上海孤岛报人也

---

① 《记者节的悌勉》，《大公报》1942年9月1日。
② 《记者节陪都盛会新闻学会举行首届年会》，《大公报》1942年9月2日。
③ 《纪念记者节陪都新闻界集会》，《大公报》1944年9月2日。

"致电蒋委员和前线将士表示敬意",与重庆遥相呼应,表示"坚守立场,努力岗位,已尽报人天责"。中午时分,上海报人面向重庆方向,"静默三分钟,为淞沪抗战后殉难的同业沉痛默哀"①。1944 年因是"九一"记者节第一次合法纪念活动,故其庆祝活动更为隆重,时任国民党宣传部门负责人张道藩、程中行、马星野、董显光等官员均列席纪念会,新闻界中胡政之、成舍我、王芸生等代表二百余人亦到会参加,"盛况空前"。萧同兹代表国民党发表讲话,"为新闻界对真理对世界对国家所作之努力奋斗表示慰问与敬佩",同时提出四点要求:"1 希望新闻学会诸君从事学术上不断求进步,尤盼全国优秀分子大量涌入记者之群;2 希望记者在各自岗位上精益求精,提高报纸水准;3 希望记者养成健全舆论之风气;4 希望新闻学会会员及全国报纸数量,五年后十倍于今日"②。演讲后,全体代表向"抗战阵亡将士及殉难同业默哀致敬"。白天记者节纪念会结束后,国民政府还举办官方晚宴或放映电影等文娱活动,邀请新闻界代表参加。如 1942 年记者节期间,国民党中央文化运动委员会为记者"播放联合国五彩新闻影片,尽欢而散"③。而 1944 年记者节,国民党中央宣传部为慰劳记者,举行联谊晚会,受邀记者四百余人,囊括了当时重庆报界的中坚力量。④ 国定记者节的确定,从一个侧面释放了国民党政界希图与新闻界建立良好关系的信号,表达了合作抗日的共同愿望。

除官方活动外,抗战时期的"九一"记者节,中国报人还会自发开展一系列社会公益活动,树立报人爱国敬业的公众形象。报人兼学者的郁达夫在 1939 年的记者节撰文指出,"我们作为中国的新闻记者,自然也只有一条路,就是先要解放我们的民族,抢救我们的祖国"⑤。在这种思想驱动下,他排演话剧,通过义演宣传抗日。在义演布告中他这样说:"溯自倭夷入寇,国社西迁,我中枢奋威以御

---

① 《昨日记者节沪新闻界电蒋委员长致敬》,《大公报》1941 年 9 月 2 日。
② 《纪念记者节陪都新闻界集会》,《大公报》1944 年 9 月 2 日。
③ 《今日记者节新闻学会举行年会》,《大公报》1942 年 9 月 2 日。
④ 《纪念记者节陪都新闻界集会》,《大公报》1944 年 9 月 2 日。
⑤ 郁达夫:《九一记者节演剧筹赈宣言》,转引自《郁达夫文集》第 12 卷,花城出版社 1991 年版。

强……念弟兄之漂泊东南，同是天涯，爰决于记者节九月一日，公演话剧以筹赈。乞侨贤共襄义举。推己饥己溺之心，尽为国为民之责。"① 抗战时期上海、长沙、香港、昆明等地报人均在"九一"记者节期间，开展大型"义卖献金"，为抗战将士"寒衣捐款"，"捐助一日所得用以购买记者号飞机"② 等，以实际行动支持抗战。

"九一"记者节期间，爱国报人牺牲殉国的事迹，借助大众传媒的宣传被广泛报道传播。社会各界以各种方式追思与缅怀报界先贤，构成了记者节另一项重要内容，为节日营造了悲壮与凝重的氛围。郁达夫曾说，"我们在这一节日，首先自然得为我们的那些殉国的勇士们志哀，其次更不得不为我们的那些卫道的文化烈士们致敬。不论在平时或在战时，那些为社会正义而牺牲的热情记者们，才是我们的榜样，亦即是冥冥中在监视我们的英灵；纪念'九一'记者节而不思为国家社会献身，不思为正义人道殉职的人，这人就根本不是记者"③。夏衍则说，"遇到这个节日，压在心头的只是难堪的悼念而已。悼念那些在上海和敌伪短兵剧战而殉难了的先烈，悼念那些在前线尽瘁于职责而伤亡了的同业，悼念那些在游击区在自己人的毒手下失踪和死亡了的友人"④。抗战时期中国报人承担了"弘扬国策，揭发敌谋；振人心，作士气的任务"，付出了巨大牺牲，其事迹可歌可泣。1939年记者节，适逢上海《大美晚报》编辑朱惺公被敌伪杀害。《大公报》《中央日报》均以大量篇幅，详细报道报人遇害殉国的经过。《大公报》社论认为，"上海的朱惺公和暹罗华人报人"，他们"无国权保护而替国家奋斗，其艰苦忠贞是异常可佩的"⑤。在弘扬爱国报人忠勇敬业精神的同时，各大报刊还不忘揭露卖国报人的可耻行径，通过"表彰忠烈，严惩奸逆"，彰显了"国家民族正气"⑥。

① 郁达夫：《九一记者节》，《郁达夫文集》第8卷，花城出版社1991年版。
② 《各地庆祝记者节》，《大公报》1939年9月2日。
③ 郁达夫：《九一记者节》，《郁达夫文集》第8卷，花城出版社1991年版。
④ 夏衍：《悼念》，《华商报·灯塔》（香港）1941年9月1日。
⑤ 《大美晚报朱惺公遇难经过；大美晚报记者汪逆毒手》，《大公报》1939年9月1日。
⑥ 夏衍：《悼念》，《华商报·灯塔》（香港）1941年9月1日。

总之,抗战爆发后,"九一"记者节的规模扩大,地位迅速得到提升,形成固定的节日仪式和凝重的节日氛围,成为社会广泛认可的专业节日。正如《申报》所言:"自全面抗战以来,记者活跃于每一道前线,每一处后方或敌后,工作的紧张,责任的繁重,使我们意识到自己的节日,在团结、合作、进取等方面的重要性,因此一个伟大的节日,就一年一度的庆祝并广泛起来。"①

(三)"九一"记者节的延续与"新闻自由"的守望

抗战时期,中国报人将新闻自由的职业理想让位于救亡图存的现实需要,对国民党的战时新闻检查制度予以极大的容忍和克制。但抗战胜利后,外界压力消失,新闻界重新回归于争取自身权益,捍卫新闻自由的斗争中。此间适逢美国报纸编辑协会发起国际新闻自由运动,并派出代表团前往中国考察新闻自由状况,引发民国新闻界的积极响应。内外因素作用的叠加,借助记者节的活动发酵,并最终在1945年9月,演变成一场旨在废除战时新闻检查制度的"拒检运动"。1945年8月重庆先后有《宪政》《国讯》《再生》《东方杂志》《学生杂志》等16家杂志社,宣布于"九一"记者节当天不再将杂志送与国民党政府检查。此举赢得了报界的积极参与,重庆《新华日报》发表《为笔的解放而斗争——九一记者节有感》一文,指出:"对于带着重重枷锁而奋斗过来的新闻界……文章报国的志愿和力量,在这长期的神圣抗战中因为种种不合理制度而打了一个七折八扣",抨击国民党新闻检查制度,呼吁新闻界,"用集体的力量来打碎这种铐在手上的链子,挣脱缚在喉间的绳索"②。记者节期间,全国各大报刊出版了大量记者节纪念专辑或专刊。

40年代后期,有鉴于西方新闻自由所带来的新闻失实,过度市场化等流弊,以《大公报》《中央日报》为代表的一批报纸着重在记者节期间介绍和宣传西方新闻思想中的"社会责任理论"。《大公报》在1947年记者节社论中指出,在中国建立"自由而负责的报纸",是

---

① 《记者节的诞生》,《申报·自由谈》1946年9月1日。

② 《新华日报社论》,《新华日报》1945年9月1日。

未来中国报界发展的方向。《大公报》进一步认为，"自由而负责的报纸，在现代上进步的社会中，是支撑这个社会生活的一个不可或缺的支柱"。中国报人职业地位的提高，有赖于报人高度责任感和对法律的尊重。"我们的记者节既由纪念政府尊重并保护记者的自由而起，我们自然也应该自尊自保自己的自由。""政府与新闻界都要切实遵守，严格守法，必不可法外用权。"① 《大公报》同时温和批评国民党如能"认真博采舆论，虚怀接受批评，则行政效率自可提高，政治风气自可清明"。而压制报业言论，不但报纸"肃然无生气"，"其结果，固有害于国家，更无利于政府"，"一个经不起坦率批评的政府，必不能得人民的爱戴，其基础亦难臻于巩固，在和平时代如此，在动乱时代尤其如此。"② 在争取言论自由的同时，《大公报》对于新闻界滥用话语权提出了忠告。"倘有自由，须负责任。自由权利的形式须与责任相伴而后可，所以自由而不负责任的报纸在欧美早已为社会所诟病，斥为滥用自由，指为垄断公意。"至于媒体所追求的责任是什么？《大公报》明确提出："所谓负责，其要义为不专追利润，不热衷权势，不媚群众，不畏强御，应乎社会需要，真为大众而服务。简单诠释不外乎记载真实，立论公平，无偏私无成见。能使一般公众，藉报纸的刊行，而知其所当知，言其所欲言。"③ 对于如何建立一个"自由而负责的报纸"，《大公报》认为仍有赖于新闻界树立崇高的职业信念，同时进行道德的自我约束，"自由而负责的报纸之初先，其先决条件为新闻记者能认清使命，争自濯磨，且须有为众福利而奋斗的信仰"④。显然，《大公报》的观点受到了同年美国新闻自由委员会的研究报告《一个自由而负责任的新闻界》的强烈影响，《大公报》主张与立场与其多有暗合之处。

40 年代中后期，中国报人试图以国际化的视野，在吸收欧美新闻理论成果的基础之上，着重于对新闻自由、新闻职业责任进行学理

---

① 《祝第四个记者节》，《大公报》1947 年 9 月 1 日。

② 同上。

③ 《今日记者的责任》，《大公报》1948 年 9 月 1 日。

④ 同上。

层面的探讨,"援西入中"为中国报人职业化建设寻找新的理论凭借。而记者节的活动则进一步带动社会对新闻自由思想讨论的热潮,有效地配合了拒检运动的发展,并最终促使国民党政府废除了战时新闻检查制度,这是近代中国报人争取言论自由斗争的一次重要胜利。

二 "检讨既往,策励未来"——"九一"记者节的特征

(一)以"自省"态度,真诚面对受众

有感于近代中国报人职业操守的缺失,"九一"记者节期间中国报人以"反省"态度,真诚地暴露不足,接受受众的批评。《新闻记者》指出,"今天纪念这一个节日,我们必须深切反省,我们必须痛下决心,尽我们的力量来洗刷污点"[1]。《大公报》则在历年记者节推出社评,勇于向公众展示自身的不足。而1942年《大公报》进一步指出,"抗战第六年度记者节令,更能启发我们较为深邃的感想,痛切的反省","我们的人格操守是否如此严肃?我们的工作能力是否与之相称?我们的热忱与毅力是否足够充满?我们真应该惭愧忏悔是否还有立志不坚,努力不足的动摇而懒惰的现象?是否有节操欠修行为不纯的情形?"[2] 一连串的追问反映出抗战时期记者职业道德建设的急迫。甚至在抗战胜利时,这种职业反省意识依然是中国报人思考自身职业前途的基调。1945年《大公报》的记者节社论中,报人并未因抗战胜利而"沾沾自喜",相反却认为"八年的艰苦抗战,我们的报人虽然流离播迁,始终拥护抗战大业,以迄胜利到来,但毕竟惭愧努力不够,尽职太少。单以后方的报界而论,以有限的人才,破烂的设备,居然对付到抗战到来真是侥幸"[3]。民国报人的职业反思意识,贯穿于整个民国时期记者节的言论内容中,中国报人从新闻精神到职业行为的各个层面剖析自身不足,在节日庆祝之外,"静思往事",不怕揭短,自曝家丑,体现了媒体对民众与社会负责的态度。

---

[1] 《"九一"记者节告全国会友书》,《新闻记者》1939年第2期。

[2] 《今日记者的责任》,《大公报》1948年9月1日。

[3] 《政府可以先做一件事》,《大公报》1945年9月1日。

（二）重视报界团结，专注于职业道德建设

民国时期，文人相轻的积习，市场竞争的压迫，报人工作自由散漫的性质都使得中国报界始终缺少有效的联系与合作。民国记者节期间，报人多撰文批评报界这种各自为政的状态。有报人指出，"记者过于散漫之情景，每为社会士人所诟病"，记者不但"未知合力表现团结之毅力，且忘其本身为一个体，站同一立场上，却各不相谋"①。还有报人指出，"时至今日一切努力，均赖集团活动，和衷的互助，各地虽有组织但彼此之间联系很少，呼应不灵，互助不易，故健全组织为目前最迫切之需要"，呼吁在全国建立统一的"全同业组织"，以加强报人之间的联络。记者节期间，各大报纸开展合作，共同的活动与仪式，不但加强了各个报社之间的联系，更使报人以"知识共同体"的面貌出现于公众面前，彰显了报人团结的力量。

记者节另一个显著特征即专注于记者职业道德的建设。民国初年，中国报人"只是具备些第二手新知识的士大夫，他们大多缺乏职业的兴趣与认识"，尽管此间中国报业发展"突飞猛进"，但随之而来的是"报人也因此比较多而且杂，三教九流无奇不有。官僚政客落魄文人，以至于下野军阀，赌棍流氓都来办报"②。在良莠不齐的报业环境中，中国报人缺少职业的自律与操守，当时的"新闻记者有老枪，有敲竹杠的流氓，有公索诈津贴的，有专门叨扰商家酒食的，有奔走后门以图一官半职的，种种丑态罄竹难书"③。而"九一"记者节的出现，恰为民国报界改良职业积弊陋习，提供了契机。抗战期间，"九一"记者节大力弘扬职业道德，一个"爱国""自由""负责"的报界新形象逐渐建构起来。

职业反省的目的是揭露报界旧病陈疴，进而改造新闻界，树立共同遵循的道德准则与行为规范。在"不破不立"理路之下，报人职

---

① 《从记者节说起》，《新闻杂志》1936年第1卷第12期。
② 刘豁轩：《报学论丛》，益世报社1936年版。
③ 谢六逸：《新闻教育的重要及其设施》，载黄天鹏编《新闻学演讲集》，上海现代书屋1931年版。

业反思与道德的重建几乎同时展开。《大公报》指出,"我们庆祝同业共相勤勉,更要提高我们的新闻道德,严肃我们的奋斗精神,为国家和人类忠勤服务"①。抗战时期,《大公报》将"厚自待,笃自修,不改业,不辍功"视为自身职业道德追求的目标。抗战胜利后的历届记者节也均将报人的职业道德问题,放在十分重要的位置进行讨论。如1948年《大众新闻》曾推出《记者节记者谈心》的专题,邀请十余位知名报人探讨新闻职业发展问题,其中绝大多数人都着重强调了加强报人职业道德建设的重要。有人指出"一个真正有志于新闻事业者应当像一朵莲花,出淤泥而不染,举世皆醉我独醒,如此时代如此社会一个有抱负的新闻斗士必须如此"②。有人则认为,"新闻记者可以出卖知识出卖健康,唯有新闻道德出卖不得"。有记者则坚信新闻界对不良道德有进行自我净化的能力。"这类事政府管不了,我们也不希望别人来管,记者本身应该有自治的能力,各地记者公会应当负起责任来。"③"九一"记者节期间,对新闻职业道德与新闻精神的讨论,使记者节成为一次新闻界的自我教育运动。借助民国各大媒体的专访和报道,国人不但了解了报人自身道德改造的进步,更可参与其中,臧否报人的行为得失,用社会监督的方式,敦促报人恪守职业操守,实现"有良者即予改进,有可嘉者更加鼓励"的教育目的。④

(三)记者节超越党派政治,具有广泛的认同度

值得注意的是,记者节的庆祝纪念活动并非仅在国统区开展。中国共产党领导下的根据地和海外华人报界也会开展纪念活动。与国统区相比,解放区的记者节则显得较为简单和朴素。1942年,《大众日报》为纪念记者节曾刊发社论《纪念记者节——把我们的报纸办的更好些》。⑤ 1947年冀热辽解放区的新闻工作者曾举行过记者节纪念会。据回忆,纪念会亦有向在战争中牺牲的新闻工作者致哀,介绍牺牲同

---

① 《我们的节日》,《大公报》1943年9月1日。
② 《记者节记者谈心》,《大众新闻》1948年9月1日。
③ 同上。
④ 《从记者节说起》,《新闻杂志》1936年第1卷第12期。
⑤ 《大众日报回忆录(1939—1999)》第3集,大众日报社报史编纂委员会2000年版。

人生前事迹等内容。[①] 1949 年新中国成立前夕新华社为记者节刊发社论，强调"今天我们解放区的新闻工作者，正以百倍奋发的精神迎接本身的节日，在这一天我们应该检讨本身的队伍，计划如何提高我们的业务，磨砺我们的武器，以便更有效地服务人民"[②]。在海外华人报业较为发达的星洲、槟城等地区亦会在记者节期间举行国际报纸展览，纪念会和酒会等活动，"中西报界集于一堂"，为"有史以来所未有"[③]。总之，民国时期，"九一"记者节的影响已突破了地域局限和政治的畛域，成为全中国新闻从业者的共同节日。

三 "九一"记者节对民国新闻业的历史影响与作用

（一）净化了行业风气，改善了民国记者群体的职业形象

民国初年，中国职业报人群体的规模迅速壮大，但随之而来的是记者作为一种新型职业，尚未形成整个行业所普遍遵循的职业道德与行为规范。那时"在多数人的脑筋里，以为新闻记者是任何人都可以做的。所以办报的人常是无聊的政客，报纸的企业是政客官僚们刮地皮余剩下来的残肴"[④]。制度建设的缺失，职业理想的淡漠，使得民初报人鱼龙混杂，良莠不齐。以至于"一般报人不齿于人寰"，国人则视"报人无好人"，国人对报界的批评和指责"几有铄金销骨之势"[⑤]。而近代中国复杂的社会环境，险恶的政治生态，又进一步加剧了报人的职业风险，与其因言获罪不如明哲保身成为报人普遍的职业选择，行风的低下败坏了整个报界的职业信誉。

"九一"记者节的设立及其纪念活动，借助言论和节日仪式，实际是民国报人群体的自我教育的一种尝试。记者节构建了一整套符号象征体系，年年此日的纪念活动"固化"成为一种稳定的历史记忆，

---

① 肖铃：《冀东党报的摇篮》，唐山日报社 2005 年版。
② 《新闻工作文献》，新华日报华中分社编委会 1949 年版。
③ 《槟城报界热烈庆祝记者节》，《外部周刊》1935 年 9 月 10 日。
④ 谢六逸：《新闻教育的重要及其设施》，载黄天鹏编《新闻学演讲集》，上海现代书屋 1931 年版。
⑤ 《中国报人之路》，浙江战时新闻学会，1939 年。

在这一过程中，新闻职业本身所需要的信仰、道德、精神传统得以重建。民国报人曾言："有了节（笔者注指记者节），在过节这一天，当然是兴高采烈的举行纪念仪式，才能表示纪念庆祝。"① 以节日为载体，报人着力弘扬新闻理想，复兴职业传统。记者节通过召开纪念会，社会公益活动，缅怀报人事迹等仪式与活动，实际是"通过符号在历史上代代相传的意义模式，将传承的观念表现于象征仪式之中。通过文化的符号体系，人与人得以相互沟通、连绵传续，并发展出对人生的知识及对生命的态度"②。30—40 年代，中国报人的职业道德有了较大改善，媒体公信力明显提高。有人指出，这一时期"新闻记者在日前社会上，确已成了神圣而权威的头衔"③。记者陆诒则直言，民初中国报界"为混饭吃而做记者，为办报而办报的时代早已过去"④。取而代之的是"矢忠矢诚，服务公众"⑤ 的职业信条，成为行业的共识，极大地提升了报人在国人心中的地位与形象。

（二）引发社会对新闻业的关注，赢得了国人的尊重

记者节创立之初，时有国人对此颇有微词，认为，"没有纪念的必要，不需要'节'……我们追忆新闻记者当中有什么光荣值得纪念和庆祝？"亦有记者提出记者节对于改善新闻境遇意义不大，"我们始终被压迫在统制之下，有话不能说，不敢做"，"这样平凡的记者，即或有一个'节'，做纪念吧，最多不过是平常看热闹一样，大家胡闹一顿罢了"⑥。但是到了 40 年代，随着记者节规模与影响的逐年扩大，在"几年前记者节对一般人颇有陌生之感，到今天已成为相当响亮的名词"⑦。"九一"记者节的创立是新闻行业的力量与国家政治力量的合力。在普通时间序列中插入报人享受的特殊日子，其功能

① 《通讯与评论》，《中央周刊》1946 年第 8 卷第 33 期。
② ［美］克利福德·格尔兹：《文化的解释》，转引自李峰《节日的功能及其社会学隐喻》，《河南社会科学》2008 年第 7 期。
③ 白丁：《纪念记者节》，《新闻通讯》1934 年第 17 期。
④ 陆诒：《谈记者节》，《中国建设》1945 年第 6 期。
⑤ 《祝第四个记者节》，《大公报》1947 年 9 月 1 日。
⑥ 《通讯与评论》，《中央周刊》1946 年第 8 卷第 33 期。
⑦ 雨田：《记者节的追忆》，《新闻战线》1941 年第 5—6 期。

是纠正过去国人对这些"弱势群体的歧视或不公的记忆"。加之媒体的强势宣传，使得国人在同一时间迅速形成了对新闻业的高度关注，并逐渐认识到中国报人是"资格智能有其标准，执行业务有其规范"的专业化队伍。抗日战争爆发后，"九一"记者节已经"不只是中国记者的节日"，"知识青年"和"一般民众"也会参与节日活动。① 40年代后，记者节的规模与影响已经超越了行业内部活动的范畴，成为由行业、民间和政府共同"操演"完成的全国性活动。

"九一"记者节的创立与活动展示了中国报人日渐成熟的职业自信。敢于在国人面前暴露自身的不足，体现了真诚为民的从业态度，同时赢得了民众的尊重与信赖。《大公报》指出，"新闻事业之值得被尊重，值得纪念，并不是侥幸的事情，是由新闻的自尊、努力奋斗中得来的"②。抗战中，中国报人为民族存亡呼号，"对各地的救亡运动加以指示和鼓励，记载不欺骗民众的消息，发表不违背民族利益的言论，揭露敌人的各种阴谋和汉奸理论"。解放战争时期，不畏艰险投身于反抗国民党独裁统治的正义斗争中，将"无偏私，无成见，忠于良知，而勇于发表"，作为"中国报人应有的基本信念"大力弘扬。③ 关注弱势群体，"记者必须与社会大众歌哭相闻，呼吸相通，剔除优越感，提高责任心"。这些都无形中使记者成为社会正义的化身，赢得民众的尊重。

（三）传播了新闻知识，推动了新闻学术的发展

"九一"记者节期间，民国报刊均刊登大量记者节专刊、专辑或社论集中讨论新闻问题，研究新闻理论，有力地推动了中国新闻学术的发展与传播。1941年和1942年，《新华日报》开辟记者节专版，登载《新闻工作者的自我检讨》《抗战以来殉职报人》《敌后游击区报纸的一斑》《冀中的新闻工作是怎样支持的》《论我们的报纸》《报纸和新文风》《把我们的报纸办的更好些》等文章系统地向国统区民

① 了了:《纪念九一记者节》,《中学生》1941年第47—48期。
② 《新闻界的荣誉故事,纪念中国的记者节》,《大公报·文学》1942年9月2日。
③ 《祝第四个记者节》,《大公报》1947年9月1日。

众介绍根据地新闻业发展情况,阐明中国共产党的新闻主张。1943年记者节,陆定一在《解放日报》发表《我们对于新闻学的基本态度》,全面系统分析无产阶级新闻学诸多基本问题,成为中国共产党新闻理论的重要文献。而在40年代的国统区,《大公报》的"九一"社论,《中国建设》杂志的《记者节与新闻自由特辑》,国民党《中央日报》的"九一报学"副刊,也会刊登诸如《中国新闻自由之路》《略论新闻自由运动》等新闻理论研究的专论,向国人系统地介绍国民党的三民主义新闻观、新闻自由思想、社会责任理论等。这些思想与理论相互争鸣、互动,从而丰富了中国新闻学研究的内容,提升了中国现代新闻学的理论研究水平。

(四) 推动报人群体成为中国社会一支重要中间力量

"九一"记者节从记者自办的庆祝节日,历经十余年的不懈争取与斗争,最终成为官民共同参与,有广泛社会影响力的国定假日,显示了中国报人群体已成为一支不可小觑的社会"中间力量"。史学家闻黎明认为,"在中国社会的两极之间,客观存在着一个广阔的中间地带。这一中间地带社群渴望改变自身命运,改变自身地位,天然地成为他们关心国家政治前途的动力"①。显然,具有自由身份的中国报人群体是中间社群的重要力量,他们以记者公会等团体为依托,利用报纸,为争取民众和自身权益而斗争。在记者节活动和仪式过程中,报人不断强调"报人与报人,报社与报社间,要有切实的合作与联系",要建立"浓厚的共同意识"②,加强报人自身团结,其实质是为新兴职业社群凝聚力量,参与政治与社会活动。

四 结语

"九一"记者节,从民间报人自发庆祝到国民政府确认其为"国定记者节",彰显了民国报人群体职业形象与地位的提升。李普曼认

---

① 闻黎明:《第三种力量与抗战时期的中国政治》,上海书店2004年版,第1页。

② 《迎记者节》,《报学杂志》1948年8月16日。

为，"报人并非某些人发明，也不是任何人有意识的倡议下而产生的，它是在一个世代演进下，经过不断的尝试和错误，而慢慢形成的"①。借助"九一"记者节及其活动，依托"言论"与"仪式"，民国报人群体力图建构新的社会历史记忆，扭转近代以来国人对新闻界的负面认识。"九一"记者节是民国报人群体重塑职业形象和职业传统的自我尝试。在记者节期间，中国报人争取言论自由，捍卫职业权益，提高职业道德，塑造职业精神，体现了民国时期中国"职业化"报人群体的崛起。

民国时期，"九一"记者节的主题变化是近代中国新闻业在复杂历史环境下所不得不做出的时代选择，是中国报人在舆论困局中求生存的缩影。就记者节的活动内容与言论主张而言，这是近代中国救亡与启蒙双重使命在新闻业中的延续。中国报人试图将新闻的专业建设与救亡图存的时局需要紧密结合，力图"毕其功于一役"，在这一过程，中国报人所表现出的爱国精神与职业意识，不仅是追求新闻理想的专业诉求，更是一种政治使命的需要。

---

① 转引自黄旦《传者图像：新闻专业主义的建构与消解》，复旦大学出版社 2005 年版，第 346 页。

第十三章

中国近代报业的纸张问题及其应对

　　据《2017 年中国报业发展报告》显示，新闻纸价格从 2016 年开始暴涨，从 2016 年最低时的每吨 2000 多元，涨至目前的 5000多元，近期价格是 5500 元，这半年多时间累计涨幅达 125%。[①] 保证新闻用纸供应的稳定与安全，已经成为当今中国新闻业亟待重视和解决的紧迫问题。纸张是报业的"血液"与"食粮"，是衡量报业发展状态的重要指标。由于造纸工业的落后，中国近代报业长期受到纸荒的困扰与侵袭，并由此形成了对西方进口纸张的高度依赖。纸荒是近代中国新闻业发展的痼疾，其不仅形塑了报纸的外在形态，更深刻地影响着中国报业的经营理念与媒介生态。纸张的短缺，逼迫着中国新闻业在纸荒困境中寻求破解之道，在物质技术匮乏的状态中逆势前行。

　　纵观世界近代新闻业发展，新闻用纸不仅关乎报纸的利润与美观，更是报业存亡的基本物质条件。报业出版所使用的新闻纸，其生产看似简单，却包括备料、制浆、漂白等诸多复杂工艺，优质报纸用纸应具有良好的适印性和足够的韧性强度。遗憾的是，造纸术虽为中国古代四大发明之一，但传统纸张质地柔软，受潮易破，难以满足近代中国新闻业的印刷需要。清末，中国报业开始进口和使用西方纸张，由此形成了对西方新闻纸的高度依赖，一旦供需失衡即在特定时期内造成纸张匮乏、纸价飞涨的局面，进而引发报灾，这一现象被称

　　[①] 陈国权：《中国报业发展报告显示：中国报业已触底》，《编辑之友》2018 年第2 期。

为报业"纸荒"。

史量才曾言："一个国家欲求新闻事业的发展，而不能自己造纸，差不多就成了英雄无用武之地。"① 纸荒是近代中国新闻事业发展的痼疾，其时间之长，范围之广，破坏力之大，远超世界其他国家。"纸"是报业生产最为重要的物质资料，纸荒肆虐深刻影响了中国新闻界的业态环境与经营方式。但这一问题长期未能引起研究者的足够重视。② 而从媒介技术视角探讨纸荒与近代中国新闻业互动影响的研究，目前仍尚付阙如。近代中国为何纸荒频发？其对中国新闻业的发展究竟产生了何种影响？近代中国新闻界如何在纸荒困厄中妥善应对、逆势搏击？对于这些重要问题，笔者尝试以史料为基础，回溯中国近代报业纸荒困局产生的原因与轨迹，探讨中国新闻界与纸荒的互动及抗争，从媒介技术的视角解读近代中国新闻业发展之路的困厄与多艰。

一　中国近代新闻业的"纸荒"症结

（一）清末民初中国报业纸荒问题的初现（19 世纪末—1930 年）

"报馆为纸张消费之最大者"③，中国早期报纸多用国产"毛太纸"④ 手工印刷。该纸质地薄脆，不堪久用，后改用"赛连纸""油光纸"代替。第二次鸦片战争后，随着在华外报的扩张，进口"洋纸"⑤ 开始在香港等通商口岸使用。这一时期《广州记录报》和《上

---

① 包天笑：《钏影楼回忆录》，山西教育出版社 1998 年版，第 567 页。

② 相关成果有陈志强等《近代国人报刊的新闻纸进口依赖与国产情结》（载倪延年主编《民国新闻史研究》，南京师范大学出版社 2015 年版，第 14—15 页），该文对清末民初中国新闻业对进口纸张依赖进行过初步研究。王润泽《中国新闻媒介史》（北京大学出版社 2011 年版，第 259—262 页），对中国新闻业用纸状况进行了梳理，认为近代媒介技术给报业的管理体系和内容建构带来了深刻变革，但囿于篇幅的限制，未能对此问题深入探讨。

③ 杜时化：《解决纸荒之根本办法》，《长沙日报》1946 年 5 月 5 日。

④ 瞿冕良：《中国古籍版刻辞典》，苏州大学出版社 2009 年版，第 94 页。毛太纸为印书用纸之一，与毛边纸颜色相似，质量略差，纸幅也较小，厚薄不等，有明显的直纹。清代同治、光绪年间用此纸印书较多。

⑤ 洋纸：指现代造纸工艺机器生产，适用转轮印刷机印制报刊的进口纸张。在中国亦有"白报纸""机器纸""印刷纸"等称谓。而中国传统工艺手工生产的纸张多称为"土纸""手工纸"。

海新报》曾尝试使用纤维棉厚、不易撕扯的进口纸张代替"土纸"印报。值得注意的是，由于早期报纸印量少，进口纸张价格高，洋纸在引进中国之初，并未得到新闻业的广泛认可与青睐。清末新政后，印刷机械在报纸生产中开始普及，传统手工纸张易断裂、产量低等问题开始制约报纸的印刷速度与生产效率。

1896年前后，伴随着平板印刷机普及，上海《苏报》《申报》陆续弃用土纸，此后中国新闻业使用进口洋纸印报逐渐得到推广和普及。用洋纸替代土纸印报开始成为报界普遍认可的方式。据戈公振观察，清末民初的报业进口"洋纸"，分为"平纸"和"卷纸"两种。前者长43英寸，宽31英寸，每500张称为"一令"。后者则形如"布匹"，由印刷机随印随裁，每卷12令。据记载显示，"清末门户洞开，欧化东行，纸张一项，遂被倒注，演成洋纸充斥之现象"①。光绪时期，中国纸张进口不过数十万元，然到民国初年随着报业的勃兴，对新闻纸的需求骤增，遂导致纸张进口数量与花费逐年增加。据海关统计，1912年中国纸张进口支出达432万两海关银，其中3/4用于报业。另据全国报业俱进会统计，民国元年（1912）全国报业日消耗纸张仅5千令，进口耗银约319万两白银，到1924年已增至3000万两，到1933年更上升至6260万两。② 纸张进口的逐年上升，显示中国报业对西方新闻纸张的依赖局面已渐趋形成。

民国初年，中国新闻用纸主要从德国、瑞典、芬兰、挪威、英国、日本、美国、加拿大等国进口，俨然成为西方纸商觊觎的一块"肥肉"，形成了各方势力此消彼长的复杂局面。第一次世界大战前，中国新闻用纸多从瑞典、挪威、芬兰等北欧国家进口。第一次世界大战中，北欧至中国的海运线路被阻断，中国市场改从北美和日本进口纸张。第一次世界大战结束后，由于马克汇率低迷，德国纸张曾一度占据中国市场，但旋即被崛起的日美两国纸张所取代，至此形成了欧美诸国与日本在华纸张倾销的激烈竞争。据统计，截至1919年，美

---

① 静如：《抵制声中之洋纸需给观》，《国闻周报》1925年第32期。
② 王润泽：《中国新闻媒介史》，北京大学出版社2011年版，第261页。

日两国合计占据中国进口纸张总量的 79%。[①] 1913—1919 年由于日本纸在价格和运输成本上的优势，其在中国进口纸市场上的份额从 18% 跃升至 54%，取代欧美成为中国新闻纸的主要供应商。据海关统计，1928 年日本对华纸张出口迫使加拿大纸张在华价格下跌了近 30%。与欧美造纸强国相比，"日本纸商"的"新闻纸皆能操纵（中国）市面"，仅"普通印刷纸"一项，所占份额已"颇占优势"[②]。20 年代末，受中国抵制日货运动的影响，日本纸在中国的市场扩张一度受到遏制。但全面抗战爆发前，日本在中国的台湾和东北地区兴办纸厂，其对华新闻纸倾销卷土重来，华北和华东地区成为日本纸张倾销的主要市场。据记载，30 年代日本王子造纸株式会社的"纸价低廉"，"厂址距离其他国家为近，船只往来方便，交货最为迅速，纸质并不比欧洲差"[③]，这些优势使其成为上海报业用纸的供货商。抗日战争时期，日本又陆续在中国建立江南制纸、大中华制纸、上海制纸株式会社等企业，彻底排挤欧美纸商与国产纸业，形成了对中国报业用纸市场的完全垄断。据民国纸业专家张永惠的统计，抗战前中国新闻用纸生产完全不能自给，"洋纸"进口每年支出达 4500 万元，绝大多数用于购买"印刷纸"。中国的"报馆、书店及印刷所等全用外国纸张"，"自制之手工纸及机器纸仅供书写、焚化及其他杂用"[④]。由此可见，近代中国报业从其发展之初就先天不足，形成了对外国纸业的严重依赖，也为纸荒的发生埋下了伏笔。

在第一次世界大战期间，欧洲对中国的纸张出口被阻断，导致国内纸价迅速飙升，报业纸荒问题开始凸显。1916 年《华兴》杂志以"纸荒"为题，报道世界各国用纸短缺的困境，同时警告中国自身应警惕用纸安全问题，"若不乘机积存废纸，恐不数年间……

---

① 上海社会科学院经济研究所：《中国近代造纸工业史》，上海社会科学院出版社 1989 年版，第 135 页。

② 《海关报告·洋货贸易》，1928 年，第 45 页，转引自上海社会科学院经济研究所《中国近代造纸工业史》，上海社会科学院出版社 1989 年版，第 137 页。

③ 萧黎：《漫谈新闻用纸》，《上海记者》1942 年第 1 卷第 2 期。

④ 张永惠：《纸荒问题之症结及其救济办法》，《新经济》1941 年第 6 卷第 11 期。

报纸亦必减少其篇幅而限定其张数"①。1928 年，受国内抵制日货运动和国际局势动荡的双重作用，北平、上海、天津等报业中心城市相继爆发纸荒。据《申报》报道，1928 年年末"华北纸奇缺且贵"，北平纸价"平时每令价值四五角，连日来已涨至六元以上"，"各报馆颇形恐慌，即有无纸印报之虞，报界纸荒将在目前也"②。天津报界，"大小报馆十九家"因"抵制日货之故，即告纸荒"。报界被迫派代表"请反日会通融，准各报暂购日本纸"，否则"全市数十家报馆，惟有停版"③。在上海，报业亦缺纸严重，各报"为救国前途计"，只得"先行采办瑞典纸以供应用"④。《申报》疾呼："设不幸洋面有战事发生，各报必至停版。"⑤ 20 年代末，纸荒对报业经营的威胁，已初步显现。

（二）抗日战争时期中国报业纸荒困局的往复（1931—1945）

从日本占领中国东北到抗战胜利前，中国报业纸荒每 4—5 年呈现周期性爆发的趋势，且突破区域局限，呈现全国蔓延的趋势。在 30 年代初的华北地区，因为"外纸断绝"，致使平津报业"报纸缺乏尤甚"，深受其害。1931 年，天津新闻用纸价格从每令 3.2 元上涨至 6.4 元。即使价格上涨一倍，报业印刷仍呈"无货"可供的窘境，⑥ 津门报界"哀鸿遍野"。《益世报》称："津市消耗纸数最多者，莫过于新闻纸。除稍有根基之各报尚可支持外，其初创未久之小报，广告价目即不能增加，而纸类又复腾涨不已，无日不处危境。"⑦

30 年代初期，上海报业繁荣本得益于进口"白报纸"低廉与供应的稳定。然而，随着"近年来报纸低廉……用途日广"，导致纸价

---

①　樊仰山：《纸荒》，《华兴》1916 年第 13 卷第 34 期。

②　季萧风、沈友益编撰：《中华民国史料外编——前日本末次研究所情报资料（中文）54》，广西师范大学出版社 1997 年版，第 458 页。

③　《津报界发生纸荒》，《申报》1928 年 11 月 15 日。

④　《报纸问题》，《大公报》1929 年 1 月 13 日。

⑤　《中国之造纸事业》，《申报》1928 年 12 月 8 日。

⑥　《平津纸荒》，《申报》1936 年 12 月 12 日。

⑦　《纸价飞涨——产业落后中国，誓将大闹纸荒》，《益世报》（天津）1931 年 2 月 25 日。

涨势迅猛。1935 年，上海报人和纸商预期纸价上涨，望风囤积纸张，导致市场供过于求，纸价暴跌，各报"蚀本巨大"，随即缩减了纸张库存。然而，到 1936 年，上海"纸市渐有纸荒之危险，若干纸张已经绝迹，且暂时无法迅速增加纸张存储"，纸荒旋即爆发。纸荒乱局中，上海报业对国外纸商动态密切关注。1937 年美国水晶木造纸公司总经理蓝克来华洽谈业务。上海《申报》《大陆报》争相采访蓝克对报业纸荒的看法。蓝克表示，"纸荒中纸厂不与各大报社签订半年和全年预定纸张合同"。新闻纸"规定价格之订单"，以"运出之前三十天定价"。他颇为自得地向上海报界称，尽管纸厂生产"已经旺盛"，产品仍供不应求。上海报界对西方纸商如此关注，显示出这一时期报业对西方纸业的依赖。

淞沪抗战爆发后，日机"沿铁路线"狂轰滥炸，"纸张运输"受到"重大影响"[1]。到 1938 年，"海口封锁，舶来纸张，全告断绝"，大后方"纸张供应日渐趋紧"，"洋纸价格激涨"，报业用纸又复"甚为缺货"[2]。日本的长期围困和封锁，导致内地纸张供应异常困难。1937 年广东爆发纸荒，当地政府饬令"各地报纸一律缩减纸张出版张数"，缩为一大张至多一张半，"以示同赴国难"[3]。全国范围的纸荒也随后而至，内地白报纸价格"一再昂涨"至"十数倍"，尽管后方纸厂"昼夜开工不停生产，还是求过于供"，各地报馆无处购纸。有报人担忧"各家报馆，存纸用完，势必也得改用土纸，恐怕纸价的飞涨犹其余事，发生纸荒必不能免"[4]。而在西北地区，历史上仅陕西"勉强出一点土纸，其他各省无论土纸洋纸悉数要靠输入"[5]，因此纸荒发生后，西北的报馆陷入"拿钱买不到纸"的绝境中。有的报馆直到"排校完毕上了版，才去东拼西凑找纸张"[6]。在陕甘宁边区纸荒同样严重，1938 年边区机关报《新中华报》因纸张短缺，"报

① 《如何救济纸荒》，《益华报》1938 年第 2 卷第 10 期。
② 张永惠：《纸荒问题之症结及其救济办法》，《新经济》1941 年第 6 卷第 11 期。
③ 《广东省政府公报》1937 年第 378 期。
④ 知我：《战时行都的新闻业》，《申报》1939 年 2 月 15 日。
⑤ 通哉：《救济西北纸荒》，《西北论衡》1937 年第 9 卷第 11 期。
⑥ 同上。

纸出版分量减少一半"①。1941 年太平洋战争爆发，"舶来纸输入愈为困难"，"洋纸来源枯竭"，大后方报业被迫采用粗糙的浅绿色土纸替代洋纸，如此"亦不能自行供应"。有报人为此哀叹，"近三年来我国纸张供应之困难盖为不可讳之事实，亦为战时必有现象"②。

（三）纸荒与民国末期新闻业的混乱与崩溃（1946—1949）

抗战胜利之初，国民党政府接收了大量日本在华纸厂和库存纸张，加之同盟国的援助，"白报纸的价格"曾一度"平稳"③，报界暂时摆脱了纸荒困扰。然而，1946 年年末，随着国民党发动全面内战，新闻界再次深陷纸荒危局中。1947 年年初，国民党政府以"节约用纸"为名，颁布《新闻纸杂志及书籍用纸节约办法》《白报纸配给标准》，将纸张视为"大宗商品"，限制外汇进口。相关法规还要求全国报纸缩减"张数"，实行纸张配给制度，上述措施实施后，国内新闻纸价开始狂涨。据统计，国民党政府计划 1947 年配给全国报业纸张 5 万吨，这与报业"往年 6 万吨的使用量相去甚多"④，其纸张配额之少，"仅为美国最大报纸"的用纸量。国民党政府曾预估国内可自产纸张 3 万吨，但实际产量却不足 2.5 万吨。

1946 年年末，中国报业纸荒开始爆发。与纸荒问题伴生的纸张配给制度，在实行过程中弊端百出，饱受报界的诟病与抨击，进一步加剧了国统区新闻业的混乱与崩溃。由于纸张配给制度实行"颇为迂缓"，1947 年国内"白报纸"价格从 2.5 万元/令暴涨至 120 万元/令。纸张的匮乏，导致全国报业经营陷入困顿，生存难以维继。在地域上，国民党将纸张配给的大额分给党报系统发达的上海地区。据统计，1947 年第四季度全国报业纸张进口资金总额为 250 万美元，上海即分得 140 万美元，占全国份额的 56%。如果再加上海国民党党报的纸张配额，"在全国白报纸的配额中，上海一地所分配的几乎占到

① 《启事》，《新中华报》1938 年 6 月 30 日。
② 叶致中：《纸荒与倡用土纸》，《商业月报》1940 年第 20 卷第 5 期。
③ 储安平：《我们建议政府调查并公布白报纸配给情形》，《观察》1947 年第 3 卷第 19 期。
④ 周炜方：《如何解决纸荒问题》，《报学杂志》1948 年第 1 卷第 3 期。

中国近代传媒的职业建构与文化嬗变

总额的 70% 以上"①。纸张分配的不公，曾引发其他地区报界的强烈不满，同为民国报业中心的天津报界为此抱怨，"上海书报业享受的配纸数额太多"，"上海的配纸最多，而糟蹋的也最多，上海得到的纸张配额超过了发行的一半以上"。还有报人疾呼："以整个国家为单位来看，我们不能同意这种分配是公平的，天津、北平、重庆、广州……各有其优秀报纸，在各区域的地理岗位上负其宣传文化的使命，我们决不能厚于上海一地而薄于全国各地。"②

地域有别之外，国民党政府的纸张配给还掺杂了钳制报业、控制舆论的险恶用心，导致全国报界对国民党政府的疏离。按照纸张配给的规定，纸张配额控制着重针对民营报刊实行，国民党的《中央日报》则享有不受纸张配额限制的特权。1947 年 2 月，全国进口卷筒纸 2000 吨，其中 1500 吨被国民党系统报刊使用，留给全国民营报业用纸仅有 500 吨，这"与各报实际需求相差甚远"。纸张供需的严重失衡，致使国内报界纸荒骤然爆发。据不完全统计，1947 年 2 月到 10 月短短半年时间，国统区报馆即因纸张匮乏停刊达 58 家，大量地方民营报刊和进步报纸因纸价高涨收入断绝而关门倒闭（参见表 13 - 1)③，演变成一场弥漫全国的报灾。

表 13 - 1　　　　1947 年、1948 年国统区报馆纸荒影响统计

时间	地点	报纸	纸荒表征与报纸停刊
1947.2	上海	《神州日报》《学生日报》《民国日报》《大众晚报》	难以维持，停刊
1947	江苏镇江、常熟	《东南晨报》 《江苏省报》《江苏正报》 等 12 家报纸，停刊 8 家	纸张供应不足，停刊
1947.6	江苏无锡	5 家报纸停刊	组建"无锡记者维护新闻事业委员会"，从 6 月 8 日起，暂由该会发刊油印报《记者日报》一种

① 周炜方：《如何解决纸荒问题》，《报学杂志》1948 年第 1 卷第 3 期。
② 同上。
③ 王文彬：《中国现代报史资料汇辑》，重庆出版社 1996 年版，第 981—985 页。

时间	地点	报纸	纸荒表征与报纸停刊
1947.2	浙江杭州	《浙江日报》《浙江商报》	为节省开支，曾多次商谈合并出"联合版"
1948.1	浙江各县	《民国日报》《人报》《嘉善日报》《民权报》《海盐民报》《生报》	分别合并出"联合版"，但继续维持仍极困难
1947.2	湖北汉口	《汉口导报》《大中晚报》《群声日报》《中华人报》	四家报纸出"联合版"，日出四开纸一张，至5月20日仍被迫停刊
1947	天津	《民生导报》《建国日报》《河北新闻》《社会日报》等7家报纸	停刊
1947.9	陕西西安	《益世报》（西安）及其他西安各报	9月11日起缩小篇幅，改为四开纸小报，勉强维持出版。前者缺纸停刊
1946.12—1947.10	成都	成都各报	停刊若干日，10月12日起暂出版《成都各报联合版》
1947.1	河南	开封各报及《洛阳日报》《中原日报》	开封各报从1月30日起，一律缩成四开小报；10月，洛阳仅剩两家，改出八开纸单张小报
1947.11	四川泸州	《时代日报》《新声报》《新星报》《和平晚报》《星期六晚报》《正义报》	铅印的《时代日报》，石印的《新声报》《新星报》《和平晚报》《星期六晚报》停刊，只剩铅印的《正义报》一家
1947.11	江西南昌	《东方日报》《力行日报》《青年日报》	《东方日报》停刊，《力行日报》《青年日报》也在特别紧缩中
1947.8	长沙	《力报》《新潮日报》《大明报》《湖南晚报》	被迫停刊
1947.11	长沙	《大公报》《市民日报》《建设日报》《晨报》等	《大公报》《市民日报》《建设日报》《晨报》发行《四报联合版》，暂定联合时间三个月

续表

时间	地点	报纸	纸荒表征与报纸停刊
1947	福州	《闽海日报》《林森日报》《南方日报》《正义日报》	《闽海日报》《林森日报》《南方日报》因纸贵广告少，先后被迫停刊。国民党党报《正义日报》于1948年休刊。其他报纸都增加了报价和广告费
1947.1	长春	《中央日报》《新生报》《前进报》《华声报》《工商报》《中正日报》《长春日报》《国民公报》《公民话报》等14家报纸	均已停刊，改发《联合版》（中国报业史报纸联合最多的"联合版"），成立"各报失业员工救济委员会"
1948.3	广东汕头	全市报业公会	对政府配给白报纸极不公平非常愤慨，决定今后不登官方文告并向政府提出书面抗议
1948	海南海口	三家日报、两家晚报，《华南日报》改出对开一张，《晨报》	被迫改出半张报，减张。《华南日报》改出对开一张，《晨报》被迫改为三日刊
1947	山东青岛	《民治日报》《公言报》《民众报》《民言报》《公报》《军民日报》《时报》《平民报》等	《民治日报》《公言报》及《民众报》停刊，八家报纸停刊或联合发行"青联报"日晚刊各一张

1947年中国新闻业的纸荒问题是国民党政府制造的一场报灾。它无视国内纸张产能，强行限制纸张进口，后续推出的纸张配给制度又造成报界用纸分配的严重不公。国民党政府用牺牲纸张进口的办法截留外汇支撑其战争，无形中加剧了民国新闻界的动荡和混乱，这成为国民党统治动摇与崩溃的表征之一。

二 纸荒与近代中国报业的困厄

据笔者统计，从19世纪末到1949年，仅《申报》对各地新闻业的纸荒的报道即有 60 余次，地域涉及北京、上海、天津、广州、重庆、武汉等报业中心城市。纸荒肆虐已成为影响中国近代新闻业良性发展难以摆脱的顽疾，经常导致中国新闻事业发展遭受挫折。

（一）纸价裹挟报价，导致读者的流失

"报业支出，纸为大宗"[1]，纸张是中国近代报业最主要的成本支出。纸张价格形成的成本优势，是早期报业竞争开展价格战的前提条件。纸价涨跌关乎报纸价格，影响报业盈亏。清末时期，各报使用纸张的成本之别已是报纸价格竞争的主要手段。1872 年《申报》称："窃思新闻纸一事，欲行之广远，必先求其法之简、价之廉。"[2] 该报用手工"土纸"印刷，售价仅为 8 文，而同期《上海新报》使用进口纸张印刷，售价 30 文钱。纸张致使后者终因印制成本过高黯然停刊。[3]

通常而言，近代报纸的纸张成本大都直接与报纸的发行价格挂钩。1945 年《申报》售价为 30 元/份，但随着纸价的暴涨，1946 年 3 月该报售价已涨至 100 元/份，而到 1947 年 2 月，该报又涨至 300 元/份。[4] 有报人为此指出："今日中国的出版业，无论是报业书业，无不为这高涨的纸价压的喘不过气来。"[5]

抗战胜利后，《大公报》也一度以纸张成本标价售卖。1949 年该报曾采用每日六种纸张，四种价格的出售策略（具体见表 13 - 2）[6]，以满足不同读者的阅读需求。

---

①　戈公振：《中国报学史》，中国文史出版社 2015 年版，第 232 页。

②　《本馆自叙》，《申报》1872 年 6 月 28 日。

③　胡道静：《申报六十六年史》，转引自陈玉申编著《中国新闻史研究导引》，南京大学出版社 2015 年版，第 53 页。

④　《上海市报馆商业同业公会常务理事会会议记录》，《申报新闻报档案》，上海档案馆藏，档号 Q430—23—16。

⑤　储安平：《我们建议政府调查并公布白报纸配给情形》，《观察》1947 年第 3 卷第 19 期。

⑥　王文彬：《解放战争时期的大公报》，《重庆文史资料》第 37 辑，重庆文史资料委员会 1992 年版，第 54 页。

表 13 - 2   1949 年《大公报》印制纸张与售价

纸张品种	报纸售价
西洋报纸	金圆券 2.5 元
中央报纸	金圆券 1.8 元
嘉乐报纸、中国报纸	金圆券 1.5 元
熟料报纸	金圆券 1.2 元
生料报纸	金圆券 1.0 元

需要关注的是，报业纸荒引发的报价波动时常与外汇汇率、货币政策和通货膨胀等诸多问题相伴生，因其牵扯关系复杂多变，无形中增加了报界解决纸荒问题的难度。以《观察》杂志为例，1946 年 9 月该刊用纸价格为 2.5 万元/令，然而到 1947 年 12 月其价格已涨至 150 万/令，纸价涨幅近 60 倍。[1] 这一时期美元市场汇率约为 2.665，到 1947 年 12 月已涨至 149.615，汇率波动涨幅为 56 倍。另据上海批发物价指数显示，1946 年 6 月上海批发物价指数为 378.217，到 1947 年 12 月该指数已涨至 10063.000，涨幅近 27 倍。各项指数涨幅数字的对比表明，这一时期报业纸张价格上涨幅度不仅超过了同期美元汇率，更远超物价指数涨幅水平。[2] 而《观察》杂志在此间的零售价格仅仅上涨了 14 倍，远低于同期物价、汇率和纸张的涨幅。这使得报刊利润与用纸成本形成倒挂，极大挤压了报社的盈利空间。各大报社陷入"越是销的多，越是赔本"的怪圈之中。对此困境，民国报人哀叹"血干汗尽，垮了完事"，在纸价高涨的重压下，报业关张歇业势成必然结果。

纸荒引发报价上涨进一步导致读者的流失。纸价高涨中，报界多以提高"报价"，将成本压力转移至读者。这让对报纸价格敏感的读者被迫放弃读报习惯。抗战时期纸张奇缺，抗战后方报业竞相提价，

---

[1] 储安平：《我们建议政府调查并公布白报纸配给情形》，《观察》1947 年第 3 卷第 19 期。

[2] 张公权：《中国通货膨胀史（1937—1949）》，文史资料出版社 1986 年版，第 56 页。

此举随即引发读者的批评。有读者说，"最使读者失望的第一是加价，第二是加价，第三还是加价"，"纸价之涨，比报价高得多"，"原订两份报纸的减订一份，原订一份报纸的不订报了"①。报人为此抱怨说，"售价的增加使得买得起（报刊）的人越来越少，而销路越少则售价必须增加"，如此循环则报业的"前途便越来越暗淡消沉"②。还有读者将纸价视为横亘在读者与报人之间的一道鸿沟，他说："纸张和印工太贵……真正爱读书者，也以书报定价过高，无力购买，于是报纸愈涨，出版业与读者之间的那垛墙也愈筑愈高，报业不景气更成为确切不易的事实。"③

（二）纸荒催生报业纸张"黑市"交易

报社对纸张的投机性囤积，催生了报业纸张黑市。在民国末期纸荒中，报界参与纸张的黑市交易尤为普遍和猖獗，扰乱了报业运营秩序。1947 年纸荒危机最为严重之时，国民党报人却热衷办报，究其原因是可以获得纸张配给，进而转手通过黑市交易倒卖给民营报馆，从中牟取暴利。这一时期，一方面是国民党报系出版的报纸因无人问津而纸张过剩；而另一方面民营报纸销售虽好，却因无法享受纸张配给的特权而嗷嗷待哺，被迫从黑市高价购纸满足经营所需。人为制造的供需矛盾，使得报界意识到，办报卖报"倒不如卖纸还有赚头"，纸张多余"不出售留着做什么"，于是纷纷放弃常规报业经营，加入黑市倒卖纸张的贸易中套现牟利。

截至 1949 年，报社间的纸张黑市交易已是行业的公开秘密，其利润之高令人咋舌。对此报人马星野曾写道："目前中国报馆的纸……售价为每吨 150 美元，如果囤了一百吨纸（15000 美元），一转眼便可发了三亿六千万元的横财，如果囤了一千吨纸（150000 美元），便可以发三十六亿元的横财，这是何等容易。"④ 在黑市交易

---

① 马星野：《报业实际问题》，《新闻战线》1942 年第 1 卷第 8—9 期。
② 储安平：《我们建议政府调查并公布白报纸配给情形》，《观察》1947 年第 3 卷第 19 期。
③ 津津：《读报有感》，《申报·自由谈》1948 年 7 月 12 日。
④ 马星野：《报与纸》，《中央日报》1947 年 2 月 20 日。

中，纸行往往与报馆沆瀣一气，表面上购纸报社似乎可以按照政府规定价格从纸店购纸，但往往"只配给1—2令"，远不及实际需要。但"如果多给钱"，自会有报社出让纸张，"让你买到够用的纸"①。在暴利驱动下，卖纸成为民国末年很多报社经营收入的主要来源，而大量有心经营的报纸则因无力购纸而被迫放弃经营。对于这种报业乱象，有报人悲愤地写道，"因为纸价的狂涨，压死了多少报？压伤了多少报？那贩纸的人，囤纸的人，操纵纸价的人扬眉吐气。破了产的是办报的人，失了业的是做报的人，直接受害的是读报的人，报纸减张了，报纸关门了"②。

（三）纸荒加剧民国报界的异化与纷争

民国末期，国民党政府借助纸荒问题加强了对报界的监管与控制，导致民国报业格局的分化。国民党在执行纸张分配的过程中，众多报刊曾遭受限制纸张配给的处罚。例如上海进步报纸《联合晚报》曾抱怨称，"一无存底充足的纸张，二无请求外汇的便利，三无购买黑市的资力"③，面临着"要么替国民党说话""要么自动停刊"的艰难抉择，最终被国民党政府关停。除进步报刊外，一部分标榜言论中立的民营报刊出于生存考虑，亦不得不采取与国民党当局"合作"的态度，默许其对报界事务的干涉。1947年国民党因掌握纸张分配的话语权，将势力安插至各地报业行会组织。在上海，国民党将原有上海日报公会解散，成立了上海报馆同业公会，负责纸张具体的分配实施。新行业公会的主要负责人多为国民党报系的社长和经理，其活动亦听命于国民党的指令，④ 无形中强化了国民党对报业的控制。

为了获得稀缺的纸张资源，报业中心城市，各大报纸之间尔虞我诈，相互倾轧，报业关系形同水火，加剧了行业的对立与分裂。以上海为例，为了获得足够配纸，上海各报虚报销量，骗取纸张配额几乎

---

① 《如何解决纸荒问题》，《报学杂志》第1卷第3期。
② 马星野：《报与纸》，《中央日报》1947年2月20日。
③ 王纪华：《联合晚报的战斗经历》，载上海市统战工作史征集组编《统战工作史料选辑》第2辑，上海人民出版社1983年版，第107页。
④ 转引自马光仁《上海新闻史》，复旦大学出版社2014年版，第1045页。

成为惯例。例如某报社向行业公会上报报纸销量 6 万份，报业公会知其"有诈"，仅打"对折"按照 3 万份销量配给纸张。该报经理一面假意抗议"不合理"，一面却暗自窃喜，因为该报实际销量仅为 2 万份①，该报随即将骗得的多余纸张在黑市中售出套现。除瞒报销量外，上海各大报社为谋取自家纸张配额的最大化，相互攀比，手段无所不用其极。上海《新闻报》因发行量大，得到的配纸最多，最为其他报社嫉恨。《大陆报》指出，每次报业公会的配纸会议，"力争者可以多得，否则即予少分，以致危及一报生存"。于是在配纸的会议上，各报都"依样画葫，不再保持缄默"②，为了抢夺其他报社的纸张资源，不择手段，明争暗斗。1946 年，上海各报曾以《字林西报》《大美晚报》未能遵守配纸公约为由，强行裁减外报的纸张配额，引发两家报社激烈反弹，此事"几乎成为一个涉及国际性质的外交问题"。③纸张配额的分配不公问题，加剧了报界内部的纷争。而报业公会在纸张配额制定中难以兼顾各方利益，饱受质疑与攻击，俨然成为各报角逐纸张资源的战场。

三 纸荒困局与近代中国报界的应对

尽管纸荒成为中国报业发展的桎梏，但中国新闻界仍千方百计寻求破解之道，在极为困难的物质与技术条件中逆境求生。

（一）报界参与自办纸厂，破解纸荒之困

报业发展的纸荒之困很早即引起中国报人的高度警觉，他们提出："有远见之报社，对于造纸握有实权，实为必要之条件也。"④ 出于用纸安全的考虑，民初报界热衷自办纸厂，思考从"源头"入手破解危局。事实上，世界近代知名报业兼营纸业早有成功先例。英

---

① 《密勒氏评论》1947 年第 108 卷第 4 期。
② 《申报新闻报档案》，上海市档案馆藏，档号 Q4301—23。
③ 储安平：《我们建议政府调查并公布白报纸配给情形》，《观察》1947 年第 3 卷第 12 期。
④ 萧黎：《漫谈新闻用纸》，《上海记者》1942 年第 1 卷第 2 期。

国《每日邮报》创办人北岩爵士曾租地 3400 亩，投入巨资开办纸厂供报团自用。著名的《纽约时报》在加拿大租地 4500 亩用以造纸，月产白报纸 500 吨。[①] 清末，清政府曾计划"报馆与纸厂相互接近，乃有改用国货之决议"，为此筹办"开中国造纸机器之先河"的龙章机器造纸公司。[②] 然而，纸厂建成后其产品价格"较瑞典纸昂 3/5"，但"货质仍不如瑞纸之坚洁"[③]，未能改变中国报业对欧美纸业的依赖局面。另据报人包天笑回忆，《申报》早年曾尝试使用国产卷筒纸印报，但"那天夜半开印时，不旋踵机器就停了"，"这种纸机器一卷便即破碎了，需停十五分钟方能接上"。史量才对此无奈地说："我报夜半三点半开印，六点钟要运火车站，经得起每次停十分钟吗？"[④] 由此可见，早期国产新闻纸质次价高，未能得到中国报界的认可。

民国初年，中国最早的报界团体全国报界俱进会成立，其"第一议案即为自办纸厂"[⑤]。提案计划由全国报馆认募股份，在京、沪、粤、汉四地筹办纸厂，终因耗资巨大流于空谈。姚公鹤为此抱憾称，"实业不发达，空言爱国，虽以提倡舆论之报纸当之，亦不能贯彻其义"[⑥]。1928 年中国进口纸张支出达五千余万元，新闻用纸完全仰给外货，这对于"明达的新闻界同人是久已痛心"，为此上海《申报》与商务印书馆曾有合办纸厂的构想，但却因意见不合未能实现。

30 年代初，"新闻界不断鼓吹促进"，持续倡议"拟择适当地域筹办造纸厂"。1933 年国民政府事业部主持书报两业参加，选定浙江温州筹建"温溪造纸厂"。1934 年纸厂筹办委员会成立，报人史量才担任常务理事，组织《申报》《新闻报》、中华书局、商务印书馆募集商股 170 万元建厂。该纸厂规模庞大，仅配套"所需设备，电力，

---

① 萧黎：《漫谈新闻用纸》，《上海记者》1942 年第 1 卷第 2 期。
② 戈公振：《中国报学史》，中国文史出版社 2015 年版，第 228 页。
③ 中国人民大学新闻系：《中国近代报刊史参考资料》（下册），中国人民大学出版社 1982 年版，第 748 页。
④ 包天笑：《钏影楼回忆录》，山西教育出版社 1998 年版，第 567 页。
⑤ 戈公振：《中国报学史》，生活·读书·新知三联书店 1955 年版，第 243 页。
⑥ 姚公鹤：《上海闲话》，商务印书馆 1933 年版，第 137 页。

厂房"建设耗资即达500万元,① 计划年产纸张1.25万吨。温溪造纸厂的筹建曾让民国报界翘首期盼,邵力子在《十年来的中国新闻事业》一文中称此事为:"我国新闻业十年间第一件值得大书特书的事情。"② 不幸的是,纸厂尚未建成即因抗战爆发而流产。

淞沪抗战时期上海各大纸厂"大半毁废,正在计划中者亦无法进行矣"③。部分纸厂转移至重庆及西南各地。抗战时期,重庆《中央日报》《新华日报》都曾使用国产"嘉乐卷筒纸"印制。这种卷筒纸"不论磅,只论令,每令要到廿四元",尽管质量参差不齐,但却比手工纸张耐用,从而保证了抗战新闻业的用纸需求。抗战胜利后,在接收日伪在华纸厂的基础上,各地纸厂先后兴办,但其大多"规模太小,出货无多,营业不振,时起时蹶"④。随着国民党发动战争,新闻界兴建机器纸厂计划又复为"一纸空文"。报业为此哀叹,"现纸已到严重时期,土造报纸已无形淘汰,尚无有人筹设机器纸厂之事实,不知何年能达到实现?"⑤ 中国新闻界希图自办新闻纸厂的宏图终成泡影。

(二) 采用手工"土纸"替代机器"洋纸",以解报界燃眉

由于自办纸厂困难,报界亦试图尝试使用传统土纸替代洋纸印报。尤其"自抗战以来,洋纸来源断绝,土纸一时风起云涌"⑥。在浙江、湖南、江西、重庆等地均有以生产传统纸张闻名的区域。这些土纸多为日常生活使用,极少用于印刷。在"以求自给,以养国力"的初衷之下,中国报界被迫重新尝试使用土纸印制报刊。土纸印报,质地粗硬,不易褶皱,颜色灰暗,油墨吸附能力差,常令读者"甚难阅读"。为此,抗战时期国人不断实验改良土纸生产工艺,研制出以

---

① 《事业部筹设之新闻纸厂》,《中行学刊》1933年第7卷第3期。
② 邵力子:《十年来的中国新闻事业》,《十年来的中国》,商务印书馆1938年版,第406—407页。
③ 叶致中:《纸荒与倡用土纸》,《商业月报》1940年第20卷第5期。
④ 戈公振:《中国报学史》,商务印书馆1928年版,第254页。
⑤ 杜时化:《应如何根本解决纸荒》,《民国日报》(湖南)1947年3月22—23日。
⑥ 杜时化:《宜速救济湖南纸业》,《长沙日报》1946年3月30日。

竹叶为原料，颜色淡蓝的印刷土纸。这种纸张"质地较毛边纸为厚，富有绵软吸墨性"，价格比进口纸低廉 1/3，而且无论在"卷筒机还是平板机"上均可使用，"各报采用之，咸感满意"。有读者在阅读了土纸印制的报纸后感到，"最初看起来有些不舒服不顺眼，后来习惯了觉得也很好。"① 1938 年重庆、成都、桂林等地原来用洋纸印制的报刊大多已被土纸代替。据报人回忆，抗战时期重庆《大公报》完全使用四川夹江生产的"土纸平版印刷机印刷"，发行量超过十万份，且"版面还是相当精致"，因此这一时期的重庆大公报馆"是相当赚钱的"②。由于土纸的"销量日佳"，重庆周边的广安、铜梁等地兴建了大量土纸作坊。到 1940 年前后，后方地区土纸生产达到极盛，仅湖南一地即有纸工 30 万人，"纸商获利颇丰"③。土纸的改良和使用有效缓解了抗战大后方纸张匮乏的局面，遏制了报业纸荒危机的蔓延，提高了中国报业的自立能力，于抗战时期文化的繁荣功不可没。

需要强调的是，土纸制作成本虽廉，但却存在难以突破的技术壁垒，中国报界使用土纸替代洋纸，乃是迫不得已的权宜之计。土纸生产工艺繁复，手工制作产量有限，一旦报纸印量较多就会供应困难。即使是"上等的浏阳丁贡"和"宣纸"也不能双面印刷，影响报纸出刊。④ 民国末期，《南京人报》曾尝试使用包装茶叶的"招贴纸"印报。这种土纸只适用于平版印刷机，但印制两万张以上即会出现"无纸可买"的局面。此外，土纸印报质量参差不齐，纸纹太粗，消耗的油墨多，无法印刷清晰图片。上述不利因素让中国报人得出结论，"如果产量上无法增产，质料上不加改良"，土纸印报"并不比白报纸为优"，上述原因导致土纸难以撼动洋纸在报业中的地位。

---

① 周炜方：《如何解决纸荒问题》，《报学杂志》1948 年第 1 卷第 3 期。
② 孔昭恺：《旧〈大公报〉坐科记》，《中华文史资料文库》第 16 卷，中国文史出版社 1996 年版，第 315 页。
③ 张永惠：《纸荒问题之症结及其救济办法》，《新经济》1941 年第 6 卷第 11 期。
④ 谭天萍：《怎样解决严重的纸荒》，《力报》（湖南）1939 年 7 月 27 日。

（三）开源节流—民国新闻界对纸张的囤积与节用

近代纸荒的频繁发生使中国新闻业极为重视纸张的供求变化与价格的波动，甚至直接参与纸张期货交易。知名报社大多提前囤积纸张，力求有备无患。上海《新闻报》为保障自身印报需要，常年存储一年以上的用纸量。"一战"时期，经理汪汉溪考虑到战争的长期性，以报馆房产机器为抵押，向银行借贷购买了足够该报使用六年的纸张。果然随着战事扩大，欧洲来华纸张运输线被封锁，上海纸价飞涨，《新闻报》因早有准备而获利颇丰。① 无独有偶，《大公报》在经营中亦重视存储纸张。据王芸生回忆，"购纸价款"是《大公报》的"大宗支出"，"印报用的是洋纸，纸价涨落，主要随外币汇率的变动而变动，掌握不好便受损失"。这一重要业务由商业银行家出身的吴鼎昌负责，他"对世界贸易市场和金融市场的情况较胡（政之）、张（季鸾）为熟悉"，《大公报》的纸张买卖都由其"考虑决定"且"从未失算过"②。稳定的纸张供应，为《大公报》持续稳定出版提供了有力保障。

抗战时期物资短缺，报界储存纸张以备不时之需已成常态。在重庆，报纸"油墨等印刷材料极度缺乏，白报纸无论卷筒平板皆无购处"，当时"扫荡、大公、时事、新蜀、新民、国民、大江"等报都是"用着旧存的纸"③ 暂时度过纸荒。《新华日报》则与小纸厂密切合作存储纸张，得以维持战时的正常发行。而发行量曾达9.7万份的重庆《大公报》，为保障战时发行需求，其经理曹谷冰"经常向中国、交通、金城、上海各银行接洽短期借款"，"购储纸张"足够《大公报》维持其"半年使用"。战时重庆金融借款3个月的利息通常为21%—24%，而同期纸张价格涨幅超过50%，重庆各报联合会为此"每年调整报价数次"。"大公报馆一面用早期购存纸张油墨印

---

① 袁义勤：《汪汉溪的经营之道》，《文史苑》第10辑，上海市虹口文史资料委员会1993年版，第123—124页。

② 周雨主编：《回忆大公报》，中国文史出版社2016年版，第4页。

③ 知我：《战时行都的新闻业》，《申报》（香港）1939年2月15日。

报，一面按新的报价收费，如此循环往复，几年之间财富大有积累。"①

在纸张存储之外，压缩版面节约用纸也是民国报界抗击纸荒的又一选择。民国时期知名大报为增加收入，争相扩大版面，报纸"杂志化"曾是报业发展的趋势。鉴于报业用纸的困难，戈公振曾提醒"报界应有节约用纸之觉悟"②。受纸荒频繁发生的影响，中国报纸杂志化倾向被遏制，压缩版面，减少印张成为报业应对纸荒的首选。40年代上海、南京等地报纸应国民党政府要求而压缩版面，此举曾遭到各报的激烈反对。但此后随着纸价的走高，版面缩水已成为各报抗击纸荒的"自觉"。30 年代《申报》全盛时期曾日发行 7—8 张版面，到 40 年代已减至 2—3 张。1949 年上海解放前，《申报》每日仅发行一张。③ 纸张供应充足的《中央日报》原每日出版 6—8 张，1947 年纸荒时该报将版面缩至 3 张，到 1948 年又缩减至 1 张半。日发行 4张的《大公报》自 1947 年以后将版面缩减至两张，而同期天津《益世报》《正言报》则仅发行一张，勉强维持运营。即使财力雄厚的在华外报，受纸荒冲击亦难"全身而退"。民国末期，上海《大美晚报》版面缩减了 25%，《字林西报》缩减了 20%，《大陆报》则缩减了 16%。报纸缩版虽能暂时降低发行成本，但无形中亦流失了大量广告收入和读者受众，这对报纸经营而言实为一把双刃剑。

四　报界合作发行"联合版"抗击纸荒

与都市大报之间争夺纸张资源互不相让不同，纸荒中地方中小报业多以发行"联合版"的方式强化利益认同，抱团取暖。纸荒无形中加强了地方报纸的团结与合作。1939 年 5 月 3—4 日，日本军机猛烈轰炸重庆，致使《西南日报》《中央日报》《新华日报》等数家大

---

① 王芸生、曹谷冰：《新记大公报的经营》，转引自周雨主编《回忆大公报》，中国文史出版社 2016 年版，第 8 页。

② 戈公振：《中国报学史》，生活·读书·新知三联书店 1955 年版，第 243 页。

③ 李丹丹：《纸张的进口统制与配给——以上海为例（1945—1949）》，硕士学位论文，上海社会科学院历史所，2015 年，第 43 页。

型日报纸张供应断绝。当时重庆各报支出以"纸为最巨",日消耗纸张约"八九百令"。轰炸之后,各报纸张筹措无术,"往往奔走数月,仅能苟延残喘日"。重庆新闻界被迫发行"联合版",前后历时3个月零7天,"十家大报同舟共济,以百折不挠之精神,开报史一新记录"[1]。重庆各报"联合版"的成功,为各地报人应对纸荒,提供可以仿效的范例。有报人甚至提议,既然"纸张来源如此竭蹶"与其"眼看着大家停刊",不如让"立场差不多,经济情形大致相同的报纸联合起来"[2]。1946年纸荒发生后,各地报业发行"联合版"已然成为常态。1946年2月,上海19家报纸因纸张不足,拟发行联合版。同年6月,无锡的《大无锡报》和《锡报》联合出版。1948年1月浙江《民国日报》《人报》等六家报纸联合出刊。而1947年1—11月,仅长春一地即因纸荒三次发行联合版。据不完全统计,1946—1947年,有记载的报纸联合版发行即有21次,地域波及开封、汉口、南昌、昆山、广州等。

五 结语

民国时期曾有报人指出纸张对于报业经营的重要性,他说:

> 以我们的本行新闻事业来说……每天发行的报纸,用以写作的新闻,首发电报的稿纸,编辑先生的标题纸,活版部的打样纸,以至发行课的收据,会计室的账册等等无不是洋纸,若是洋纸不能输入,土纸不够需用,那么这种纸荒即成为报社最严重的问题。[3]

纵观世界近代新闻业发展,欧美新闻业强国虽曾受纸荒问题的困扰,然在其强大的工业体系支撑下,纸荒问题多迎刃而解。反观近代中国,由于造纸工业长期滞后,始终未能给新闻业的发展提供强有力

---

[1] 黄天鹏:《重庆各报发行联合版之经过》,《新闻学季刊》1940年第1卷第2期。
[2] 沈锜:《战时报纸改进刍议》,《新闻学季刊》1940年第1卷第2期。
[3] 谭天萍:《怎样解决严重的纸荒》,《力报》(湖南)1939年7月27日。

的物质支撑，由此形成了对西方纸业的严重依赖。近代中国时局动荡，西方列强的压迫与政治的垄断操纵，多种因素相互叠加，致使近代中国新闻业纸荒困厄久拖未决。

近代中国纸荒频发，严重阻滞了新闻业的良性发展。纸张短缺形塑了报纸的外在形态，深刻影响了报业生产的观念和模式。为摆脱纸荒导致的"饥馑"之忧，中国报界处心积虑囤积纸张，重金高价购纸，耗费了大量物力财力。因纸荒而导致的版面缩减，减少了报业赖以为生的广告收入，压缩了报纸的盈利空间。纸价捆缚的报价，限制了廉价报纸的普及，降低了民众购报阅报的热情。近代纸荒对中国新闻业的影响表明，报纸作为社会生产的高级文化产品，其对物质基础和生产技术的依赖极高，上游产业链一个微小"环节"的缺失，于新闻业而言往往牵一发而动全身。

报界纸荒裹挟着近代报人身份的异化，为了摆脱纸荒的困扰，新闻同业之间或对抗或合作。有人投身于纸厂的兴办；有人投机于纸张的交易；更有甚者不惜以丧失"独立报格"为代价换取纸张配额与经济救济。职业身份的选择与变换，其目的唯求报纸的生存和境遇的改善。在物质和技术极端匮乏的近代中国，无论多杰出的报人，亦不免在报业"纸荒"困厄的经营之中如履薄冰，其所能辗转腾挪的空间是极其逼仄的。

近代新闻业的发行特点和用纸需求，使得其应对纸荒的抗压能力更为脆弱。为了消解纸荒的破坏力，报界多以缩减报刊版面或关停报纸为应对，不少民国时期的优秀报刊被迫关停，而大量劣质读物却乘势充斥侵占市场，抢占了国民的阅读空间。民国有读者为此哀叹：

> 如果你站在书摊上，那一定会奇怪现在怎么会闹纸荒？报纸的删减篇幅叫人感到纸荒的相当厉害。然而对着那些琳琅满目的书报却又疑惑，纸张好像并未减少？如果大型日报省下来的纸张就为了供应给那些所谓的出版商出这一类黄色刊物，那就太可悲了！①

---

① 白楚：《由纸荒想起……》，《申报·自由谈》1948 年 4 月 24 日。

　　由此可见，纸荒不仅威胁着新闻业的自身经营，其对近代国民精神世界的侵蚀和文化生活的破坏作用更是难以估量的。

　　近年来受制于木材资源稀缺、环保压力和运输限制等因素制约，中国报业用纸亦时常受到"价高"和"缺货"问题的困扰。回顾近代报业纸荒困厄历史表明，新闻用纸不是普通商品，它是国家重要的战略物资。时至今日，纸张仍是衡量报业发展状况的重要指标。新闻用纸的生产、供应不仅关系新闻业的安危，更与国家的经济安全和文化昌盛紧密攸关。这既是笔者回望纸荒问题的初衷，也是本文昭示的现实意义所在。

第十四章

百年中国新闻学期刊发展的历史
脉络与学术探索（1919—1949）

学术期刊是传播科学的最重要媒介。中国期刊媒介是晚清西学东渐催生的产物，也是中国科学传播系统生成的逻辑起点。学术期刊与西方科学几乎同时作为一种新兴事物引入到中国知识分子的视野。可以说，学术期刊的产生开启了中国现代科学的进程，见证了中学与西学碰撞过程的艰难蜕变。作为时代亲历者的民国新闻学者黄天鹏曾说："五四运动后（中国）新闻事业已是一个新的时期，新闻学也有人出来提倡。"[1] 1915—1919 年爆发的五四新文化运动，不仅给中国带来了"民主"与"科学"，更将学术期刊这种新型知识传播媒介大规模地引入中国。在"科学救国"的理念引领下，新式知识分子以启迪民智，弘扬科学为宗旨，创办了大量学术期刊，推动了中国学术由传统向现代的转型。1918 年北大新闻学研究会成立，开启中国新闻学研究之路。1919年 4 月 20 日，北京大学新闻学研究会创办《新闻周刊》，该刊以"便新闻学识之传播"为目的，成为"中国最早的传播学知识的业务刊物"[2]，由此开启了中国新闻学期刊发展的百年历程。

戈公振曾言："一国学术之盛衰，可于其杂志之多寡而知之。"[3]中国新闻学期刊创办百年以来，共出版各类专业刊物近 30 多种，其

---

① 黄天鹏：《我从事新闻运动的经过》，《读书月刊》1931 年第 2 卷第 2 期。
② 方汉奇：《中国新闻事业通史》第 2 卷，中国人民大学出版社 1996 年版，第103 页。
③ 戈公振：《中国报学史》，中国新闻出版社 1985 年版，第 152 页。

对于中国新闻学知识普及、新闻学术的传播、新闻教育繁荣、新闻业务指导都发挥了重要作用，于近代新闻学术发展史起到了引领风气的作用。遗憾的是，长期以来新闻史研究对于中国近代新闻学期刊尚缺乏足够的重视，研究者多将新闻期刊视为资料来源，而非研究对象本身。随着时间推移，刊物散佚不存，民国新闻学期刊的状况已多语焉不详。对此，新闻学者朱传誉感叹称，尽管早期新闻学期刊是新闻史研究的重要资料，但因为"缺乏详尽和忠实的记录"，从而"增加了今日研究的困难"[1]。近年来学界对于近代新闻学期刊的研究有所重视，但既有成果多流于资料的整理和"个案"的梳理，不仅问题意识欠缺，亦未能将新闻学期刊纳入近代中国新闻学术发展的脉络中进行综合的考察。中国近代新闻学期刊如何从无到有？其发展过程中经历了怎样的境遇？在近代学术期刊林立的环境中，中国早期新闻学期刊处于何种位置？又如何在困局之中坚守新闻本位寻求生存与突破？对于这些问题目前新闻史学界尚缺乏清晰且系统的讨论。[2] 中国新闻学期刊诞生于"五四"运动的洪流之中，今年适逢"五四"运动爆发 100 周年，同时亦是中国新闻学期刊创建 100 周年。在这个值得特别纪念的日子里，笔者尝试对民国时期新闻学期刊进行整体的梳理与回顾，并以《新闻学刊》《新闻学季刊》《报学季刊》《战时记者》《报学杂志》等知名新闻学刊物为研究重点，探讨其在近代中国社会变局中的创办脉络及其与新闻学发展的内在勾连，进而揭示中国新闻学期刊存在的学术张力与时代价值。

---

[1]　朱传誉：《中国新闻史研究述要》，《中国新闻事业研究论集》，台湾商务印书馆1988 年版，第 93 页。

[2]　有关中国近代新闻学期刊研究，相关成果有朱传誉《中国的新闻学刊物》（《中国新闻事业研究论集》，台湾商务印书馆 1988 年版）一文；刘家林《我国现代新闻学研究刊物及专版简介》（《新闻研究资料》，中国社会科学出版社 1990 年版）；张振亭《大众化与专业化：黄天鹏新闻思想及实践研究》（江西人民出版社 2014 年版）；李秀云《中国新闻学术史（1834—1949）》（新华出版社 2004 年版），以及邓绍根《中国新闻学的筚路蓝缕》对《新闻周刊》《新闻学刊》做过个案梳理。囿于视角和篇幅，这些研究或围绕个别刊物做个案分析，或以时间为脉络，对新闻学期刊予以简介，但史料的限制，已有成果多未能将早期期刊置于中国近代新闻学术发展与新闻业发展的角度加以综合的考量，亦未能全面思考其对中国近代新闻学发展所体现的价值与意义，这是笔者研究力求突破的方向。

一　中国近代新闻学期刊的兴起与发展脉络

随着清末民初新式学术期刊从西方的引入，报刊作为新兴学术媒介日益兴起与普及，迅速成为推动中国学术转型的新机制。民初以降，新式学术期刊逐渐成为学者发布成果，交流业务的重要园地，并由此促成中国新兴社会学科的生长，新闻学期刊亦乘着民国"期刊热"创办的东风而兴起。作为"舶来之学"，新闻学为民初知识分子视为"救国利器"而受到关注，更随着清末民初报业勃兴与新闻教育的双重刺激，产生了早期中国新闻学的研究成果。当时《时事新报》《申报》《清议报》等报纸都曾发表过李提摩太、梁启超等有关报学的论述。《东方杂志》创办后亦积极推介新闻学研究，曾连载《各省报业汇志》及徐宝璜所著的《新闻学大意》等论文，由此开启了中国新闻学研究之路。

伴随着新闻学科的兴起，中国新闻学术研究缺少成果发表园地，成为制约学科发展的一个瓶颈，引发学者的关注。1927 年记者徐彬彬曾感叹："中国的新闻事业虽有几十年的历史，却没有研究新闻事业的一种学术的定期刊物，虽有几千人的职业占定，却没有拿学术精神来结合互助的团体。"[1] 报人张竹平亦感叹；"（我）二十年来一椿念念不忘的心事，就是办一个专门研究新闻学术的刊物。"[2] 不约而同地将新闻学期刊的创办视为新闻业专业化的必由之路，这一方面折射出民初中国报人对于新闻学期刊的热望与期待，另一方面反映了新闻学期刊对于民初新闻事业勃兴及其学术研究的重要意义。据笔者不完全统计，从 1919 年北大新闻学研究会《新闻周刊》创办到 1949 年《报学杂志》停刊，30 年间中国前后共创办各类新闻学期刊近 30 余种。按其发展状况，笔者将这些刊物划分为草创成长期、发展繁荣期和衰败期三个周期：

---

[1]　笠丝：《二卷首语》，载黄天鹏编《新闻学刊全集》，光华书局 1930 年版，第 355 页。

[2]　张竹平：《卷首语》，《报学季刊》1934 年第 1 卷第 1 号。

　　草创成长期，从 1919 年《新闻周刊》创办至 1929 年黄天鹏在上海创办《报学月刊》终刊为止历时十年，其代表性刊物见表 14 - 1：

表 14 - 1　　　　　　　　1919—1929 年新闻学期刊创办情况

刊名	创刊地	创刊时间	主办者
新闻周刊	北京	1919 年 4 月	北大新闻学研究会
北京平民大学新闻系系级刊	北京	1924 年 8 月	北京平民大学
新闻学刊	北京	1927 年 1 月	北京新闻学会
报学月刊	上海	1929 年 3 月	中国新闻学会

　　从表 14 - 1 可见，1919 年"五四"运动时期《新闻周刊》创办后，中国新闻学期刊因北洋军阀统治的混乱局面导致发展停滞不前。直到五年之后的 1924 年北京平民大学新闻系才创办了第二种新闻学刊物《北京平民大学新闻系系级刊》。据资料显示，《新闻周刊》与《北京平民大学新闻系系级刊》主要目的是供学员熟悉新闻业务之用，其刊载内容是国内外时事。两刊对于新闻知识传播作用十分有限。加之刊期较短，皆因"人事倥偬，遂致停刊"，对中国新闻事业的影响仅具有象征意义。

　　事实上，笔者认为真正对中国新闻学研究具有推动作用的刊物，当属黄天鹏在 1927—1929 年辗转于北平、上海两地创办的《新闻学刊》与《报学月刊》。两刊的共同特点是内容上专注于新闻学术研究的本土化与国际化，刊物栏目和刊期相对固定，且创办时间较长，故能在民国新闻界中产生影响。两刊创办期间，黄天鹏广约国内报界名流为刊物撰稿，不仅提升了稿件来源的数量与质量，更依托书局和广告推销，扩大了刊物的知名度与影响力。在《弁言》中，黄天鹏明确提出报学期刊创办的目的即"首析新闻本质，次述新闻纸与人生之关系"，最终达到"阐明新闻学本质，光扬新闻事业，唤起国人之注意与兴趣"①。黄天鹏本人更借助新闻学期刊的创办，力图揭橥国民

---

　　①　黄天鹏：《弁言》，《报学月刊》1929 年第 1 卷第 1 期。

"新闻运动"的大旗，《新闻学刊》更被黄天鹏视为"为我国斯学破天荒之刊物"①。从 1919—1929 年中国新闻学期刊历经十年磨砺与中国新闻事业一道步入发展的上升期与快车道。

发展繁荣期自 1930 年上海《记者周报》创办到 1945 年抗战胜利截止，中国新闻学期刊进入到快速成长并日臻繁荣的阶段。这一时期中国创办各类新闻学期刊近 20 多种，其数量几乎占民国时期中国全部新闻学期刊的近 2/3，其具体亦可以全面抗战爆发为时间节点，分为前期和后期。其前期具体情况见下表 14 - 2：

表 14 - 2 1930—1937 年新闻学期刊创办情况

刊名	创刊地	创刊时间	主办者
记者周报	上海	1930 年 5 月 18 日	上海新闻记者联合会
明日的新闻	上海	1931 年 10 月 15 日	复旦大学新闻学社
新闻学周刊	福州	1931 年 5 月 8 日	福建通讯社
新闻学研究	北平	1932 年 6 月	燕京大学新闻学系
长沙新闻记者学会年刊	长沙	1933 年	长沙新闻记者联合会
报学	上海	1933 年 7 月	上海商学院新闻专修科
新闻学周刊	北平	1933 年 12 月	世界日报社
集纳批判	上海	1934 年 1 月	上海左翼记者联盟
记者座谈	上海	1934 年 8 月	大美晚报
报学季刊	上海	1934 年 10 月 10 日	申时电讯社
报人世界	北平	1935 年 8 月	燕京大学新闻学系
中外月刊	南京	1935 年 8 月	中央政治学校新闻研究会
广闻半月刊	广州	1936 年 5 月	广东法科学院新闻学研究会
新闻杂志	杭州	1936 年 5 月	正中书局发行
平津新闻学会会刊	北京	1936 年 6 月	平津新闻学会
新闻旬刊	南京	1936 年 10 月	南京金陵大学新闻学会
报学半月刊	北平	1937 年 5 月	世界日报社
新闻记者	上海	1937 年 6 月	上海新闻记者社

---

① 黄天鹏：《新书林故址题记》，《新闻学刊全集》，光新书局 1930 年影印版，第 378 页。

从表 14-2 可见，1930—1937 年，中国新闻学期刊的创办无论在数量和质量都有所提升，有些刊物在业界和学界开始得到认可。从时间来看，从 1930 年到抗战爆发前每年国内均有新闻学刊物创办。而 1933 年和 1936 年，每年有三种刊物刊行，在数量上远超以往。在地域上，新闻学期刊的创办突破了北平和上海两大报业中心的局限，开始向福州、南京、广州等城市拓展。从发行周期看，新闻学期刊摆脱了创办之初发行短暂的厄运，如《新闻记者》《记者座谈》等读物都坚持发行两年以上。就办刊形态而言，30 年代新闻学期刊发行形态有周刊、旬刊、月刊、年刊、专刊等多种类别，形式多样。在定期刊之外还出现众多纪念刊、辑刊、专刊、副刊等不定期刊物。如 1935 年上海复旦大学举办报展出版《报展纪念刊》，1933 年 5 月燕京大学报学讨论周出版《新闻学研究》，此外还有武汉《报展纪念刊》、成都《新闻记者公会成立纪念刊》等刊物，多以 16 开本，5 号字体印刷，所刊登的论文代表了这一时期新闻学研究成果与水平。

需要特别注意的是，由于这一时期中国新闻事业与新闻教育高速发展，新闻院校与新闻团体成为中国新闻学期刊创办的绝对主力。依托于社团或学校，新闻学期刊的发行有了可以依托的固定场所和稳定的资金来源，这促成了新闻学期刊在内容和质量上的提升。就期刊内容而言，尽管如南京《中外月刊》与杭州《新闻杂志》在"研究新闻学术，讨论新闻事业"之外还时而刊登"时事消息"，但绝大多数期刊都是以"新闻为本位"自居的报学期刊。上海《记者周报》创办时强调要使"服务报界的人们"通过该刊"从精神上联络起来"[1]。《报学季刊》则表示要把季刊办成一个"专供新闻事业从业员，以及对于新闻事业、新闻学术深感兴趣的人，发表研究的成果和讨论实际的问题的定期刊物"[2]。平津新闻学会会刊的宗旨则更为宏大，在强调"研究新闻学术"的同时更是提出"增进言论自由，发展新闻事业"[3] 的期许。

---

① 戈公振：《发刊的希望》，《记者周报》1930 年第 1 号。
② 张竹平：《发刊词》，《报学季刊》1934 年第 1 卷第 1 号。
③ 《前言》，《平津新闻学会会刊》1936 年第 1 期。

　　除专业社团和中国新闻院校迅速崛起成为职业社团之外，新闻学期刊创办的又一主力。这些新闻院系中尤以北京燕京大学新闻学系，上海复旦大学新闻系、南京中央政治学校新闻学系最为热衷于学刊的创办。与团体不同，新闻院系创办的期刊更偏重于新闻学理的阐释和外国新闻学知识的推介，同时注重对新闻业资料的整理和搜集，办刊思路上与新闻团体侧重新闻业务交流和新闻实践的倾向略不同。

　　这一时期中国新闻学期刊日渐成熟的一个重要标志是，刊物不仅开始引领学术界和报业研究问题的角度，更能主动发起新闻学话题的讨论。期刊成为促成学界共识，激发研究热点的引领者。这一时期上海《报学季刊》开展了对中国新闻业资料的详细调查工作。该刊专门开设了"调查与统计"专栏，着重刊登《华侨报纸调查》《各省市县新闻记者公会调查》《全国广告业调查》《上海等七市报纸调查》《中国新闻影片调查》等新闻调查资料。与此同时，该刊每期都围绕新闻业面临的迫切问题开展专题讨论。曾先后围绕《我国各地新闻界应如何进行协作？》《发展内地及边疆的新闻事业问题》《普及新闻教育问题》等话题，每期组织六篇相关论文，开展集中讨论和研究，进而促成新闻界话题研讨的风气。总之，从1930—1937年全面抗战爆发之前，中国新闻学期刊无论在数量、质量上都得到极大提升，呈现出前所未有的繁荣状态。

　　全面抗战的爆发打破了中国新闻学期刊创办的平静状态，1938年后原有期刊大多因战争停办或内迁至西南后方，中国新闻学期刊进入到一个艰难发展的特殊时期。抗战时期，中国新闻业承担着对内鼓动民众投身抗战，对外宣传中国抗战，打破日本新闻封锁的艰巨任务，战时新闻学一时成为救国需要的"显学"，从而催生了一批以战时新闻学研究为代表的新闻学期刊，其代表性刊物见表14-3：

表14-3　　　　　　　1938—1945 年新闻学期刊创办情况

刊名	创刊地	创刊时间	主办者
新闻记者	汉口	1938 年 4 月 1 日	中国青年新闻记者学会
战时记者	金华	1938 年 9 月 1 日	浙江省战时新闻学会

刊名	创刊地	创刊时间	主办者
新闻学季刊	重庆	1939 年 11 月 20 日	中央政治学校新闻学研究会
新闻学报（日伪）	上海	1940 年 3 月	新闻学报编辑部
新闻学报	成都	1940 年 10 月	四川大学新闻学研究会
新闻战线	重庆	1941 年 3 月	中国新闻学会
记者月报	南京（伪）	1941 年 3 月	首都新闻记者俱乐部（伪）
报业旬刊	南京（伪）	1941 年 10 月	中央报业管理处（汪伪）
上海记者	上海	1942 年 6 月 20 日	上海新闻记者公会（伪）
中国新闻学会年刊	重庆	1942 年 9 月 1 日	中国新闻学会
新闻通讯	延安	1942 年 10 月	解放日报专版
新闻周报	重庆	1944 年 9 月 1 日	国民公报社

　　抗战时期中国新闻学期刊创办的重心从内地转移至西南地区，在外忧内困的局面下艰难维系。抗战时期，中国新闻学期刊出现不少知名刊物，其中尤以中国青年记者学会刊行的《新闻记者》、浙江新闻记者学会的《战时记者》、山西新闻记者协会发行的《战地记者》、中国新闻记者学会的《中国新闻记者学会年刊》等影响最大。尤为难得的是，在极其艰难的环境中，中国新闻学期刊相比于战前都有较长发行时间。例如《战时记者》从 1938 年一直坚持发行至 1941 年。《新闻战线》则从 1941 年发行至 1945 年。抗战时期，《战时记者》《新闻战线》《新闻学季刊》《新闻记者》等刊物围绕"国难与新闻事业""战时新闻检查与新闻自由""战时记者的培养"专题展开讨论，先后发表刊登了《论战时指导工作》《抗战中的报纸》《报人在战时》《战时新闻记者的使命》等文章，全面论述了抗战新闻学的基本内容、原理和方法，不仅从理论的高度研究了中国抗战时期新闻事业发展的规律与特点，亦从实践层面引导中国新闻记者如何进行战争报道分享采访经验，提升了中国战时新闻宣传的水平。

　　1946—1949 年是中国新闻学期刊创办的衰落期。抗战胜利后，中国时局动荡，报业萎靡，教育衰败，新闻学期刊的出版和发行呈现出低迷不振的状态。除了个别期刊如《报学杂志》仍保持了较高的发行质量外，未出现其他有影响的新闻学期刊。这一时期创办的刊物具体见表 14 - 4：

表 14 - 4　　　　　　1946—1949 年新闻学期刊创办情况

刊名	创刊地	创刊时间	主办者
报学	南京	1946 年 6 月	南京中央日报社
新闻战线	上海	1946 年 9 月	前线日报社
新闻学季刊	南京	1947 年 5 月	国立政治大学新闻学研究会
浙江记者	杭州	1947 年 9 月	浙江新闻记者公会理事会
现代报学	北京	1948 年 1 月	华北日报社
报学杂志	南京	1948 年 8 月	南京中央日报

　　抗战胜利后，中国新闻教育事业发展停滞不前，这一时期除了《新闻学季刊》复刊之外几无新的刊物创办。解放战争期间报社遂成为新闻学期刊创办的绝对主力。自 1947 年后中国报业受纸荒和战乱的双重影响，自身经营尚难以维继，自然无暇顾及新闻学的研究。这一时期南京《中央日报》创办的《报学》双周刊，《前线日报》的《新闻战线》，《华北日报》的《现代报学》，皆因纸荒肆虐，报纸缩版而裁撤。抗战胜利后，中国新闻学期刊的重心移至南京，打破了自民国以来北方以北平为代表，南方以上海为代表的新闻学期刊创办格局。战后的北京仅有一种新闻学期刊发行，1949 年北平《现代报学》停办后，报学研究者这样称："我国的报学刊物已寥若星辰，对于北方仅有支撑者之趋于沉寂我们不胜怅然。"① 而南方的《报学杂志》也随着国民党败亡而最终无疾而终，民国时期新闻学期刊创办的历程至此终结。

---

　　① 《新闻界新闻：现代报学暂告停刊》，《报学杂志》1948 年第 1 卷第 8 期。

二　中国百年新闻学期刊的研究旨趣与学术意义

（一）确立新闻专业存在的合法性

民国初年，尽管中国报业迅猛发展，但因新闻教育尚未发展和完善，以至于在社会与学界"新闻无学"的认知仍根深蒂固。即使作为新闻知识传播主体，民国报界似乎也对"新闻无学"之说秉持着默认态度。有学人指出，"报学还是一种很幼稚的学问；报学教育的历史也很短；所以不只一般人不知报学为何物，就是办报的人，所想到或感觉到的问题，总逃不出'社论作法''记者的条件''如何采访'等有限的几个题目之外。说来说去，摆脱不了陈言旧套，自然也不会有甚新的贡献，勉强维持一个刊物可以"，但若想"成功则'谈何容易'？"[①] 研究意识淡漠，更使得民国学界对于新闻学不是一门"独立学科"的认知根深蒂固，极大动摇了新闻学存在的正当性与合法性。

新闻学的专业建设与学术化，依赖于学术期刊的创办和完善。"新闻无学"的社会认知，既是中国新闻学期刊的创办阻力，更凸显出新闻学专业期刊发行的紧迫。与"新闻无学"认知并行发展的是"五四"已降中国新闻业的勃兴。正如《报人世界》所言："我国报业虽与欧美诸国相差上不可以道里计，然而本身之长足进步，实不容否认。诸凡编辑、采访、传递、印刷各方面，今昔相较，轩轾立现。"[②] 行业发展的现实需要，迫使学界对报学研究必须予以关注，越来越多的学者开始在新闻学领域著书立说，从而带动了"五四"时期中国新闻学研究的起步。

专业期刊的缺乏，迫使"五四"时期中国新闻学的研究成果只能发表在综合文化期刊中。这其中如戈公振的《中国新闻事业之将来》《中国报学教育之现状》，罗家伦的《中国今日之新闻界》，徐宝璜的《新闻学讲话》，刘陈的《新闻记者与道德》等，多发表于《东方杂

---

① 李寿朋：《发刊辞》，《报学》1933 年第 1 期。
② 燕京大学新闻学系：《发刊词》，《报人世界》1935 年第 1 期。

志》《国闻周报》《现代》《甲寅》等综合文化期刊中。这些刊物五花八门，虽然受众较多，也扩大了新闻学在学术界的影响，但受刊载能力的限制，无法承担传播和振兴新闻学研究的重任。1926 年《新闻学刊》创办之后，新闻专业期刊即成为中国新闻学研究和交流的主要阵地，拓展了新闻学研究成果发表的空间与地域。专业期刊的诞生，使得新闻学逐渐成为一门独立学科，开始得到社会和学界的认可。

（二）催生了早期新闻学研究队伍的聚集与研究中心的形成

新闻学期刊的创办和发展为中国早期新闻学研究者提供了稳定发表的平台。以报业社团和新闻院校为中心，以期刊为媒介和载体，中国新闻学研究开始形成专业团队并出现知名学者。例如"五四"以后黄天鹏相继在北京和上海创办《新闻学刊》和《报学月刊》，这使其迅速从一个默默无闻的"报馆撰述"成长为新闻学学者。他的快速崛起，曾引发了学界一部分人的嫉妒与批评，称其凭借期刊"包办新闻学界"，具有"权威者的野心"。黄天鹏对此则不以为然，他指出："这两种出版物在中国新闻学史上的位置，用不着我来自划自赞，将来大家总会给他适宜的评价。"[1]事实上，民国时期因期刊成名的新闻学者绝非黄天鹏一人，尽管近代新闻学期刊大多强调自己的"开放性"，但在早期新闻学期刊周围大多聚集着一批相对固定的研究者。20 年代《新闻学刊》有黄天鹏、张一苇、徐宝璜、鲍振青、吴贯因。30 年代《战时记者》有杜邵文、胡道静、赵家欣、马星野、邵鸿达等；《新闻记者》有赵敏恒、陆铿、程其恒、赵炳烺。40 年代《报学杂志》有孙如陵、武月卿、胡道静、马星野、袁昶超等。他们大多在所在刊物发表论文 3 篇以上，堪称名副其实的高产作者。

在作者之外，站在全国新闻业和新闻学研究的视角，新闻学期刊集中的地域即中国报业和报学研究的中心。具体而言，北方的燕京大学新闻学系创办有《报人世界》《报学》等刊物，显示了北平作为民国时期文化中心和新闻教育重镇的实力。在南方，尽管复旦大学和沪

---

① 黄天鹏：《我从事新闻运动的经过》，《读书月刊》1931 年第 2 期。

江大学在新闻学期刊的创办上有着不俗的表现，但真正能够代表上海报业中心地位的刊物却是其报业团体所办《记者周报》《报学季刊》这类同人杂志。全面抗战爆发之后，中国报业中心迁移至西南大后方重庆，这时期《新闻学季刊》《新闻战线》亦成为代表战时新闻学研究的代表性刊物。抗战胜利后国民党政府还都南京，《报学杂志》复又成为战后中国新闻学研究的中心刊物，引领了这一时期的新闻学研究的趋向。

（三）引领中国近代新闻学的研究议题与话题讨论

中国新闻学术期刊从创办之初就致力于解决中国新闻事业所面临的最迫切的难题，同时将新闻学研究视为救亡图存和改造国家的工具。20 年代《新闻学刊》创办之初，即提出刊物创办要带动和提升中国新闻学研究水平，要与世界新闻业"比肩"。到 40 年代，《新闻学季刊》在其发刊词中则更为明确地提出，以往中国新闻业盲目仿效西方"画虎类犬，舍其善而师其恶"，最终"不但不能发挥其神圣之领导公众使命，记者一业反为社会所轻视"，而"欲急起直追"唯一的方法就推动"新闻学之研究"①。事实上，自 20 年代后期中国新闻学期刊逐渐成长之后，其对新闻学问题意识的形成与话题讨论的引导作用可谓立竿见影。20 年代中国新闻学术期刊处于起步阶段，其自身的理论积淀和问题意识尚未建立，故这一时期中国新闻学期刊文章多以整体性话题讨论为主，侧重于新闻资料的搜集、整理和调查，力图全面掌握中国新闻事业的基本状况。早期新闻学研究的拓荒者戈公振、徐宝璜、邵飘萍等人研究多从宏观问题着眼，以提纲挈领或按图索骥的方式引导读者和研究者开展后续研究。

30 年代，中国新闻事业繁荣与民族危机的迫近同时并行，新闻学期刊的研究视野主要侧重战时新闻学研究以及对边疆新闻事业的调查。这一时期，《报学季刊》《报人世界》先后开展对平津、南京、广州、徐州新闻业调查，进一步摸清了战前中国新闻业的家底。战前新闻学期刊引领中国新闻学议题的意识进一步增强，很多期刊围绕中

---

① 《发刊词》，《新闻学季刊》1939 年第 1 卷第 1 期。

国新闻业的热点话题开展有针对性的讨论和争鸣，引发学界和社会的关注。

全面抗战爆发前，日本全面侵华脚步日益迫近。中国新闻学研究的问题意识完成了从"平时"向"战时"的转换。此间新闻学期刊刊登大量讨论战时新闻学问题的论文。对于这种学术引导原因及目的，《战时记者》曾总结道："一系国内方面须加速唤起全民族的反侵略意识，以驱除敌寇，做每一个人的实际行动……新闻从业员宜善为启道策励和激劝，增加我们反侵略的伟大力量；一系国际方面，新闻从业员应举我国的各种事实，向并世列邦，宣示我们不仅有反侵略的坚强决心，且有反侵略的胜利把握。"① 《新闻学季刊》则指出，"抗战建国时期，新闻界之努力与否，努力途径之正确与否，直接为决定抗建工作成败之重要力量……如何集中意志与力量，如何图于最后胜利有所贡献，如何为来日之报业，植一新的基础，待报界之共同讨论共同研究，而新闻学之定期刊物尚矣"②。

有关"战时新闻学"的讨论在 1937 年日本发动全面侵华战争后，得到了进一步深入，新闻学期刊力求通过业务的探讨，指导中国报界抗日救亡工作，不断提升战时中国新闻报道的水平。这一时期，《战时记者》《新闻战线》《中国新闻学会年刊》《新闻记者》相继创刊或坚持发行，它们亦不约而同地将"战时新闻学"研究视为中国新闻学界最为紧迫的课题。《中国新闻学会年刊》为此提出"在抗战宣传工作中建立中国新闻学"，"中国报人必须完成中国特有之新闻学以应我抗战建国之需"③。《战时记者》则在《论战时指导工作》《抗战中的报纸》《报人在战时》《战时新闻记者的使命》等文章中，系统论述了战时新闻学的基本内容、原理与方法。重庆《新闻学季刊》从 1939 年创刊到 1942 年停刊总共发表了 67 篇论文，其中近半数涉及战时新闻政策、新闻编辑与采访、战地新闻技术，其内容很多都被卜少夫《战地记者讲话》及胡道静《新闻史上的新时代》等书转载。

---

① 杜绍文：《记者节与反侵略（代发刊辞）》，《战时记者》1938 年第 1 卷第 1 期。
② 《发刊词》，《新闻学季刊》1939 年第 1 卷第 1 期。
③ 《发刊词》，《中国新闻记者学会年刊》，中国新闻学会 1942 年版，第 1 页。

战后在世界新闻潮流与国内民主运动双重激荡下，中国新闻学术期刊主要议题从战时新闻学转移到为新闻界争取权益的斗争中。他们讨论的议题主要集中于，废除国民党战时新闻检查制度，开放言禁，提升记者待遇，保障言论自由，促进新闻界合作等议题。为此《中国新闻学会年刊》组织了《战后新闻学特辑》，包括王宠惠《新闻事业与世界和平》、吴铁城《新闻事业与战后中国》、陈立夫《新闻事业与文化建设》，为战后中国新闻事业发展确立基调。马星野则在《报学杂志》中明确希望刊物目标是"求第四等级之健全"，但刊物最终未能摆脱对国民党政权的依附和追随，最终随着国民党的败亡而终刊。

（四）积极引介西方新闻业发展经验与研究成果

中国新闻学期刊创办之初，就热衷于从西方报学汲取营养，推介海外报学研究成果。黄天鹏在创办《新闻学刊》时即指出"报界现状，不能兴盛，因陋就简，少足称道"，而解决"斯学未昌"的办法即用"他山之石，亦可攻玉"①。该刊创办之后，共收录新闻学术类文章 50 余篇，其中即有 15 篇是有关国外新闻学研究的论文，约占全部期刊发文量的 1/3。30 年代中国新闻学期刊对欧美新闻业的推介已经成为一种热潮，英美两国报业，更成为中国新闻学期刊推介的重点。燕京大学新闻学系甚至创办《报人世界》这类专门译介国外新闻学研究成果的专刊。在发刊词中，该刊明确提出："我国报业虽与欧美诸国相差甚远，然而本身之长足进步，实不容否认。""今之从事新闻事业者，往往因于职务，受制环境，虽欲作进一步之研究，而苦于无充分之时间与适当之机会，至抱憾终身者实不乏其人"，故创办《报人世界》就是"对于欧美各国新闻纸理论、现状、技术、发明、消息等作有系统之介绍。国内新闻界同志，于职务冗忙之时，尚可观摩他邦作自身改进之参考"，明确提出了要将《报人世界》创办

---

① 黄天鹏：《日洲观报记序》，《新闻学刊全集》，光新书局 1930 年影印版，第 363 页。

成为研究"国外新闻事业之有力工具"①。该刊创刊号中《纪念华尔特·威廉博士》《法西斯蒂意大利之新闻事业》《罗斯福与美国报纸》《海外报纸新发明》均为西方报刊的译文。1935—1937 年《报人世界》推出了一系列研究国外新闻事业的专题论文,这些文章中既有对世界新闻发展趋势介绍的《二十五年来新闻事业之转变》《明日的报纸》,也有介绍国外知名报人的生平和传记如《赫斯特与其报纸》《劳生成功史》。此外围绕新闻真实性、新闻与宣传的关系等理论问题,该刊译介有《新闻与真实》《宣传与新闻》等论文,为国人了解西方新闻业进程打开了一扇天窗。

抗战爆发前后,随着国难日益临近,中国新闻学研究从推介欧美转向对日本和苏联新闻业的研究。这一时期上海复旦大学办的《新闻学期刊》刊发《中日报馆组织比较》《日本新闻事业》《大阪每日新闻概》,燕京大学《报人世界》则刊登《日本报业的竞争》《日本之新闻检查制度》。南京中央政治学校《中外月刊》刊登了王岐尧《日本报业发展及其趋势》等文,从日本的新闻文化、报业体制等角度,剖析日本报业日益法西斯化的倾向,引发了中国报业同人的警觉和关注。除日本外,中国新闻学期刊对苏联新闻业亦有较多的关注。30年代后期中苏建交,这一时期的《报人世界》《新闻记者》《战时记者》等新闻专业期刊对苏联新闻业的介绍陡然增多,苏联成为继日本之后,中国新闻学期刊推介与观察的又一重点。

与中国传统学科相对封闭的状态相比,中国新闻学期刊从一开始即以开放的姿态积极吸纳域外新闻学研究成果,热衷于推介国外新闻事业的制度、观念与技能。这种倾向被中国新闻学期刊视为一种学术成长的必然阶段。如燕京大学创办的《报学》期刊所说:"目前报学所遭逢的问题是旧有的内容缺乏系统的整理,新的内容又不断急剧地增加",既然学术的"根基不稳","而研究和整理又有许多困难",那么"坐享欧美之成",就不失为"健全的办法"。通过引介的方式,将外国新闻业的经验和技术引入到中国,"一面介绍,一面研究",同时"拿中国的情形来对比,来试验。合者引用,不合者想法子改良

---

① 燕京大学新闻学系:《发刊词》,《报人世界》1935 年第 1 期。

从中找出路"，这种学术引介的路径是新闻学期刊热衷于介绍国外报学研究的初衷与归宿。在该刊看来，引介异域新闻业优秀成果虽然有可能被世人诟病为"抄袭"和"享受"，但确实是中国早期报学研究无法逾越的必经之路。

40 年代末中国新闻业日渐成熟，对国外新闻业也有了更为清晰的认知。故此间中国新闻业对海外新闻事业的关注和学习，从单纯的新闻业务介绍转向对报业制度、新闻法律和思想观念的全面学习。这一时期各大期刊将研究和推介重点放在了对外国新闻法规、职业道德和报业精神等问题的探讨，更有报人提出了"报学研究国际化"的观念。《报学杂志》为此相继推出了《各国有关新闻法令汇编》，发起《我国应否参加国际新闻公约?》的讨论，显示出中国新闻界参与建立国际新闻秩序与新闻理论建设的意愿。

三　结语

对于个体而言，新闻学期刊对于有志于从事这一职业的读者而言是其专业选择的引路人。民国时期新闻学者孙如陵曾回忆阅读《新闻记者》杂志的情形写道："一天下午，从汉口乘轮船渡回武昌，在汉阳门买一本《新闻记者》，边走边翻竟尔着迷，暗忖自己的名字，有朝一日出现在报刊上……这求名的一念，未尝一日去诸怀。"[1] 这是一本期刊引导其从"流亡学生"走向"新闻学"的研究之路。而就更广的层面而言，民国时期的新闻学期刊利用自身的专业优势，迅速成为传播新闻业务知识与学术的载体，其存在和发展为学人交流成果，为报人切磋业务经验无疑提供了难得的平台，其对民国新闻教育、报学研究和记者素养的提升可谓功不可没。

值得注意的是，民国时期由于新闻学研究往往从"报业"视角切入，加之学科自身极强的"实践"属性，使得新闻学期刊在出版发行中并无"报学"与"报业"的严格分野。民国的新闻教育从"立学"之初即热衷于创办新闻学期刊，无论从学人创刊的初衷到问题研

---

① 孙如陵：《再版自序》，《报学研究》，学生书局 1976 年版，第 1 页。

究的取径，学界所办的刊物最终还是归于业界的实践。从这个意义而言，民国时期的新闻学期刊恰好成为衔接新闻教育与报业实践的纽带。

民国新闻学期刊的创办尽管兴盛，但与同时兴起的"法学""教育学"期刊相比，其规模仍相对滞后。在影响力上更无法与"文学""历史学"等中国传统学科同日而语。新闻学期刊发行周期短，资金少，创办地点分散等问题，使得民国时期新闻学始终未能出现具有绝对影响力和广泛社会认知的"知名"刊物，其阅读受众亦多局限于报业从业者或与之相关的群体。

身处在近代中国社会的变局之中，民国新闻学期刊的发展长期存在重"术"轻"学"的倾向。作为"致用"之学，新闻学研究从一开始即被国人赋予了"新闻救国"的使命，新闻学期刊所要面临的首要问题是回应报业面临的各种挑战，推动新闻业承担救国的使命。这使得其关注的问题，研究的视角多从"工具理性"的实用价值出发，缺少学理性的探究。对此，民国时期的新闻学期刊创办者亦有所反思。40 年代《新闻学季刊》创刊号上曾这样呼吁："中国自提倡新闻教育以来，专门之新闻学刊物，屡创屡停，今欲求一纯学术性之定期新闻学刊物，尚不可得。"① 此后的《报学杂志》创办之初也曾信誓旦旦地表示要致力于"建立新闻学术的系统"和"新闻理论的体系"，但在刊物创办之后却又不得不承认"中国新闻界待解决的问题太多，离开健全进步的理想还很远"，最终仍回到了指导记者"如何采编""如何报道"的老路之中，这显然与其创办之初的设想背道而驰，热衷于解决问题却疏于理论体系的探索与建构，这种倾向似乎成为民国时期新闻学期刊创办的通病与宿命。

----

① 《卷首语》，《新闻学季刊》1939 年第 1 卷第 1 期。

第十五章

民国时期中国国际广播与世界
听众的互动和交流

广播电台自诞生以来，凭借其速度快、范围广的优势，迅速打破了报纸的垄断，成为近代世界最主要的传播工具。第二次世界大战期间，广播电台作为一种重要的武器，受到世界各国的青睐，成为舆论战和宣传战的主角。第二次世界大战期间国际广播俨然已成为战时军事、外交的辅助手段和对外传播的工具，参战各国充分挖掘广播的传播特性，展开了空前激烈的"广播战"。广播战的核心内容是争夺听众，尤其在国际传播中，国际听众的多寡与收听率的高低，是衡量国际广播电台的综合实力与宣传战效果的重要指标。自20世纪二三十年代起，以英、美、德、日等国为代表的国际广播电台，在世界范围内争夺听众，不断扩大其国际传播的影响力，确立其在世界广播格局中的霸权地位。全面抗战爆发后，日本利用其占领的殖民地对中国抗战后方地区展开了广播侵略，试图瓦解中国抗日军民的抵抗意志与民族精神。为反制日本，1939年2月国民政府决定设立国际广播电台，使用11种外语和8种方言，每日累计对外播音近10个小时，向世界发送电波传达中国抗日战争的讯息，并由此与世界各国及海外华侨听众建立了广泛和经常的联系。

遗憾的是，由于史料的散佚，国内学界对抗日战争时期国际广播电台的活动与史实的研究仍十分薄弱，其中涉及抗战时期电台与听众互动及关系的研究更是尚付阙如。抗战时期中国的国际广播如何吸引世界各国听众的关注？双方之间又是如何开展互动与交流？在跨文化传播的背景之下，中国国际广播电台与世界各国听众的互动对双方又产生了何种影响？对于这些重要问题，学界尚语焉不详，缺乏细致且深入的研究。近来笔者在搜集史料过程中，发现重庆档案馆馆藏的国际广播电台与世界各国听众交往信件556封。这些信件内容丰富翔实，其中涉及国际广播电台的节目内容、听众收听效果及反馈等重要信息，是研究抗战时期中国广播史的珍贵史料，至今尚未有人对其进行全面的研究和解读。笔者不揣简陋，力图解读和分析这批通信，以微观视角探析国际广播电台与世界听众的交流过程及其效果，进而窥探抗战时期中国国际广播电台的创办水准与传播能力，为当下中国国际广播在世界范围内"讲好中国故事"提供历史的借鉴。

一 抗日战争时期中国国际广播的创设及海外传播

国际广播电台原为"中央短波广播电台"，1939年2月6日在重庆正式播音，呼号为XGOY，隶属于国民政府中央广播事业管理处，1940年1月15日改名为国际广播电台，英文名称为"Voice of China"，即"中国之声"，简称VOC。国际广播电台自创立后与英国广播公司（BBC）、美国全国广播公司（NBC）、美国哥伦比亚广播公司（CBS）等国际知名广播机构建立了联系。该广播电台每天用英、德、法、日等11种外国语言和客家话、潮州话等8种中国地方方言面向北美、东南亚及欧洲地区播音，在声音所及的范围内与世界各国听众建立了沟通和联系。笔者收集和整理的272封海外听众来信，其时间跨度从1941年到1948年。就地域来看，这批听众来信中，以英国和美国来信为多，此外还涉及挪威、丹麦、奥地利、芬兰、泰国等14个国家和地区，说明国际广播电台自建立后具有较强的信号传播和覆盖能力。

二 中国国际广播电台与海外听众的对话与互动

（一）传播中国抗战信息，争取国际传播主动权

有报人在《中国广播事业之展望》一文中指出，"中国国际广播

电台之产生，目的即在配合国际宣传，加强我国与盟友之联系"①。抗日战争期间，中国国际广播电台使用多国语言，每天以消息、演讲、时事述评的方式，向世界听众发布中国战场的各类消息，揭露日本侵略者对华侵略的暴虐行径，在世界范围内阐明中国抗日战争的必要性与正义性，努力争取国际友人对中国抗日战争的支援与同情。在现存的听众来信中有一位英国听众赫立逊这样写道：

> 近闻贵台清晰之播音，藉悉贵国抗战之渐占优势，殊为欣慰。盖英国多数人士，皆认贵国为维护世界文化之前卫，中英两国间相距甚遥，而能有如此优良之收听成绩，不论在贵台播音方面或本人收听方面，实均获有光荣也。②

通过该信可见，抗战时期中国国际广播电台的节目在英国不仅有着良好的收听效果，也成为英国民众了解中国抗战形势的一种手段。抗战时期中英两国互为盟国，故广播无疑有助于加强双方的这种战略联系。在信件末尾，赫立逊向中国军民的抗日意志表达了崇高致敬，并祝愿中国能够"继续努力，获得最后胜利"。

除了欧美听众外，中国国际广播电台最大的海外听众群体实际上是散布世界各地的广大爱国华人华侨群体。他们虽身处异邦，但是对亲人的思念，对祖国的关切，并未因时空的阻隔而终断。由于战争倥偬，信件难通，广播无疑成为海外华人华侨了解祖国信息最为快捷的手段。抗战时期，海外华侨借助电波了解国内的战况，他们热情来信表达对中国抗战的坚定支持与必胜信念。一封来自泰国华侨的来信认为，中国的国际广播节目对华侨了解中国抗战具有特别重要的意义，他这样写道：

> 自我们祖国展开神圣的全面抗战，至今足足有十二个月了。（中国军民）本着一面抗战一面建设的精神，建立了这座规模宏大

---

① 陆铿：《中国广播事业之展望》，《中国新闻学会年刊》1944 年第 2 期。
② 《海外来鸿》，《广播周报》1939 年第 173 期。

的广播电台,逐日向海外播送消息,使我们旅居海外的侨胞,得于每日聆听我们祖国抗战胜利的捷报,得到无限的慰藉……①

在另一封来自东南亚地区的华侨来信中,他们表达了期待中国国际广播能够长期坚持为海外华侨服务的意愿,并期待广播能够不断提升信息服务的数量和质量,不断满足华侨对国内讯息的迫切需求,信中这样写道:

自穷兵黩武者疯狂侵迫我祖国以来,已二年于兹,幸赖诸将士英勇奋斗,前途已渐近光明。目前我军易守为攻,敌势已衰,终必崩溃,同侨等对于抗战消息至为关切,自贵台成立后,地无分远近,时不论早晚,均可接聆贵台放送之一切消息,使国内与海外获得更密切的联系,同侨等诚感无限的兴奋,尚望继续努力,以达成抗战建国之目的。②

还有听众对国际广播中的抗战报道、信号传输以及节目编排提出了很多具体建议,为提高广播节目质量出谋划策。有些听众来信称赞国际广播电台的"闽南语"播音清楚,信息准确,信号质量稳定,信中写道:

贵执事(笔者注:指播音员)方以国际各种语言,及祖国各地方言之播送,深恐无此从容之时间。如能于可能之范围内,择优广播则尤幸矣。贵执事作闽南语时,听者咸嘉其语音之爽朗。尤其是每述一地方,必详细提示该地在某省之南,或某县之北,及若干公里之距离。故听者如按图索骥,不致茫然索解,而且发音正确,态度从容,诚属不可多得也。③

---

① 《海外来鸿》,《广播周报》1939年第173期。
② 同上。
③ 《听众来函》,《广播周报》1939年第173期。

有的海外华侨在收听国际广播电台节目的同时，不惜冒着生命危险为国际广播电台收听效果提供情报，收集信息。例如1943年5月11日晚，国际广播电台以厦门话对新加坡华人播音。在播音即将结束时，播音员不无遗憾地说：

> 贵台连日收到各地对于贵台播音之感想颇多，独对南洋方面尚未接及任何人之报告书，希望南洋侨胞，作一"听后感想"，寄上以资参考云云。①

新加坡华侨在收听到电台请求后马上给予热烈回应，5月13日他们给国际广播电台回信，详细介绍了国际广播电台在新加坡播出的信号质量情况、节目内容和传播效果等讯息，并对进一步提高节目提出了建议，该信件内容如下：

> 是故同人等特将本晚"听后感想"，略述于下，以供监察焉。
> （1）时事报告——用各种方言，如国语、厦门语、粤语、英语、马来语等报告，甚为明晰，句句入耳，未有任何之杂音。与日本之广播电台较清楚颇多，实可与本地相比，足见吾国对于宣传方面之注意，改良之迅速。
> （2）音乐方面——包括各种音乐，音调适当，节拍清楚，甚为动听。且所选均为救亡之名曲著名歌谱等，甚为适合现代化之有价值的音乐也。（按本晚所播之音乐计有《松花江上》《牺牲到最后开头》及《武家坡》等）
> 但在九时二十分（新加坡时间）以后则较逊色。常有呜呜呜之杂音。未知是否日本电台故意发音相扰。总之如此之收获，可谓成功之至也。聊欢数语，以供参考，专此奉闻。②

抗战时期在敌战区收听广播节目无疑要冒着巨大的危险，仅在菲

---

① 《听众来函》，《广播周报》1939年第173期。
② 同上。

律宾即发生因收听同盟国广播而"传播反日宣传"被日军残酷屠戮的事件。尽管面临严厉惩罚，广大海外华人华侨仍借助国际广播电台的节目了解中国抗战的进程，通过电波的纽带，维系着与祖国和家乡的联系。他们积极响应广播号召与呼吁，为祖国捐款捐物，有的直接回国参加志愿队参与抗战斗争，广播的宣传与鼓动无疑发挥了巨大的作用。

（二）海外听众关注国际广播节目质量与播音水平

1945 年日本败局已定，国内战局相对平稳，外国听众来信更加关注节目质量，对电台的播音质量也提出了更高的要求。随着国际广播电台对外宣传作用的下降，加之人员与经费的投入不足，国际广播电台播音质量和节目水平都有不同程度的下降。由于电台缺乏独立的新闻编辑队伍，导致其节目稿源严重依赖国民党《中央日报》。这些新闻稿件质量参差不齐，尤其缺乏信息的独家性和可靠性，从而招致海外热心听众的不满和批评。一位听众在来信中毫不客气地批评国际广播电台的新闻节目缺乏对听众的吸引力。他写道："坦白地说，我认为国际广播电台新闻内容'太单薄'了，我希望你能增添更多'实质性内容'。"① 在他看来，国际广播电台播出的新闻信息缺乏可信性，无论从内容还是观点上对听众都缺乏吸引力。针对批评，国际广播电台在回信中也承认，"新闻不够充实"，"但是碍于现有条件的制约也是无可奈何"，"我们非常认可你关于英语新闻缺乏'实质性内容'这一说法，但这是无力改变的状况"②。事实上，随着抗战的胜利，中央广播事业管理处和中央广播电台相继迁至南京，而国际广播电台虽驻留重庆，但设备与人员均难以为继。由于条件的限制，国际广播电台相继关停部分小语种节目，只留国语、粤语、英语、俄语和越语播音，从而导致海外听众的严重流失。抗战胜利前后，国际广播电台的听众来信大都来自华人华侨，欧美听众来信已难觅踪影，来

---

① 《国际广播电台听众来信》，重庆市档案馆藏，档号：00040001000900000001，第82页。

② 同上书，第 83 页。

信内容也仅是提出"希望国际广播电台能增加一些时事评论等节目"①，由此可见抗战结束后国际听众更加注重新闻节目的质量。但恰在此时国民党政府却认为国际广播电台对外宣传作用已经无足轻重，致使其新闻节目质量并未因为抗战的结束而明显提高，无法满足国际听众的收听需求。

抗战胜利后，国际广播将节目播出的重点从战事报道转向娱乐节目。国际广播电台根据海外听众的收听喜好，适时加强了音乐节目的播出。据资料显示，1945 年国际广播电台每日播音时长为 6 时 35 分钟，其中新闻节目占 43% 而音乐剧则占 53%。② 从中显示出国际广播电台对于音乐节目播出的重视。事实上，国际广播电台播出的音乐节目在当时颇受海外听众欢迎，其中一个名为"交响乐时间"（Symphony Hour）的栏目最受听众喜爱。在现存听众来信中，来自英国、瑞典、新加坡等国的听众，以及旅居天津、广东等地的国际友人均表示喜爱收听这档节目。一位来自新加坡的听众在来信中写道："我非常喜欢听'交响乐时间'，因为这是唯一一个每天都能听到的交响乐节目。"而对于"交响乐时间"栏目的热播，国际广播电台似乎也颇为得意，声称"它确实已经在世界上流行起来，而且最令人高兴的是有那么多人喜欢它"③。

由于"交响乐时间"栏目的热播，由此衍生的歌曲点播也成了听众与国际广播电台互动交流的另一种形式。在现存听众来信中，很多都是点歌要求，而国际广播电台一般都会尽量满足听众的要求。例如在听众来信中有一位旅居天津的外国听众来信，希望电台能在一个约定的日期，在"交响乐时间"栏目中播放李斯特的《第五狂想曲》，因为那是他最喜爱的交响乐。此外，他希望在母亲的生日当天为其点播乐曲。他写道："3 月 28 日星期日是我母亲的生日，能请您为她点播一首肖邦的升 c 小调《幻想即兴曲》，这将是

---

① 《关于请对 XGOY 节目增加情事评论致国际广播事业处的函》，重庆市档案馆藏，档号：00040001000330000032，第 3 页。

② 行政院新闻局编：《广播事业》，行政院新闻局 1947 年版，第 233 页。

③ 《国际广播电台听众来信》，重庆市档案馆藏，档号：00040001000900000001，第 71—72 页。

她收到的最大的惊喜。"① 国际广播电台在随后的回信中表示将会满足这位听众的要求。回信写道："你 21 号的电台请求已经播放完毕。如果我们资料室里有肖邦的唱片，我们将会尽全力地为您母亲在生日当天播放。"② 而在另一位来自英国的听众则在信中表示希望电台能在"交响乐时间"节目中为他点播一首平·克劳斯贝演唱的《Silver Threads Among The Gold》。③ 从回信中得知，国际广播电台同样满足了听众的请求。由此可见，抗战胜利后点歌及音乐节目成为国际广播电台最重要的节目形式，点播音乐极大地满足了听众的欣赏需要和情感需求，这成为国际广播电台与观众互动沟通最有效的方式。

除却音乐节目之外，听众与播音员的通信交往，也是国际广播电台与海外听众交流的主要内容。众所周知，播音员是广播电台的灵魂所在。一个优秀的播音员往往成为电台的"代言人"或"名片"，是收听率最重要的保障手段。民国播音专家陈沅所指出："播音人员既然是电台的灵魂……播音人员，犹之乎人体的神经系，而神经系是代表电台的声誉的。"④ 抗战胜利后，随着国民政府机构迁回南京，国际广播电台仅剩国语、粤语、英语等四种语种播音，播音员随之流失与播音质量下降，这引发了听众的不满与批评。一位来自西亚的听众，在收听了国际广播电台的节目之后，对播音员的发音表达了极度不满。他批评道："对于听众来说，某些词被他朗读得非常可笑，不仅发音令人绝望，并且还带有非常明显的口音。"针对播音员的糟糕表现，他在信中提出两点改正建议：第一，播音员应由新闻部门管理；第二，应增设对外听众需求栏目。他写道："我建议那些学习语音的人应该由新闻部门掌管，而且国际广播电台英语节目应该是以满足听众需求为目的的。"也有听众来信反映播音员播音语速太快，导致信息收听时有遗漏。一位听众在来信中写道，"贵台晚间之纪录新

---

① 《国际广播电台听众来信》，重庆市档案馆藏，档号：00040001000900000001，第14页。

② 同上书，第15页。

③ 《国际广播电台听众对节目的反映》，重庆市档案馆藏，档号：00040001000920000001，第267页。

④ 陈沅：《漫谈广播》，《影音》1947年第1—2期。

闻，报告速度太快，致使信息时有遗漏"，他恳请播音员"在能力范围内尽量减低速度，最好以南京电台之速度为标准，这可符合纪录新闻节目设立之原意"①。

除批评外，有些听众也表达了对部分播音员的喜爱。抗战时期，国际广播电台曾从加拿大广播公司（CBS）聘请了邓乐夫夫妇来华从事播音工作。一位菲律宾的听众来信称："邓乐夫和他的夫人是非常优秀的新闻播音员，他们不仅语言表达清晰，而且容易理解。"② 他们纯正的美式口音，受到许多听众的喜爱。除了邓乐夫之外，还有其他播音员也得到了听众的赞赏。一位驻泰国清迈的华侨来函盛赞国际广播电台某播音员的声音是其他国语播音台所不能企及的，"贵台国语播音员某女士，声音极为清脆，且语调轻重配合适宜，尤觉入耳堪称标准，国语播音口非其他各台所能及。"③ 由于广播突出语音的传播特质，听众往往容易与播音员建立友谊，随着战争的结束，国际广播电台的节目向娱乐回归，听众要求追求娱乐效果和信息的多元与准确，尽管国际广播电台力所能及地满足观众的需求，但听众来信中针对节目质量和播音水平提出的问题，也从一个侧面反映出国际广播电台后期节目制作质量的下降。

（三）加强与海外媒体互动合作，不断提高传输技术水平

在现存国际广播电台通信档案中，有相当数量信件为该台与世界各国广播电台或新闻机构来往的公函。由于国际广播电台使用的是短波广播，因此其节目要想在当地播出，就必须与各国电台建立合作，借助当地广播信号传输网络来提高无线电波的稳定性。因此，国际广播电台与国际各大广播机构建立了广泛合作，现存部分通信反映了双方机构的合作内容与交往状况。如抗战胜利以后，国际广播电台与

---

① 《关于请以南京电台口语速度为标准致重庆口技广播电台的函》，重庆市档案馆藏，档号：00040001000850000030，第1页。

② 《国际广播电台听众来信》，重庆市档案馆藏，档号：00040001000900000001，第118页。

③ 《关于告知国语广播播音员播音情况致重庆中国国际广播电台的函》，重庆市档案馆藏，档号：00040001000850000028，第1页。

Radio News（《无线电通讯》）杂志合作就是一例。*Radio News* 创刊于 1919 年，是美国一份以介绍无线电广播及电子技术发展的专业性杂志。40 年代，该杂志负责人肯尼斯·伯德（Kenneth Boord）曾主动致信国际广播电台，希望在其期刊中介绍中国广播的相关新闻与发展情况。这些信息内容包括电台信息、广播频率和节目时刻表，以便向北美地区读者和其他国家电台俱乐部推介中国广播节目。在信中他说："作为回报，我不仅会向 *Radio News* 的读者介绍，同时我也会直接向美国、英国和其他国家的电台俱乐部介绍你们（国际广播电台）。"[1] 据现存资料显示，1946 年 9 月，*Radio News* 的"国际短波"（International short-wave）栏目中刊登了国际广播电台技术负责人冯简的回信，表示欢迎美国同行的建议。另一名瑞典听众的来信显示，从 *Radio News* 杂志上看到了关于中国广播及国际广播电台的信息。[2] 对于这次合作的初衷，肯尼斯·伯德曾写道："我希望可以收到关于中国国际广播电台经历的内容以及他们如何应对考验，在如此艰难的环境下你们是如何坚守岗位，这些信息将使 *Radio News* 获得更多的关注。"[3] 显然，这次合作实现了上述愿望。

在现存来往信件中，还有一部分信件是用于检测国际广播电台的海外收听情况。由于传输距离的遥远，国际广播电台迫切希望海外听众能在来信中报告收听的各种实况。这些信息包括收听的时间、频率、波长、主要内容、收听设备、天气情况及收听干扰等。这些信息的收集，便于国际广播电台不断调整播音技术力量，提升信号传输质量。国际广播电台在创建时期总电力为 35kW，抗战胜利后总电力为 45kW，受波长和频率的影响，国际广播电台的信号传输质量也极不稳定。据资料显示，1941 年，该台的信号传输在东南亚地区为最佳，欧洲次之，北美则较差。鉴于听众收听报告对于国际广播电台的重要

---

① 《国际广播电台听众来电、来信》，重庆市档案馆藏，档号：0004000100082 0000001，第 133 页。

② 《国际广播电台瑞典听众报告》，重庆市档案馆藏，档号：00040001000890000001，第 28—29 页。

③ 《国际广播电台听众来电、来信》，重庆市档案馆藏，档号：00040001000 820000001，第 135 页。

性，该电台负责人冯简曾在给听众的回信中说道，收听报告"有助于检查我们的工作，对于我们具有很高的参考价值"①。在现存听众来信中有多次因听众来信反馈收听效果不佳，迫使国际广播电台及时调整收听信号的案例。例如1947年美国东部地区听众来信反映国际广播电台信号接收不稳定，杂音混乱，收听模糊。最初电台将信号不佳归结于当地广播信号的干扰和天气状况恶劣等因素。但后来信号持续恶化愈演愈烈，这引起了广播电台的关注，后经观察和研究发现导致问题出现的原因很有可能是因为极光活动异常，影响电波信号传输所致。当时，重庆至美国东部电波的传播路线要穿越北极地区，而当地北极光活动较往年频繁，因此影响了国际广播电台信号在北美地区的传输质量。这些信息的准确掌握，完全得益于广大听众的意见反馈。

三　结语

报人赵君豪在描述战时国人收听广播的盛况时这样写道：

> 中日战端既开，各地民众关怀大局，莫不孜孜于聆听战事之消息。交通阻梗，报纸寄递极形濡滞，于是无线电遂为唯一传播战讯之利器……听众亦视收音机为挚友，集聚其旁，未肯他适。至于内地民众，则多趋往相识之商店，屏息勿声，静聆胜负之局，其一种悲喜交集之神情，冷眼旁观者，往往为之坠泪。②

这种国内收听广播的场景与海外听众收听国际广播时如出一辙。在现存来信中，海外华侨曾这样描述收听国际广播的场景和广播宣传的快捷：

---

① 《国际广播电台1942年美国听众报告》，重庆市档案馆藏，档号：00040001000830000001，第4页。
② 赵君豪：《中国近代之报业》，《民国丛书》第2编第49册，上海书店1990年版，第139页。

关于此间收听方面，就本台宿务一埠而言；凡属华人中等商店，莫不各置收音机一座，尤其是近来益为普遍。每于九时开店后。全体店员，皆环列收音机之下，以听取祖国战时消息。一闻前方忠勇将士得到胜利，辄拍手欢呼；一闻倭寇肆虐，则咬牙切齿。伟哉！广播宣传……菲律宾垠里拉埠，虽有华报五所，最快亦须两天，始可披阅，总部及当前可直接向收音机听取。此外华人小商店，虽无听取机会，而学校方面之学生会，则于每晚收译记录新闻，用简便印刷机印刷，于翌早分送侨界。所以对于祖国战讯无不家喻户晓，盖其宣传已普遍化矣。①

抗战时期广播传播范围广，速度快，注重声音特质的传播特性，使得国际广播电台的播音节目得以穿越时空的阻隔，在极端的战争环境下成为海外听众了解中国抗战讯息最为快捷和有效的手段。广播传播的共时性，亦使得中外听众得以在同一时空场域接受信息，形成一种"天涯共此时"的独特氛围，进一步培养了海外听众对广播的忠实与依赖。除了新闻资讯外，广播亦以声音的独特美感，为听众提供了娱乐享受，给饱受战争摧残的民众带来心灵的慰藉。一位来自美国华盛顿的听众这样写道："对于收到来自遥远地方的广播，是一件令人兴奋的事情。我不禁想到我们生活在一个非常奇妙的世界中，一首歌通过一根电线，在空气中能隔着如此遥远的距离传输过来。"②

传播学者麦克卢汉提出"媒介即人的延伸"，广播作为一种声音媒介，其极强的声音感染力为其优势所在。这种媒介优势同时也是塑造国家形象最有效、最快捷的手段。民国时期国际广播电台与世界听众建立广泛的沟通与来往，这种平等相待的情感维系，极大有利于电台形象的塑造与品牌的推广。事实上，正是借助在抗战时期的优异表现，国际广播电台得以在战后得到世界广播界的承认。1947 年在美国大西洋城召开的国际无线电会议上，中国无线电台呼号由以前的

---

① 《听众来函》，《广播周报》1939 年第 173 期。
② 《国际广播电台听众来电、来信》，重庆市档案馆藏，档号：0004000100082 0000001，第 8 页。

"X"改为"B"，这意味着中国的广播与英、美、苏三国一同并列为世界四强之一。① 从国际广播电台与世界听众的互动交流中，笔者发现关注节目质量、重视情感的交流、努力提高电台传播技术，是民国时期中国国际广播电台得以长期发展的原因。而这一切都是基于对听众的尊重和理解。唯有视听众为上帝，不断听取和满足听众日益丰富和多元的收听需求，才是广播经久不息的发展之路。

---

① 温世光：《中国广播电视发展史》，台湾三民书局1983年版，第99—100页。

后　记

　　人生总是充满了未知与偶然。因为偶然，我有幸从历史专业跨入新闻专业从事新闻传播史研究。又因为偶然，我从白山黑水来到了巴山蜀水，从冰城哈尔滨迁居火炉重庆，生活环境变化之大，真有"冰火两重天"之感。从原单位辞职时，我失去了稳定的"编制"、晋职的机会和熟悉的圈子，面对的是陌生的环境，全新的挑战与未知的命运，至今我仍不解当时何来那股无畏的勇气？

　　但我不后悔自己的选择，人到中年选择的机会本已不多，敢于做出选择更属难得。我是幸运的。2007年我从北师大历史学院博士毕业后，有幸选择了中国新闻传播史作为自己的研究领域。新闻传播学的包容性，使得具有跨学科背景的学者尤其有发挥的可能与空间。历史学科的训练，教会我从史料着手，从问题着眼，本书呈现的部分章节即是其中部分成果的补充与完善。

　　"文章千古事，得失寸心知"，我本非聪明之人，很多内容又无前人研究可做依托，故每一篇文章从选题到搜集史料，从立意构思到行文写作，都可谓是全新的挑战。其间既有半途而废的挫折，亦有史实发现的兴奋。有时因为一段内容的表述辗转反侧，也会为一则史料考索夜不能寐。当下，新闻史研究在新闻传播学领域中并非"显学"，但我仍愿意在这块沃土中耕作，这既是一份责任更是出于内心的热爱。

　　人生选择的机会并不多，能够做出正确的选择则尤难。我是幸运的，有幸选择了自己的兴趣作为职业。有幸遇到了一批优秀的学者、师长、朋友和领导，是他们给予我帮助、信任、支持和勉励，在此我想对他们致以诚挚的感谢。

　　本书收录的若干章节得到中国新闻史学会会长、中国人民大学新闻学院王润泽教授的审阅和指导。王老师是我从近代文化史研究进入新闻史研究的领路人，此后我又有幸在王老师门下做访问学者。学习期间，她从研究思路到学术方法，从语言表述到问题意识，对我的新闻史研究影响极大，她的鼓励坚定了我继续立足"史料"从事研究的信心。在治学路上，王老师严谨认真，为人平易近人，每每与其交谈都有如沐春风之感，此书付梓之际向王润泽教授致以深深的感谢。

　　此书得以出版，感谢重庆大学新闻学院董天策院长。2014年董天策院长将我引进至重庆大学新闻学院，在这个优质的学术平台上给我提供了施展所长的空间，入职五年来如果说我还有一点点成绩的话，是与董天策院长对我的督促、信任和支持密不可分的。

　　感谢我的硕士导师辽宁大学张立真教授，博士生导师北京师范大学郑师渠教授，香港城市大学李金铨教授。张老师常教育我做人要有"韧性"。郑老师指导我写文章一定要有"问题意识"，"好的文章有如乐章"，要注重"气韵的承起转合"。李老师则强调新闻史研究也应注重多学科视野。这些叮嘱和教诲弟子都铭记于心。

　　感谢妻子王静、儿子齐骥、女儿齐毓，对我这个"甩手掌柜"的包容和支持。感谢父母，我知道你们眷恋故土，年岁大对新环境不适应，至今生活仍感不便，但为了让我能安心工作，还是卖掉了老宅迁居重庆生活。夫妻同心，孩子茁壮，父母健康，你们这是我最大的幸福所在。

　　感谢历史学及新闻史研究的诸多同门与朋友，他们是中国人民大学邓绍根教授、复旦大学陈建云教授、师兄浙江工商大学杨齐福教授、师兄安徽大学王天根教授、同学山西师范大学王惠荣教授、山东大学俞凡教授、四川大学朱志刚教授、暨南大学赵建国教授、华中师范大学张继木教授；感谢我的博士生付红安、秦润施；硕士生赵冉、徐梓善、刘静，尤其是赵冉同学对书稿做了大量整理工作。感谢中国社会科学出版社刘芳老师的辛勤校对与编辑。

　　来渝五年经历的人与事，无论顺境或逆境，得意或失意，都已成为难得的历练，让我更加了解自身的不足，学会珍惜，坦然面对。路在脚下延伸，唯有砥砺前行……

齐　辉

2019 年 6 月于重庆大学虎溪校区